삼위일체신학의 핵심과 확장 **II**

인간 · 복음 · 세계 · 선교 · 평화 · 과학

삼위일체신학의 핵심과 확장 Ⅱ
인간 · 복음 · 세계 · 선교 · 평화 · 과학

초판 1쇄 인쇄 | 2024년 5월 15일
초판 1쇄 발행 | 2024년 5월 20일

지은이 백충현
펴낸이 김운용
펴낸곳 장로회신학대학교 출판부

등록 제1979-2호
주소 (우)04965 서울시 광진구 광장로5길 25-1(광장동)
전화 02-450-0795
팩스 02-450-0797
이메일 ptpress@puts.ac.kr
홈페이지 http://www.puts.ac.kr

값 17,000원
ISBN 978-89-7369-490-7   93230

The Point and Expansion of a Trinitarian Theology II
– Human Being, Gospel, World, Mission, Peace, and Science

삼위일체신학의 핵심과 확장 Ⅱ

| 인간 · 복음 · 세계 · 선교 · 평화 · 과학 |

백충현 지음

장로회신학대학교출판부

머리말

필자는 그동안 믿음의 길에서 우리가 믿는 성경의 하나님이 과연 누구이신지를 알고자 열심히 달려오고 있다. 단지 이론적인 지식을 위해서가 아니라 그러한 믿음이 삶과 사회와 세계와 연결되도록 하기 위함이다. 그리고 이 과정에서 삼위일체 하나님을 조금씩 알아가면서 주님께 한 걸음씩 더 가까이 다가가고 있으며, 여기에서 크나큰 기쁨과 즐거움을 느끼며 신앙과 신학의 세계가 무척 다채롭고 풍성함을 발견해 오고 있다. 그 때문에 이러한 믿음의 여정을 지금까지 꾸준히 일관되게 달려올 수 있었다. 부족함이 많은 필자를 이렇게 인도하여 주신 삼위일체 하나님께 감사와 찬양과 영광을 올려드리며, 동시에 주님을 얼굴과 얼굴을 대면하여 밝히 보게 되는 날까지 더욱 열심히 정진할 것을 다짐한다.

2020년에 출판된 『삼위일체신학의 핵심과 확장 – 성경·역사·교회·통일·사회·설교』서울: 장로회신학대학교출판부, 2020는 미국에서의 유학을 마치고 귀국 후 대략 10여 년 동안 삼위일체와 관련하여 썼던 글을 모아 편집한 책이다. 여기에 13편의 글 또는 논문과 4편의 설교문이 담겨있다. 그 이후 지난 4-5

년 동안 삼위일체와 관련하여 새로운 주제들을 발견하여 연결하거나 훨씬 이전에 썼던 논문들을 다시 살펴보며 모으니 12편의 논문이 되었으며, 다루는 주제들 또한 인간, 복음, 세계, 선교, 평화, 과학으로 확장되었다. 그래서 이번에는 『삼위일체신학의 핵심과 확장 Ⅱ – 인간·복음·세계·선교·평화·과학』이라는 제목으로 출판하게 되었다.

2020년에 출판된 책이 Ⅰ권에 해당하며 이 책은 Ⅱ권이다. 이 책을 통해 독자들과 수업을 듣는 학생들이 필자의 논문들을 일일이 찾아야 하는 번거로운 수고를 피할 수 있으리라 생각한다. Ⅰ권과 Ⅱ권을 함께 읽는다면 삼위일체신학의 핵심을 잘 파악하면서도 삼위일체신학과 관련된 주제들이 아주 많고 또한 무궁무진함을 알 수 있을 것이다. 그만큼 우리가 믿는 성경의 하나님, 곧 삼위일체 하나님은 우리의 삶의 모든 영역, 그리고 분야와 밀접하게 관련되어 있는 분이시며, 온 세계 우주 만물을 창조하시고 이끄시며 또한 구원으로 회복하시고 완성해 나가시기 때문이다.

성경의 하나님이 과연 누구이신지를 알고자 지금까지 열심히 달려오면서 그동안 한글과 영어로 썼던 여러 저서, 논문, 글, 번역서를 통해 필자는 자연스럽게 삼위일체중심적 신학을 전개하고 추구하는 방향으로 나아가고 있다. 이러한 방향을 현재로서는 '삼위일체-중심주의' Trinity-centrism, 즉 '삼위일체중심적 신학' a Trinity-centered Theology이라는 이름으로 명명하여 본격적으로 정리하고 체계화하고자 하는 구상을 두고 있으며 이미 어느 정도의 토대작

업을 진행하는 중이다. 바라건대, 조만간 이 작업이 꽃을 피우고 열매를 맺
어나가기를 원한다.

　이 책에 실린 글들은 그동안 여러 학술지와 저서에 이미 발표한 것들을
전체적으로 또는 부분적으로 수정 및 보완한 것이다. 본래 실렸던 학술지들
과 출판사에 이 책의 출판에 함께 포함할 수 있는지를 문의하고 요청하였는
데 모두 너그러이 허락하여 주어서 이 자리를 빌려 거듭 감사를 드린다. 각
각의 글의 출처는 다음과 같다.

　1장 "하나님의 형상 imago Dei 으로서의 인간에 관한 현대 조직신학에서의
이해," 제58회 언더우드학술강좌 (주제: "하나님의 형상으로서의 인간(창 1:26-27) -
관계로부터 찾는 자아)" 새문안교회 2022년 9월 18일; 2장 "아돌프 폰 하르나
크 Adolf von Harnack 의 복음과 문화와의 관계에 대한 비판적 고찰,"『신학논단』
100집 (2020. 6), 87-110; 3장 "Hegel's Phenomenology of Spirit and Its
Influence on Contemporary Renaissance of Trinitarian Thoughts,"
『한국기독교논총(외국어논총)』 66집 (2009. 10), 117-29; 4장 "Paul Tillich's
Trinity: A Tension between its Symbolic and Dialectical Character-
istics Under a Trinitarian Structure of System,"『한국개혁신학』 57집
(2018. 2), 312-39; 5장 "'미시오 데이' missio Dei 개념에 대한 비판적 분석: 삼
위일체적 이해를 위한 제언,"『미션네트워크』 9집 (2021. 12), 67-90; 6장
"레슬리 뉴비긴의 삼위일체론에 관한 연구,"『한국조직신학논총』 66집

(2022. 3), 83-110; 7장 "로잔운동에서 크리스토퍼 라이트의 '하나님의 선교'the Mission of God에 관한 연구," 『신학사상』 196집 (2022년 봄), 167-191; 8장 "삼위일체와 평화: '정의로운 평화'에 관한 삼위일체신학적 고찰 - 세계교회협의회의 『정의로운 평화 동행』을 중심으로," 『신학사상』 200집 (2023년 봄), 147-70; 9장 "종교/신학과 과학과의 풍성한 만남에 기여하는 기포드강좌의 시도들 - 바버, 미즐리, 브룩 & 칸토어를 중심으로," 『대학과 선교』 45집 (2020. 9), 293-316; 10장 "기포드강좌에서의 '자연'의 재구성을 위한 시도들 - 바버, 미즐리, 브룩 & 칸토어를 중심으로," 『대학과 선교』 49집 (2021. 9), 7-29; 11장 "기포드강좌에서의 새로운 자연관이 신학에 미치는 함의 연구 - 바버, 미즐리, 브룩 & 칸토어를 중심으로," 『신학과 사회』 36권 3호 (2022. 8), 97-120; 12장 "삼위일체와 과학 - 존 폴킹혼의 과학신학에서의 하나님 및 세계 이해," 『신학과 사회』 37권 2호 (2023. 5), 111-36. 그리고 9장, 10장, 11장의 본래의 논문들은 일부 수정되어 다음의 책들에 각각 실려 있다. 윤철호, 김효석 책임편집, 『신학과 과학의 만남 - 기포드 강연을 중심으로』(서울: 새물결플러스, 2021), 113-28. 윤철호, 김효석 책임편집, 『신학과 과학의 만남 2 - 빅 히스토리 관점에서 본 기포드 강연』(서울: 새물결플러스, 2022), 73-94. 윤철호, 김효석 책임편집, 『신학과 과학의 만남 3 - 21세기 기독교 자연신학』(서울: 새물결플러스, 2023), 43-63.

이 책이 세상의 빛을 볼 수 있도록 인도하신 삼위일체 하나님께 감사와 찬양과 영광을 올려드리며, 앞으로도 주님께 더욱 가까이 다가가며 믿음과 삶에 더욱 풍성한 은혜가 넘쳐나기를 기도한다. 이 책이 출판되는 과정에서 많은 관심과 사랑으로 참여해 주신 장로회신학대학교의 모든 분께 감사를 드린다. 그리고 특히 실무 행정과 편집을 담당하신 학술연구지원실 및 출판부의 우선하 실장님, 양정호 교수님, 이은혜 선생님, 또한 교정과 교열을 담당하여 주신 조교 임대봉 전도사님과 최이삭 전도사님에게 진심으로 깊은 감사를 드린다. 아울러 이 책의 디자인과 인쇄를 담당하여 주신 디자인창공에게도 깊은 감사를 드린다.

바라기는 『삼위일체신학의 핵심과 확장』 I권과 II권에서 씨앗을 뿌리면서 모색하고 시도하였던 신학적 작업이 이 책들을 읽는 독자들의 믿음의 여정에 좋은 밑거름과 자양분이 되기를, 그래서 독자들의 신앙 세계와 신학 세계가 아름드리나무로 성장하고 자라가며 아름답고 멋진 열매들을 풍성하게 맺어나가기를, 그리고 이를 통해 한국교회와 세계교회에 조금이라도 도움이 되고 이바지할 수 있기를 기대한다.

2024년 3월 22일
백 충 현

목차

I
—

삼위일체와 인간·복음

제 1 부

01장

백충현, "하나님의 형상(*imago Dei*)으로서의 인간에 관한 현대 조직 신학에서의 이해," 제58회 언더우드학술강좌 (주제: "하나님의 형상으로서의 인간(창 1:26-27) – 관계로부터 찾는 자아"), 새문안교회, 2022년 9월 18일.

02장

백충현, "아돌프 폰 하르나크(Adolf von Harnack)의 복음과 문화와의 관계에 대한 비판적 고찰," 『신학논단』 100집 (2020. 6), 87-110.

삼위일체적 관계성으로서의 인간
– 하나님의 형상(*imago Dei*)

이 글에서는[1] 성경 창세기 1장 26-27절에 나오는 '하나님의 형상'*imago Dei*에 관한 여러 이해를 살펴보면서 오늘날 '형상'을 관계 또는 관계성relation/relationality으로 이해하는 현대 조직신학에서의 강조점을 소개하고 이러한 입장이 지닌 신학적 의미와 그 실천적 해석까지 살펴보고자 한다.

I.
'형상/모양'

'하나님의 형상'이라는 용어는 영어로 'the image of God'이다. 이것은 라틴어 '이마고 데이'_{imago Dei}로부터 번역된 것이다. 성경에는 창세기 1장 26-27절에 있는 표현이다. "하나님이 이르시되 **우리의 형상을 따라 우리의 모양대로**_{in our image, in our likeness} 우리가 사람을 만들고 그들로 바다의 물고기와 하늘의 새와 가축과 온 땅과 땅에 기는 모든 것을 다스리게 하자 하시고 하나님이 **자기 형상 곧 하나님의 형상대로**_{in his own image, in the image of God} 사람을 창조하시되 남자와 여자를 창조하시고."

창세기 1장 26절에는 '형상'과 '모양'이라는 두 단어가 나온다. 영어로 '형상'은 image이고 '모양'은 likeness이다. 라틴어로는 '형상'이 이마고 _{imago}이고 '모양'은 시밀리투도_{similitudo}이다. 히브리어로는 '형상'이 첼렘צֶלֶם 이고 '모양'은 데무트דְּמוּת이다. 예전에는 '형상'과 '모양'의 의미가 각각 다르다고 해석되었지만, 오늘날 히브리어 문법학자들은 두 단어가 같은 의미라고 여긴다. 한 단어를 반복해서 사용하기보다는 같은 의미를 지니는 다른 단어들을 사용함으로써 신선함을 주려는 문학적인 표현법이라고 할 수 있다. '샛별'과 '개밥바라기'가 금성을 가리키는 같은 의미를 지니는 것처럼 '형상'과 '모양'은 같은 의미를 지닌다. 그래서 27절에서는 '형상'이라는 단어만 나온다.

한글	형상	모양
영어	image	likeness
라틴어	이마고(imago)	시밀리투도(similitudo)
히브리어	첼렘(צֶלֶם)	데무트(דְּמוּת)
☞ '형상'과 '모양'은 동일한 의미를 지닌 두 다른 표현들		

[표 1] '형상'과 '모양'에 대한 여러 언어에서의 표현

"하나님이… 하나님의 형상대로 사람을 창조하시되"라는 성경 구절을 근거로 기독교 신학에서는 인간을 '하나님의 형상'으로 표현하고, 이를 라틴어로는 '이마고 데이'*imago Dei*라고 한다. 이마고*imago*는 형상을 가리키며 데이*Dei*는 하나님을 의미하는 라틴어 단어 데우스*Deus*의 속격으로서 '하나님의'라는 뜻을 지닌다. 그래서 '하나님의 형상'을 통상 라틴어 그대로 '이마고 데이'*imago Dei*라고 많이 표현한다.

II.
'하나님의 형상' *imago Dei* 에 대한 여러 이해

그렇다면 '하나님의 형상'의 의미는 구체적으로 무엇인가? '하나님의 형상'이 영어로는 the image of God인데, 여기에 이미지*image*라는 단어가 있어서 시각적, 물리적, 신체적 이미지*visual, physical, bodily image*라는 의미가 먼저 떠오른다. 그러나 과연 그런 것인지에 대해서는 더 고려해야 할 점들이 많이 있다.

미국 프린스턴신학교의 조직신학 교수였던 다니엘 밀리오리*Daniel L. Migliore*는 '하나님의 형상'에 대한 여러 이해를 다음과 같이 다섯 가지로 정리하고, 각각의 이해에 대해 평가한다.[2]

'하나님의 형상'		
	여러 이해	비고
①	하나님과 인간의 신체적 닮음/유사성	
②	인간의 이성적 본성	
③	땅에 대한 지배/통치/다스림	
④	인간의 자유	
⑤	하나님/동료 인간/자연과의 관계성	밀리오리 및 현대 조직신학의 강조점

[표 2] '하나님의 형상'에 대한 여러 이해

밀리오리는 ①번의 이해와 관련하여 성경이 하나님의 초월성을 강조하기 때문에 "하나님과 인간 사이의 신체적 유사성 같은 개념을 지지하지 않으며, 나아가 하나님을 보이는 형상을 재현하는 것을 엄격하게 금지한다."[3]고 말한다. 물론 성경에는 '하나님의 낯' 창 3:8; 욥 13:8, '하나님의 얼굴' 창 33:10; 욥 33:26; 시 24:6; 42:2, '하나님의 손' 삼상 5:1; 대하 30:12; 욥 19:21 등과 같이 하나님의 모습을 인간의 모습처럼 표현하는 구절이 있지만, 이것은 신인동형론anthropomorphism 적 표현법이지 하나님의 모습을 인간의 신체적인 모습으로 한정하는 것이 아니라고 그는 설명한다.

그리고 밀리오리는 ②번의 이해와 관련하여 인간 본성의 "지성화를 조장하는 부정적 측면을 남겼다. … 결과적으로 인간 실존의 감정적·육체적 차원은 평가절하되는 것이다."[4]고 지적하였다. ③번의 이해와 관련하여 밀리오리는 땅에 대한 지배/통치/다스림이 성경에서는 "타자에 대한 지배와 조작이 아니라 존중과 보호와 돌봄을 포함하는 지배"[5]이어야 함을 강조한다. ④번의 이해와 관련하여 밀리오리는 인간의 진정한 자유가 "분리된 주체 또는 타자로부터의 단순한 독립, 혹은 심지어 전적인 자기만족과 자주 동일시"[6]하는 근대 문화의 자유 관념과는 다른 것임을 주장한다.

마지막으로 ⑤번의 이해와 관련하여 밀리오리는 '하나님의 형상'이 "하나님 및 다른 피조물과 관계를 맺고 있는 인간의 삶에서 드러난다는 해석"[7]을 다수의 현대 신학자가 주장하며 밀리오리 자신도 이에 동의한다고 말한다. 이러한 이해에 따르면, 하나님께서 인간을 '하나님의 형상대로' 창조하셨다는 것은 바로 삼위일체 하나님의 관계성이 인간에게도 반영되도록 창조하셨다는 의미이다. 그러기에 인간은 근원적으로 관계적인 존재이다. 인간의 존재 자체가 관계이다. 관계는 인간의 존재에서 부차적이거나 부수적인 것이 아니라 인간의 존재에서 본질적이고 핵심적이다.

III.
관계성으로서의 '하나님의 형상' *imago Dei* 의 신학적 의미

위에서 살펴본 것처럼 밀리오리에 따르면 현대 조직신학에서는 '하나님의 형상'을 관계성으로 이해한다. 이러한 이해는 인간이 근원적으로 관계적인 존재임을 의미한다. 개인의 독립성과 자율성도 중요하지만, 개인 각자는 근원적으로 하나님과의 관계, 동료 인간과의 관계, 자연과의 관계를 맺고 살아가는 존재임을 우리는 발견할 필요가 있다.

'하나님의 형상'으로서의 인간의 모습에 대해 밀리오리는 다음과 같이 구체적으로 진술한다.

인간이 된다는 것은 상호 존중과 사랑의 관계 속에서 자유와 기쁨을 느끼며 사는 삶을 의미한다. 관계 속에 있는 인간의 존재는 … 고독이 아니라 교제 속에서 영원히 사시는 하나님의 삶을 반영한다. 그러므로 하나님의 형상은 인간의 기능이나 소유, 재능의 집합으로 환원될 수 없다. 하나님의 형상은 타자들, 즉 하나님이라고 불리는 '전적 타자'와 모든 다른 '타자들'과의 관계에서 경험되는 자기 초월적 삶을 표현한다.[8]

위의 인용문에서 밀리오리가 진술하듯이 "관계 속에 있는 인간의 존재는 … 고독이 아니라 교제 속에서 영원히 사시는 하나님의 삶을 반영한다." 인간은 인간 자신만의 삶을 사는 존재가 아니라 하나님의 삶을 반영하여 살아가는 존재이다. 이런 점에서 인간의 삶은 매우 중요한 신학적인 의미를 지니고 있다. 그러므로 '하나님의 형상'으로서의 나의 삶이 하나님의 삶을 반영하고 있는지는 매우 중요한 문제이다.

하나님의 삶에서 교제fellowship는 관계 안에서의 사귐이며 친교이고 코이노니아koinonia이며 연합 및 하나됨communio/communion이다. 여기에서 하나님의 삶이란 바로 삼위일체 하나님the triune God = the Trinity의 삶을 가리킨다. 더 구체적으로 말하자면, 성부 하나님과 성자 하나님과 성령 하나님이 구별성과 일치성 안에서 사랑과 평등과 사귐과 교제와 연합의 아름다운 관계를 이루는 공동체community로써 사시는 삶이다.

현대 신학에서 큰 흐름을 형성하고 있는 현대 삼위일체신학에서는 이것을 그리스어로 '페리코레시스'perichoresis라고 하는데 한글로 '상호 내주'mutual indwelling라고 번역한다. 예수님께서는 자신과 성부 하나님과의 관계를 '내가 아버지 안에 거하고 아버지께서 내 안에'I am in the Father and the Father is in me / 요 10:38; 14:10-11라고 표현하셨다. 성부 하나님과 성자 하나님이, 그리고 여기에서 확장하여 성령 하나님이, 모두 서로 안에 존재하시면서 하나됨의 일치의 관계성을 이루고 계시는 삶이 바로 상호 내주이며 페리코레시스이다.[9] 이러한 삼위일체 하나님의 삶을 밀리오리는 다음과 같이 간결하게 표현한다. "하나님은 자신을 내어주고 남타자을 긍정하며 공동체를 세우는 사랑이시다." God is the self-giving, other-affirming, and community-forming love.[10]

인간이 '하나님의 형상'으로서 근원적인 관계성의 존재라고 할 때, 밀리오리는 인간의 구체적인 모습이 어떠한지를 세밀하게 분석한다. 인간의 관계성을 세 가지로, 즉 ① 하나님과의 관계, ② 동료 인간/다른 피조물과의 관계, ③ 하나님의 목적/약속과의 관계로 구별한다. 그리고 인간의 상태를 또한 세 가지로, 즉 ㉠ 본래의 창조된 인간, ㉡ 타락한 인간, ㉢ 예수 그리스도 안에서 새로워진 인간으로 구별한다. 그런 다음에 각각의 구체적인 모습의 특징을 아래의 표와 같이 분석하여 정리한다.[11]

상태 \ 관계	㉠ 본래의 창조된 인간	㉡ 타락한 인간	㉢ 새로워진 인간
① 하나님과의 관계	자유로운 대화와 반응	하나님 은혜의 필요성 부인 인간 자신의 절대화 다른 것들이 신의 자리 차지	하나님을 신뢰/확신 → 믿음
② 동료 인간/ 다른 피조물과의 관계	공존성/ 사회성/공동인간성	지배와 우월 인간의 자기 존귀 인간의 자기파괴/ 노예근성	타자와 함께 공존 → 사랑
③ 하나님의 목적/ 약속과의 관계	개방성/신뢰성	목적·약속의 부인 →체념 교만한 추정 → 폭력적 수단 동원	하나님의 미래를 기대 → 소망

[표 3] 인간의 상태에 따른 세 가지 관계들의 도식

위의 표에서 볼 수 있는 것처럼, 인간은 각각의 상태에서 세 가지 관계 ㉠, ㉡, ㉢를 맺으며 살아가는데, ㉠ 본래의 창조된 인간의 상태와 ㉡ 타락한 인간의 상태에서는 너무 다르고 상반된 모습들을 보여준다. 그러므로 ㉡ 타락한 인간의 상태는 ㉢ 예수 그리스도를 통해 새로워진 상태로 나아가 ㉠ 본래의 창조된 인간의 상태로 회복될 필요가 있다.

IV.
'하나님의 형상' *imago Dei* 의 실천적 해석들

인간이 '하나님의 형상대로' 창조되어 삼위일체 하나님의 삶을 반영하는 근원적으로 관계적인 존재라고 한다면, 삼위일체 하나님을 믿고 예배하고 찬양하며 믿음대로 살아가고자 한다면, 우리 그리스도인들의 삶은 어떤 모습일 수 있는가? 본래의 창조된 인간의 상태에서 벗어나 현재 타락한 인간의 상태에서 살아가고 있으며 이제 예수 그리스도를 통해 새로워진 상태로 나아가고자 한다면, 우리 그리스도인들의 삶은 구체적으로 어떤 모습일 수 있는가? 이러한 질문들과 관련하여 실천적 해석들을 앞에서 다룬 내용을 바탕으로 아래와 같이 몇 가지로 정리하고자 한다.

첫째, 인간의 존재는 근원적으로 관계적이라는 것을 발견하고 늘 그것을 염두에 두어야 한다. '하나님의 형상'으로서의 인간은 하나님과의 관계, 동료 인간과의 관계, 자연과의 관계를 떠나서는 살 수 없으며, 그러한 관계들이 깨어진 상태에서 살아가는 것은 매우 힘든 일이다. 하나님이 창조하신 에덴동산, 곧 '여호와의 동산'은 이러한 관계들이 아름답게 맺어져 있어 '그

가운데에 기뻐함과 즐거워함과 감사함과 창화하는 소리'사 51:3가 있는 상태이다.

하나님과의 관계, 동료 인간과의 관계, 자연과의 관계, 이 세 가지의 관계는 모두 중요한 것이지만, 그 중에서 가장 중요한 것을 꼽으라면 그것은 하나님과의 관계이다. 창조주 하나님과의 관계를 인간이 깨뜨려 또다시 하나님처럼 되고자 선악과를 먹는다면 하나님과의 관계가 깨어질 뿐 아니라 동료 인간과의 관계도, 자연과의 관계도 깨어진다. 그러므로 하나님과의 관계를 위하여 하나님을 온전히 믿고 알아가며 예배하고 찬양하는 삶이 되어야 한다. 그 다음, 그 안에서 동료 인간을 사랑하고 자연을 사랑의 마음으로 돌보고 가꾸는 삶이 되어야 한다. 삼위일체 하나님을 묵상하면서 삼위일체 하나님의 모습을 우리의 삶에 온전하게는 아니어도 어렴풋하게라도 반영할 수 있도록 믿음 안에서 힘써야 한다.

둘째, 인간은 '하나님의 형상대로' 창조되었기에 각자의 인생의 정체성과 가치는 아주 귀한 것이고, 우리 모두는 그에 대한 소중함을 느끼며 살아가야 한다. 현대 사회는 인간의 가치를 그 사람의 능력, 재력, 소유, 외모, 업적, 지위, 경력, 인적 네트워크, 소비 능력 등에 둔다. 그래서 현대인은 사회에서 통용되는 잣대에 따라 자신의 가치를 평가하고 그것을 높이려고 발버둥치며 살아간다. 넓은 집, 큰 차, 화려한 옷, 명품 가방이 있어야 그 사람의 가치가 대단한 것인 양 착각하며 살아간다. 하지만 막상 그러한 것들을 손에 넣는다고 해도 인간은 거기서 만족하지 못한다.

그러므로 '하나님의 형상'으로서의 인간의 가치는 그러한 기준들에 있는 것이 아니라 바로 이 세계를 창조하신 존귀하신 하나님에 근거하고 있으며 타자와의 관계 속에 있음을 깨달아야 한다. 내 자아의 정체성과 그 가치는 나 자신의 외적인 기준들에 있는 것이 아니라 하나님, 동료 인간, 자연과의 아름다운 관계에 근거하는 것임을 확인하고 그러한 삶이 되도록 힘써야 한다.

셋째, 인간 자신의 자아 정체성과 그 가치가 근원적인 관계에 근거하고 있음을 깨닫는다면, 나의 이웃들, 친구들, 가족들, 그리고 내가 만나는 모든 사람의 인생의 가치가 또한 아주 귀중하고 소중함을 느끼며 살아가야 한다. 그들의 사회적 지위나 경제적 능력이나 외적인 모습에 상관없이 한 명 한 명이 귀중하고 소중한 존재임을 알고 한 명 한 명을 존중하며 살아가야 한다.

'땅콩 회항' 사건을 통해 한국 사회에서의 '갑질'이 세계적으로 널리 알려졌는데 이는 참으로 씁쓸한 이야기이다. 여기서의 화두인 '갑질'의 핵심은 관계성의 왜곡이고 파괴이다. 한국 사회 안에는 이 사건에서 드러난 것뿐 아니라 권위/권력에 따른 위계질서에 따라 온갖 종류의 갑질이 만연해 있는데, 이러한 모습이 우리 각자의 삶에서 없어지도록 하기 위해서는 인간 모두가 '하나님의 형상대로' 창조된 귀중하고 소중한 존재임을 늘 기억해야 한다.

넷째, 인간 혼자 개인으로 존재하는 것이 최고의 가치라고 여기는 개인주의individualism는 인간에 대한 충분한 이해가 아닐뿐 아니라 그 자체로도 심각한 문제점이 있다. 물론 개인주의는 개개인의 독립성과 자율성을 최대한 존중한다는 장점이 있지만, 개인주의가 과도하게 강조되어 "나 혼자만 잘되면 된다"는 풍조가 일으키는 많은 사회적 문제들을 오늘날 쉽게 목격할 수 있다. 과도한 개인주의는 진정한 공동체를 파괴할 수 있다. 미국 문화의 가장 큰 특징이 개인주의라고 하는데, 이는 각자의 개성을 추구하며 살고자 하는 이들에게는 매력적으로 비칠 수 있다. 그러나 사실 대부분의 미국인은 옆집 이웃과 아무런 교류도 없이 각자가 외로운 삶을 살아가고 있는데, 이로 인하여 미국 사회의 많은 사회적 병리 현상들이 끊임없이 발생하고 있다. 이처럼, 개인주의에는 어두운 면 역시 존재한다.

그러나 개인주의에 문제가 있다고 하여 집단주의collectivism 또는 전체주의totalitarianism 가 정답인 것은 아니다. 집단주의와 전체주의는 개개인보다는 개인이 속한 집단과 전체가 최고의 가치라고 여기는 태도로써 개인의 독립성과 자율성을 훼손하거나 말살할 가능성이 농후하기 때문이다. 또한, 집단주의와 전체주의는 각각 안에서의 관계들이 왜곡되거나 추상화될 가능성이 크기 때문이다. 따라서 우리는 개인의 존엄성을 충분히 인정하면서도 다른 사람들과의 관계성을 충분히 인정하는 태도를 견지할 필요가 있다. 이것은 개인주의도 아니고 집단주의/전체주의도 아니며 진정한 공동체주의authentic community-ism 라고 할 수 있다. 우리의 가정도, 학교도, 사회도, 또한 교회도 각각 진정한 공동체authentic community 로 살아갈 수 있도록 힘써야 한다. 서로 함께 하나가 되어 연합과 일치의 사귐과 교제communion 가 이루어지고, 서로 간의 소통communication 이 원활하게 이루어지는 공동체community 가 되도록 힘써야 한다.

다섯째, 진정한 공동체authentic community 가 되기 위해서는 공동체 안의 관계들이 수직적vertical 이기보다는 수평적horizontal 이어야 하며, 위계적hierarchical 이기보다는 상호간에 평등하고 참여적mutually equal and participatory 이어야 한다. 한국 사회 안에서 관계는 매우 수직적이고 위계적인데, 군대는 말할 것도 없고 회사나 직장이나 심지어 학교나 교회 안에도 그러한 모습들이 많이 나타난다. 그러기에 과감히 조직 구조와 조직 관계를 개선하거나 개혁해야 한다.

각 공동체 안의 관계들을 회복하고 개혁하기 위해서는 삼위일체 하나님의 삶을 깊이 묵상하고 살아내야 한다. 삼위일체 하나님은 성부 하나님과 성자 하나님과 성령 하나님으로 서로 구별되시지만, 함께 하나가 되시는 신적 공동체성의 관계성을 가지고 계신다. 우리 역시 그러한 삼위일체 하나님의 관계성을 우리의 삶 속에 반영할 수 있도록 힘써야 한다. 물론 인간은 연약성과 죄성으로 인해 하나님의 공동체성을 온전히 재현할 수는 없지만 성령의 권능 안에서 예수 그리스도에 대한 믿음을 통하여 삼위일체 하나님의 삶을 어렴풋이 반영할 수 있다. 예수 그리스도를 믿기에 하나님의 형상이신 그리스도의 모습을 따르는 삶을 살아갈 수 있다고후 4:4. 다른 한편으로, 우리의 믿음의 삶에서 그리스도의 형상을 이루기까지 서로 해산하는 수고를 해야 한다갈 4:19.

여섯째, 공동체community 라고 하여 그 공동체 안에서의 관계성을 중요시하는 것은 좋지만, 자칫 그 공동체 안에만 만족하거나 머무르거나 매몰되는 현상이 발생할 수 있음을 조심해야 한다. 그렇게 되면 그 공동체는 내적으로는 끼리끼리의 집단이 되고 잘못된 의리로 뭉치는 집단이 될 수 있다. 그리고 그 공동체는 외적으로는 배타적이며 폐쇄적인 집단이 되어 집단이기주의에 빠질 가능성이 농후하다.

이를 방지하기 위해서 공동체는 늘 대외적으로 개방적이며 포용적이어야 한다.[12] 삼위일체 하나님이 바로 그러한 모습이기 때문이다. 삼위일체 하나님은 성부와 성자와 성령 안에서만 만족하거나 대외적으로 폐쇄적인 자세를 취하지는 않으셨다. 오히려 자신과는 다른 피조물과 교제하시기 위하여 만물을 창조하셨고, 그 피조물이 죄와 타락으로 신음하자 회복과 구원의 길을 만드시며 하나님의 나라를 위한 목적을 향해 세계를 이끌어가신다. 삼위일체 하나님을 믿는 우리 자신과 교회는 늘 주위의 어려운 이들과 약자들을 향하여 관심을 기울여야 한다. 특히, 한국 사회 안의 노숙인들, 외국인 노동자들, 결혼 이주민들, 북한 이탈 주민탈북민 등에게 한 형제와 자매로서 상호 존중의 마음과 개방성과 포용성으로 다가가야 한다. 그래야만 한국 사회가 진정한 공동체로서 거듭날 수 있을 것이다.

지금까지 성경 창세기 1장 26-27절에 나오는 '하나님의 형상' *imago Dei* 에 관한 여러 이해를 살펴보았다. 그러면서 현대 조직신학과 현대 삼위일체

신학에서는 '형상'을 관계 또는 관계성relation/relationality으로 이해하는 강조점을 소개하였다. 그런 다음에 이러한 이해가 지니는 신학적 의미와 실천적 해석들을 살펴보았다.

실천적인 해석들을 정리하자면, 우리는 인간의 존재가 근원적으로 관계적이라는 것을 발견하고 그것을 늘 염두에 두어야 한다. '하나님의 형상대로' 창조된 각자의 인생의 정체성과 가치가 아주 귀중하고 소중함을 느끼며 살아가야 한다. 나의 이웃들, 친구들, 가족들, 그리고 내가 만나는 모든 사람의 인생의 가치가 또한 아주 귀중하고 소중함을 느끼며 살아가야 한다. 개인주의도 아니고 집단주의/전체주의도 아닌 진정한 공동체주의authentic community-ism를 추구하여 우리의 가정, 학교, 사회, 교회가 각각 진정한 공동체authentic community로 살아갈 수 있도록 힘써야 한다. 이를 위해서는 공동체 안의 관계들이 수직적vertical이기보다는 수평적horizontal이고 위계 질서적hierar-chical이기보다는 서로 평등하고 참여적mutually equal and participatory이어야 한다. 그리고 이러한 공동체는 내적으로 끼리끼리의 잘못된 의리 집단이 되어 외적으로는 배타적이며 폐쇄적인 것이 아니라, 오히려 늘 대외적으로 개방적이며 포용적이어야 한다.

'하나님의 형상'으로서의 인간에 관한 논의는 결국 우리가 삼위일체 하나님을 어떻게 믿고 사느냐 하는 것으로 귀결된다. 왜냐하면, 우리가 믿는 하나님은 삼위일체 하나님이시기 때문이다. 삼위일체 하나님은 성부와 성자와 성령으로서 각자의 정체성으로 서로 구별되시지만, 서로의 관계 안에서 함께 하나가 되는 진정한 공동체의 원형이시기 때문이다. 그런 삼위일체 하나님이 '하나님의 형상대로' 우리 인간을 창조하셨다면, 하나님께서는 우리가 비록 연약하고 유한하고 죄가 있다고 하더라도 어느 정도라도 믿음 안에서 삼위일체 하나님의 삶을 반영할 수 있도록 은혜를 베푸시고 힘과 능력을 주시기 때문이다.

1 백충현, "하나님의 형상(*imago Dei*)으로서의 인간에 관한 현대 조직신학에서의 이해," 제58회 언더우드학술강좌 (주제: "하나님의 형상으로서의 인간(창 1:26-27) - 관계로부터 찾는 자아"), 새문안교회, 2022년 9월 18일.

2 Daniel L. Migliore, *Faith Seeking Understanding: An Introduction to Christian Theology*, 신옥수, 백충현 역, 『기독교조직신학개론 - 이해를 추구하는 신앙』, 개정 3판 (서울: 새물결플러스, 2016), 253-57.

3 위의 책, 253.

4 위의 책, 254.

5 위의 책, 255.

6 위의 책, 255.

7 위의 책.

8 위의 책.

9 백충현, 『삼위일체신학의 핵심과 확장: 성경, 역사, 교회, 통일, 사회, 설교』 (서울: 장로회신학대학교 출판부, 2020), 40.

10 Daniel L. Migliore, 『기독교조직신학개론 - 이해를 추구하는 신앙』, 개정 3판, 141.

11 위의 책, 257-75, 283-87.

12 백충현, 『남북한 평화통일을 위한 삼위일체적 평화통일 신학의 모색』 (서울: 나눔사, 2012), 159-62.

02장

아돌프 폰 하르나크가 보는 복음과 문화

이 글에서는[1] 복음과 문화와의 관계에 관한 하르나크의 입장을 비판적으로 고찰하고자 한다. 19세기 신학사 연구의 거장인 클로드 웰치 Claude Welch 는 19세기 신학의 역사를 세 가지 주제로 정리하였는데, 첫째는 '신학의 가능성' the possibility of theology 이고 둘째는 '기독론의 가능성' the possibility of Christology 이며 셋째는 '기독교와 문화' Christianity and culture 이다. 웰치에 따르면, 마지막 주제는 19세기 전체에 두루 나타나지만, 특히 말엽에 더 강조되었고, 근대 사회 속에서 기독교를 정당화하는 시도로서 '문화개신교주의' Kulturprotestantismus 안으로 통합되었다.[2] 그래서 19세기 말엽과 20세기 초에 기독교와 문화에 관한 논의들이 많이 시도되었다. 이 어간에 왕성하게 활동한 신학자 중의 한 명이 바로 아돌프 폰 하르나크 Adolf von Harnack, 1851-1930 인데, 그는 기독교의 본질을 탐구하고자 복음을 다루면서 또한 복음과 문화와의 관계에 대해 논의하였다.

복음과 문화와의 관계에 관한 하르나크의 입장을 비판적으로 고찰하기 위하여 필자는 하르나크가 1899-1900년 겨울 학기 베를린대학교에서 강연하고 1900년에 출판한 『기독교의 본질』Das Wesen des Christentums을 중점적으로 검토할 것이다.[3] 국내에서는 하르나크에 관한 몇몇 연구들이 있는데 주로 하르나크의 역사신학 또는 교회사 서술 방법에 관한 연구,[4] 하르나크의 정치적 입장에 관한 연구,[5] 그리고 교리dogma 또는 복음Gospel에 대한 하르나크의 이해에 관한 연구가 있다.[6] 하지만, 복음과 문화와의 관계를 중점적으로 다룬 연구는 없다. 이러한 사실은 위에서 언급한 웰치의 분석을 고려하면 다소 의아한 점이다. 그러기에 하르나크의 복음과 문화와의 관계를 중점적으로 분석 및 정리하고 또한 비판적으로 고찰하는 이 논문은 하르나크에 관한 연구 주제의 범위를 넓혀 주는 학문적 의의가 있다고 할 것이다.

이 글이 하르나크의 복음과 문화와의 관계를 중점적으로 다루기에 그의 입장이 복음과 문화라는 주제에 대해 가지는 함의를 언급하겠지만, 그렇다고 이 글은 복음과 문화라는 일반적 주제 자체를 집중적으로 다루지는 않는다. 이 주제에 관해서는 리처드 니버H. Richard Niebuhr의 『그리스도와 문화』Christ and Culture,[7] 폴 틸리히Paul Tillich의 『문화의 신학』Theology of Culture,[8] 케빈 밴후저Kevin Vanhoozer가 편집한 『문화 신학』Everyday Theology[9] 등과 같이 수많은 학자의 논의가 있고, 또한 그것들에 관한 많은 연구가 있기에 이 글의 범위를 벗어나며 그를 위한 또 다른 작업이 필요하기 때문이다.

I.
복음과 문화와의 관계에 관한 하르나크의 입장

1. 복음과 문화 사이의 연관성

하르나크는 1851년 도르팟Dorpat에서 엄격한 경건주의 전통의 루터교 가정에서 태어났다. 1873년 라이프치히대학교에서 교회사로 박사학위를 받았고 이듬해에 교수자격 논문Habilitation을 통과하였다. 이후 기센대학교, 마르부르크대학교, 베를린대학교에서 가르쳤다. 하르나크는 1930년에 사망할 때까지 아주 많은 저술을 통하여 영향력을 행사하였는데, 그의 책과 논문은 1,600편이 넘는다.[10]

하르나크는 1899-1900년 겨울 학기 베를린대학교에서 기독교의 본질을 주제로 강연하였고, 이것은 1900년에 『기독교의 본질』Das Wesen des Chris-tentums이라는 책으로 출판되었다.[11] 이 책에서 하르나크는 '기독교란 무엇인가?'라는 물음에 대해 "순전히 역사적인 의미에서", 즉 "역사학의 방법들을 사용하여" 답을 찾아야 한다고 주장한다.[12] 이 방법은 하르나크가 1886-1890년에 저술한 『교리사 교본』Lehrbuch der Dogmengeschichte에서 이미 제시한 것이었다.[13] 그의 역사적 방법에 따르면, 복음은 변화하는 역사적 형식들 아래에서 영구적으로 타당성을 지니는 어떤 것, 즉 본질을 포함한다. 여기에서 하르나크는 복음이라는 본질적 내용과 역사적 형식을 구별하는데, 그의 표현으로 전자는 '알맹이'kernel에 해당하고 후자는 '껍질' husk에 해당한다. 그래서 하르나크는 기독교에서 역사적 형식, 즉 껍질을 제거하면 복음의 본질적 내용, 즉 알맹이를 발견할 수 있다고 주장한다.[14]

하르나크처럼 기독교에서 본질적 내용과 역사적 형식을 구별하는 것은 아주 타당한 것처럼 보인다. 왜냐하면, 가장 초기의 기독교와 먼 후대의 기독교가 완전히 동일한 형태인 것은 아님에도 기독교로서의 정체성은 유지되는 것처럼 보이기 때문이다. 즉, 역사적인 형식이나 형태가 다르다고 하더라도 그 안에 기독교의 정체성을 유지해 주는 본질적 내용이 담겨있다고 볼 수 있다는 것이다. 내용과 형식을 구별하는 하르나크의 입장에서는 복음이 취하는 역사적인 형식들 또는 형태를 넓은 의미로 문화culture 라고 본다. 그러기에 내용과 형식을 구별하는 하르나크의 입장은 또한 복음과 문화를 구별하는 견해라고 간주할 수 있다. 하르나크는 『기독교의 본질』에서 복음의 세 가지 주요한 특징적 내용을 정리한 다음에 복음과 관련하여 여섯 가지 문제들을 다루었는데, 구체적으로 ① 복음과 세계, 즉 금욕의 문제, ② 복음과 가난한 자들, 즉 사회적 문제, ③ 복음과 법, 즉 공공질서의 문제, ④ 복음과 일, 즉 문명의 문제, ⑤ 복음과 하나님의 아들, 즉 기독론적 문제, ⑥ 복음과 교리, 즉 신조의 문제이다.[15] 이것 중에서 네 번째는 복음과 일, 즉 문명의 문제인데, 여기에서 '일'work 과 '문명'civilization 이라는 용어로 하르나크가 표현한 것이 넓은 의미로서의 문화culture 에 해당한다.

그런데 하르나크에 따르면 많은 사람은 복음이 어떤 체계적인 일 또는 소명에 아무런 관심이 없다고 여기며, 예술과 학문에도 아무런 관련이 없다고 여긴다. 이러한 입장들에 반대하여 하르나크는 복음이 그러한 것들과 많은 연관이 있음을 주장한다.[16] 이와 관련하여 하르나크는 자신의 견해를 세 가지로 상세하게 제시한다.

먼저 하르나크는 복음과 문화가 역사의 각 시기에서 협력해야 한다고 주장한다. "노동, 예술, 학문, 문명 진보 - 이러한 것들은 추상적으로 존재하는 것들이 아니다. 그것들은 시대의 특정한 국면 속에 존재한다. 그러므로 복음은 자신을 그것들과 협력하도록 해야만 할 것이다. 그러나 그러한 국면들은 변화한다."[17] 하르나크에게 문화는 역사 속에서 변화하는 것이긴

하지만 각 특정한 시기에 복음이 문화와 협력해야 한다. 그래서 각 시대에 교회가 나름의 형태를 띠게 된다. 물론 복음과 문화와의 협력의 결과가 부정적인 부담이 되는 때도 있지만, 반대로 좋은 영향을 미칠 수도 있다.[18]

다음으로 하르나크에 따르면 노동과 문명의 진보는 아주 귀중하긴 하지만 최고의 이상을 구성하지는 못하며 영혼을 진정한 만족으로 채워줄 수 없고, 그것들 자체로 절대적인 선이 되지도 않는다. 오히려 그와 같은 외적인 것들이 아니라 내적인 것, 즉 '하나님 나라, 영원의 나라, 사랑의 나라의 거주민이 되고자 하는 것'이 더 중요하다.[19] 하르나크에게 문화는 중요한 것이지만 외적인 것이다. 그것보다는 내적인 것이 더 중요한데 이 내적인 것이 바로 복음과 관련된다.

마지막으로 하르나크는 예수가 선포한 메시지가 지닌 공격적이며 진취적인 특성은 새로운 인류를 창조하기 위함이라고 강조한다. 다시 말해, 예수의 메시지가 급진적인 것은 하나님에 대한 지식을 선포하고 알림으로써 인류의 위대한 내적인 변혁을 이루시기 위함이다.[20] 그러기에 복음은 인류의 내적인 변혁과 관련된다.

위의 세 가지를 종합하면, 하르나크에게 복음과 문화는 역사의 각 시기에 협력해야 하는 관계이다. 문화는 외적인 것이지만 복음은 내면적인 것이며 인류의 내적인 변혁과 관련된 것이다. 복음과 문화 사이의 이러한 많은 연관성 하에서 하르나크는 복음이 인류가 성취해야 하는 진정한 일, 즉 문화에 관하여 우리에게 알려 준다고 주장한다. 그러면서 결론적으로 다음과 같이 말한다.

> 그리스도의 이미지는 … 모든 도덕적 문화의 유일한 기초로 남는다. 그리고 그리스도의 이미지는 그 빛이 뚫고 들어갈 수 있도록 성공하는 정도 내에서 나라들의 도덕 문화가 증가하거나 감소한다.[21]

지금까지의 논의를 정리하면, 기독교에서 본질적 내용과 역사적 형식을 구별하는 하르나크의 역사적 방법에 따르면, 내용 및 알맹이로서의 복음과 형식 및 껍질로서의 문화 사이에는 많은 연관성이 있다. 각 시기에 복음과 문화가 협력해야 하되, 전자는 내적인 것이며 후자는 외적인 것으로써 협력하고 작용한다. 이러한 협력과 작용을 통해서 복음은 인류의 내적인 변혁을 추구한다. 물론 역사 속에서 양자의 관계가 긍정적인 경우들도 있지만 반대로 부정적인 경우들도 존재할 수 있다.

2. 하르나크가 파악하는 복음의 내용

복음과 문화 사이에 많은 연관성이 존재한다는 하르나크의 입장에는 대체로 동의할 수 있을 것이다. 다만 둘 사이의 협력과 작용이 어떻게 전개되느냐 하는 것은 역사의 각 특정한 시기마다 다를 것이다. 그렇다면 각 특정한 시기마다 변화하는 문화에 대한 고려도 중요하겠지만, 복음의 본질적 내용에 대한 파악이 더 중요할 것이다. 그러면 하르나크가 파악하는 복음의 내용은 무엇인가?

하르나크의 역사적 방법에 따르면, '기독교란 무엇인가?'라는 물음에 대한 답을 찾기 위한 자료는 바로 '예수 그리스도와 그의 복음'이다.[22] 이 표현에서 우리가 주목할 점은 하르나크가 예수 그리스도와 그가 선포한 복음을 암시적으로 구별하고 있다는 점이다. 즉, 하르나크는 '예수 그리스도와 그의 복음'이라고 표현함으로써, 또는 더 간략하게는 '예수 그리스도의 복음'이라고 표현함으로써, 예리하게 둘 사이를 구별하고 있다. 이러한 표현들을 통하여 하르나크는 예수 그리스도와 복음이 같다고 여기기보다는 예수 그리스도가 선포한 메시지가, 특히 예수 그리스도 자신의 말과 행동으로 선포한 메시지가 복음이라고 여긴다.[23] 이런 점에서 하르나크가 말하는 복음에는, 비록 예수가 복음을 실현한 인격이라고 하더라도 본질적으로, 또한 내재적으로 예수 자신이 포함되지 않는다.

더 나아가서, 하르나크는 예수 그리스도가 선포한 메시지로서의 복음이 지니는 세 가지 주요한 특징적 내용을 정리하여 제시하는데, 첫째는 '하나님의 나라와 그 도래'the kingdom of God and its coming 이며, 둘째는 '성부 하나님과 인간 영혼의 무한한 가치'God the Father and the infinite value of the human soul 이고, 셋째는 '더 고차원적인 의와 사랑의 명령'the higher righteousness and the commandment of love 이다.[24] 여기에서도 마찬가지로, 하르나크의 복음의 내용에는 예수 그리스도가 빠져 있고 또한 성령에 관한 내용도 빠져 있으며, 그 복음은 오로지 성부 하나님과만 관련되어 있다. 이렇게 보자면, 하르나크가 말하는 복음의 내용에는 기독론이 빠져 있으며, 또한 삼위일체론이 빠져 있다는 것을 알 수 있다.

그렇다면 하르나크의 주장대로 기독론과 삼위일체론은 복음이라는 알맹이에, 즉 복음의 내용에 포함되지 않는 것인가? 즉, 기독론과 삼위일체론은 단지 그리스화된 또는 헬라화된 껍질에 해당하는 것일 뿐인가? 이러한 질문과 관련하여 하르나크가 위에서 복음과 관련하여 논의하였던 여섯 가지 문제 중 다섯 번째와 여섯 번째를 살펴보고자 한다. 다섯 번째는 복음과 하나님의 아들, 즉 기독론적 문제이고, 여섯 번째는 복음과 교리, 즉 신조의 문제이다.

먼저, 복음에 대한 기독론적 문제와 관련하여, 하르나크는 예수가 스스로 하나님의 아들이라는 자의식을 가졌음을 강조한다. 즉, 하나님을 아버지로 및 자신의 아버지로 아는 것의 실제적인 결과로서 예수가 스스로 하나님의 아들이라는 의식을 가졌음을 강조한다.[25] 하르나크에게 예수가 하나님의 아들이며 하나님이라고 고백하는 기독론은 예수 자신이 가지고 있는 자의식에 근거한 것이다. 그러므로 기독론은 복음의 내용이 아니라 그리스 형이상학에 따라 변형된 교리dogma이며 문화이다. 이러한 점에서 기독론은, 그리고 더 나아가서 삼위일체론은 복음의 내용이 아니라 껍질에 해당하는 것이라고 하르나크는 여긴다.

다음으로, 복음에 대한 신조의 문제와 관련하여, 하르나크는 복음에 관하여 다음과 같이 명확하게 진술한다.

> 복음은 교리의 이론적 체계가 아니며 우주에 관한 철학이 아니다. 복음은 하나님 아버지의 실재를 선포하는 것에 있어서만 교리이다. 복음은 우리가 영원한 생명을 확신하게 해주는 기쁜 메시지이며, 우리가 해야 할 가치 있는 것들을 말해주는 기쁜 소식이다. …
> … 복음은 살아계신 하나님을 우리 앞에 제시한다. 또한, 여기에서, 그분에 대한 믿음 안에서 및 그분의 뜻의 성취 안에서 그분에 대한 신앙고백이 유일하게 고백되어야 할 것이다. 이것이 예수 그리스도가 의도한 바이다. 지식과 관계되는 한 … 지식은 인간의 내적 발전과 주체적 지성의 정도에 따라 항상 변화한다. 그러나 천지의 주님을 아버지로 소유하는 것은 다른 어떤 것에 의해서도 도달될 수 없는 경험이다.[26]

이러한 진술에 따르면, 하르나크에게 복음은 교리적 체계나 우주에 관한 철학이나 지식이 아니다. 복음은 성부 하나님의 실재를 선포하고 성부 하나님의 임재를 우리 앞에 드러내어 우리가 성부 하나님의 실재를 경험하게 하는 것이다. 그러나 이러한 경험을 바탕으로 한다고 하더라도 그 위에 세워진 이론적 체계는 복음이 아니다. 무엇보다 주목할 점은 하르나크에게 복음은 성부 하나님과 관련되는 것이지, 예수 그리스도 또는 성령과는 직접적으로 또는 본질적으로 관련되는 것이 아니라는 것이다. 즉, 하르나크가 의미하는 복음의 내용에는 예수 그리스도나 성령의 실재 또는 임재가 직접적으로 포함되어 있지는 않다.

Ⅱ.
하르나크의 입장에 대한 비판적 고찰

지금까지의 논의를 정리하면, 하르나크에게 복음과 문화는 구별된다. 복음은 내용 및 알맹이고, 문화는 역사적 형식 및 껍질이다. 그렇지만 복음과 문화는 각 특정한 시기에 서로 협력하면서 작용하는 많은 연관성을 지닌다. 그러나 문화가 외적인 것에 비교하여 복음은 내적인 것이며 인류의 내적인 변혁을 추구한다. 더 나아가서, 하르나크에게 복음의 내용은 성부 하나님의 실재 또는 임재와 관련되지만 예수 그리스도 또는 성령과는 직접적으로 관련되지는 않는다. 여기에서는 하르나크의 이러한 입장을 비판적으로 고찰해 보고자 한다.[27]

1. 복음의 내용에 대한 환원론적 및 본질주의적 태도

하르나크가 복음과 문화를 구별하는 것에는 누구든지 대체로 이해할 수 있다. 비록 이 구별이 이원론적, 혹은 상호 분리적으로 비칠 수도 있지만, 양자 사이의 구별 자체에는 대체로 동의할 수 있다. 그런데 하르나크의 논의들을 살펴보면서 분명하게 드러나는 점은 하르나크의 복음의 내용이 하나님의 나라와 그 도래, 성부 하나님과 인간 영혼의 무한한 가치, 고차원적인 의와 사랑의 명령이라는 세 가지로 아주 단순하다는 것이다. 복음에 대한 이러한 이해는 매우 환원론적인 태도를 견지하는데, 하르나크의 책 『기독교의 본질』, 그리고 더 근본적으로 하르나크의 역사적 방법 자체가 환원론적 태도, 과거 어느 한 시점에서의 본질을 전제하고 그 본질을 찾을 수 있다고 여기는 본질주의적 태도를 지니고 있다는 점에서 그 연관성을 찾을 수 있다.

하르나크가 활동했던 19세기 말과 20세기 초의 상황에서는 그와 같은 태도가 긍정적인 효과를 가질 수 있었다. 근대성의 관점에서 볼 때 그와 같은 태도는 당시 교회의 과도한 제도화, 교권화, 교리화를 비판함으로써 기독교의 본질과 원형을 찾아 회복하고자 하는 시도로써 나름대로 긍정적인 의미가 있다. 하지만 그와 같은 태도를 바탕으로 하는 복음 이해는 오히려 역사의 각 시대 속에서 발생하는 문화와의 다양한 상호작용과 협력을 무시하거나 최소한 그에 대한 무관심을 초래할 수 있는 위험성이 도사리고 있다. 예를 들면, 하나님의 나라에 대한 이해조차도 각자 처한 정치적, 경제적, 사회적, 문화적 상황과는 결코 무관한 것이 아니기 때문이다. 그러기에 복음과 문화 사이의 관계에 관한 하르나크의 입장은 양자 사이의 관계에 대하여 다각적이고 종합적인 검토보다는 각 시대의 문화가 어떠하든지 간에 복음을 순수하게 유지하고 보존하는 것에 더 많은 강조점을 두는 태도로 나아갈 수 있는 위험성이 있다.

다시 말하면, 하르나크의 이러한 입장은 복음의 내용이 역사의 각 시대 속에서 어떻게 구체적으로 드러나고 표현되고 표출되는지에 관하여 깊은 성찰을 하지 못하게 할 뿐만 아니라, 더 나아가서 오늘날 복음이 역사의 시대의 문화와 어떻게 만나고 협력하고 비판하고 상호 작용하는지 등에 관하여 적극적인 자세를 취하지 못하게 할 수 있다. 그렇게 되면, 하르나크가 제시하는 복음의 내용에 대해 오직 개인주의적이며 내면적인 태도에 만족하며 안주하게 하는 위험성이 있다.

이러한 위험성은 하르나크가 『기독교의 본질』에서 복음과 연관된 여섯 가지 문제들을 다루면서 논의하였던 처음 세 문제와 관련하여 분명하게 드러난다. 즉, ① 복음과 세계, 즉 금욕의 문제, ② 복음과 가난한 자들, 즉 사회적 문제, ③ 복음과 법, 즉 공공질서의 문제를 다룰 때 확연하게 드러난다. 여기에서의 세 문제도 또한 가장 포괄적인 의미로서의 문화culture에 해당한다고 할 수 있는데, 구체적으로 살펴보면 다음과 같다.

첫 번째 문제인 복음과 세계, 즉 금욕의 문제와 관련하여, 하르나크는 많은 사람이 생각하는 것처럼 복음이 결코 현실 도피적이거나 금욕적인 것이 아니며, 오히려 세상의 복들은 하나님의 것이라고 전제한다. 그러면서도 하르나크는 복음이 우리에게 맘몬, 근심, 이기심과 싸울 것을 요구하는데 이러한 싸움이 바로 복음이 의미하는 종류의 금욕주의이며 자기 부인이며 사랑이라고 주장한다.[28]

두 번째 문제인 복음과 가난한 자들, 즉 사회적 문제와 관련하여, 하르나크는 예수가 세상의 재물을 소유하는 것이 영혼에 중대한 위험이 된다고 여기셨지만, 그렇다고 가난과 곤경과 억압의 문제를 해결하기 위한 사회적 기획을 제시하지는 않았다고 주장한다. 복음은 한편으로 강력한 사회적 메시지이며 가난한 자들을 위한 연대와 형제애를 선포하지만, 복음의 메시지는 인간 영혼의 무한한 가치에 대한 인정과 연관되어 있으며, 하나님 나라에 관하여 예수가 말한 내용에 포함되어 있다. 따라서 우리에게 시대의 상황들을 강제적으로 변화시키도록 하는 법들이나 규정들이나 명령들은 복음 안에서 발견되지 않는다고 주장한다.[29]

세 번째 문제인 복음과 법, 즉 공공질서의 문제와 관련하여, 하르나크는 예수가 하나님께서 정의를 행하실 것을 확신하였으며, 그의 제자들에게 자신들의 권리를 포기하도록 요구하였고, 모든 사람이 하나님 나라와 맺는 관계만은 예수 자신의 영혼 속에 품고 있었다고 말한다. 이런 점에서 예수는 어떤 법적인 규정에 따라 사람들이 결속되는 연합이 아니라 사랑의 규율로 결속되는 연합의 가능성을 열어놓으셨고 온유함으로 원수를 극복하는 연합의 가능성을 열어놓으셨다고 주장한다.[30]

위에서 살펴보았듯이, 세 가지 문제들에 대한 하르나크의 의견은 매우 분명하다. 한편으로는 단호하고 분명한 생각으로 보이지만, 개인주의적이고 내면적인 자세를 강조하는 쪽으로 기울어지는 경향, 즉 세상의 문제들에 대해 어떤 사회적이고 정책적이고 법적이고 구조적이고 종합적인 접근을 취하기보다는 개인이 복음의 내용에 따른 내면적이고 정신적인 자세를 취하는 것을 부각하고 있음을 알 수 있다. 이러한 복음의 내용에 대한 환원론적 및 본질주의적 태도는 도리어 문화에 대한 다각적이고 종합적인 관심을 불러일으키기보다는 그에 대한 상대적인 무관심을 초래할 수 있고, 아울러 개인주의적이고 내면적인 자세로 도피하거나 안주하도록 만들 수 있다는 앞에서의 위험성을 그대로 가지고 있다.

이러한 한계로 인하여 하르나크는 20세기 초에 발발한 1차 세계 대전과 이후의 독일의 상황에서 권력에 대한 더 적극적인 비판을 제시하지 못하였다. 이러한 비판에 반대하여 이용주는 자신의 논문에서 하르나크를 위시한 문화개신교의 입장은 당시의 보수적 민족주의적 개신교와는 전혀 다르다고 주장하면서 다음과 같이 진술한다.

> 트뢸치와 더불어 문화개신교 진영의 대표자라 할 수 있는 하르나크 역시도 자신들에 의해 대변되는 신학 사조가 근대 문화를 무비판적으로 수용하는 '문화 축성' Kulturseligkeit에 불과하다는 비판에 반박하기 위하여 "Protestantische Kultur" 개신교 문화, 1912라는 논문을 발표한다. 여기에서

하르나크는 … 자신의 작업은 학문, 예술, 경제, 국가, 문화 등에 있어
서 개신교 종교가 가지는 우월성을 토대 지우고자 하려는 것이라고 반
박한다. … 개신교 종교의 독특성을 토대로 근대 문화의 발전, 특히 '자
유로운 개인'을 양육하고 '공동의 삶의 정의로운 형태'를 형성하도록
하는 것이야말로 문화개신교 진영이 추구하는 바라는 것이다.[31]

이 논문에서 이용주는 하르나크를 비롯한 문화개신교의 입장이 근대
문화에 일방적으로 적응된 것이라는 통상적인 비판에 대해서 반대하고 있
으나, 또 한편으로 우리는 제1차 세계 대전과 독일 나치 아래에서 협력하였
던 하르나크의 입장이 복음에 근거한 입장이라고 정당화할 수도 없다. 하르
나크의 이러한 한계는 근원적으로 보자면, 복음의 내용에 대한 하르나크 자
신의 환원론적 및 본질주의적 태도에로까지 거슬러 올라간다고 할 수 있다.

2. 기독론 및 삼위일체론에 대한 오해

복음과 문화와의 관계에 관한 하르나크의 입장을 비판적으로 고찰하면
서, 우리는 하르나크가 이해하는 복음의 내용과 기독론 및 삼위일체론과의
관계가 신학적으로 타당한 것인지, 즉, 기독론과 삼위일체론이 단지 헬라화
의 산물로 복음의 내용과는 직접적으로 관련이 없다는 하르나크의 주장이
옳은지에 대해 비판적으로 검토할 수 있다. 하르나크의 주장이 제시된 이후
1세기 이상의 시간이 지난 오늘날 우리는 좀 더 객관적이고 균형적인 입장
에서 그의 주장을 살펴볼 수 있기 때문이다. 하르나크 이후 역사신학 분야
에서는 하르나크가 제시한 복음의 헬라화라는 주장에 맞서서 여러 반박이
계속 제기되어 왔는데, 몇몇 예를 들면 다음과 같다.[32]

첫째, J. N. D. 켈리 John Norman Davidson Kelly, 1909-1997 는 자신의 1958년도 책 『고대 기독교 교리사』 Early Christian Doctrines 에서 삼위일체론의 전반적인 발전사를 두 가지 관점, 즉 계시의 새로운 자료들의 내재적인 통합이라는 관점과 세속 사상들의 외적인 여과라는 관점에서 파악한다.[33] 켈리에 따르면, 삼위일체론이라는 교리는 단순히 외적인 영향의 산물이 아니라, 오히려 새로운 자료들의 내재적인 통합의 결과이며, 또한 외적인 영향을 선별적으로 취사선택하는 여과의 결과이다. 그러므로, 삼위일체론은 단지 껍질에만 해당하는 것이 아니다.

둘째, 켈리와 마찬가지로, 야로슬라프 펠리칸 Jaroslav Pelikan, 1923-2006 이 1971년에 출판한 *The Christian Tradition: A History of the Development of Doctrine* 그리스도교 전통: 교리 발전의 역사 에서, 삼위일체론은 교리로 형성되기 이전부터 이미 예전 속에서 보존됐으며, 성서 속에서 암시적으로라도 이미 문서로 만들어졌다고 언급한다. 그러므로 삼위일체론이라는 교리는 단지 외적인 껍질인 것이 아니라 본질적으로 타당하게 공식화된 내용이라고 주장한다.[34]

셋째, 에드문트 포트만 Edmund J. Fortman 도 자신의 1972년도 책 *The Triune God: A Historical Study of the Doctrine of the Trinity* 삼위일체 하나님: 삼위일체론의 역사적 연구 에서 비슷한 주장을 제시한다. 포트만에 따르면, 교리들의 발전사는 기독교의 헬라화라고 일방적으로 단정하기보다는 오히려 정반대로, 일정 정도 '헬레니즘의 기독교화' the Christianization of the Hellenism 라고 볼 수 있다는 관점을 제시한다.[35]

넷째, 윌리엄 힐 William J. Hill 은 자신의 1982년도 책 *The Three-Personed God: The Trinity as a Mystery of Salvation* 세-위격적 하나님: 구원의 신비로서의 삼위일체 에서, 비록 교리들의 전체적인 역사적 발전이 케뤼그마 *kerygma* 를 헬라화하는 과정이었음에는 의심의 여지가 없으나, 그럼에도 불구하고 그 케뤼그마는 요한과 바울의 영감 있는 신학에 따라서 이미 풍성하게 된 케뤼그마였다고 주장한다. 동시에, 힐은 역사적 발전의 과정에서는 그 과정을 통제하고 수정하는 과정들이 끊임없이 작용하고 있었는데, 특히 신앙고백이 '헬라적 범주들을 전용하고 그것들을 변혁시키는' 역할을 감당하였다고 주장한다.[36]

위에서 소개된 학자들 모두에게는 복음의 헬라화라는 하르나크의 주장에 해당하는 것은 삼위일체론이 아니라 오히려 아리우스의 반 삼위일체적 입장이었다. 아리우스는 오로지 한 분 하나님이 계시며 이 한 분 하나님은 창조되지도 않았고 uncreated, 출생하지도 않았으며 unbegotten, 시작되지도 않았다 unoriginated [ἀγένητος (agenetos)] 고 주장한다. 만약 성부에 의하여 성자가 출생하였다면 begotten [γεννητός (gennetos)], 성자는 하나님이 아니며 하나의 피조물이 된다. 그래서 아리우스는 "성자는 그가 출생하기도, 창조되기도, 규정되기도, 성립되기도 전에는 존재하지 않았다."[37]라고 말한다. 여기에서 아리우스는 성서의 용어인 출생됨 gennetos [γεννητός] (begotten)을 그리스 낱말인 창조됨 genetos [γενητός] (created) 으로 오해하였다.

게다가, 아리우스는 단순성 simplicity 이라는 그리스 철학의 원리를 고수하고 있었다. 만약 출생된 성자가 창조된 것이 아니라면, 성자는 성부와 같이 출생하지 않은 존재일 것이며 혹은 적어도 성부의 일정한 부분을 가진 존재일 것이었다. 그렇다면, 성부는 '합성되고 분할되며 변화하는 하나의 몸과 같은 존재'[38]가 될 것인데, 이 점을 아리우스는 받아들일 수 없었다. 이런 점을 고려하자면, 아리우스의 입장이야말로 헬라화의 완벽한 실례다.

그러므로 위에서 언급한 학자들의 새로운 학문적 발전을 고려하면, 삼위일체론이 복음의 헬라화의 산물이라는 하르나크의 주장은 지나친 단순화에 의한 오류라고 할 수 있다.

이 글에서는 하르나크의 책 『기독교의 본질』을 중점적으로 검토하면서 복음과 문화와의 관계에 관한 하르나크의 입장을 분석 및 정리하고 비판적으로 고찰하였다. 하르나크는 기독교에서 본질적 내용과 역사적 형식을 구별하는데, 이러한 입장은 곧 복음과 문화를 구별하는 견해라고 간주할 수 있다. 복음은 내용 및 알맹이로, 문화는 역사적 형식 및 껍질로 구별된다. 그렇지만 복음과 문화는 각 특정한 시기에 서로 협력하면서 작용하는 많은 연관성을 지닌다. 그러나 문화는 외적인 것에 비하여 복음은 내면적인 것이며 인류의 내적인 변혁을 추구한다. 더 나아가서, 하르나크에게 복음의 내용은 성부 하나님의 실재 또는 임재와 관련되지만 예수 그리스도 또는 성령과는 직접적으로 관련되지는 않는다.

하르나크가 활동했던 19세기 말과 20세기 초의 상황에서는 이러한 입장이 긍정적인 효과를 가질 수 있었다. 특히, 근대성의 관점에서 볼 때 그와 같은 태도는 당시 교회의 과도한 제도화, 교권화, 교리화를 비판함으로써 기독교의 본질과 원형을 찾아 회복하고자 하는 시도로서 나름대로 긍정적인 의미가 있었다. 그러나 하르나크의 입장에 담겨있는 환원론적 및 본질주의적 태도에 기반을 둔 복음 이해는 오히려 역사의 각 시대 속에서 발생하는 문화와의 다양한 상호작용과 협력을 무시하거나 최소한 그에 대한 무관심을 초래할 수 있으며, 개인주의적이고 내면적인 자세로 도피하거나 안주할 수 있기에 문화에 대해 사회적, 정책적, 법적, 구조적, 종합적인 접근을 취하지 못하는 위험성이 있다.

또한, 기독론과 삼위일체론과 같은 교리가 단지 복음의 헬라화의 산물이기에 복음의 내용과는 직접적으로 관련이 없다는 하르나크의 주장은 그의 주장이 제시된 이후 1세기 이상의 시간이 지난 오늘날 좀 더 객관적이고 균형적인 입장에서 검토해볼 때 설득력이 있다고 보기는 어렵다.

이 글에서의 이러한 비판적 고찰이 함의하는 점은 복음과 문화와의 관계에 관한 논의에서 중요한 것은 양자 사이의 이원론적 구별 및 상호적 연관성을 확보하는 것도 중요하지만, 이것보다 더 중요한 것은 복음에 대한 이해, 즉 복음의 구체적인 내용에 대한 이해라는 점이다. 그렇게 하여야 복음과 문화 사이의 관계성을 더 온전히 확보할 수 있다.

　이 글에서의 비판적 고찰이 함의하는 관점에서 하르나크 이후 신학사에서 제시된 복음과 문화에 관한 많은 논의를 재검토하고 분석할 필요가 있다. 예를 들면, 리처드 니버가 자신의 책 『그리스도와 문화』에서 '복음'이라는 용어 대신에 '그리스도'를 사용하면서 그리스도와 문화와의 관계를 다섯 가지 유형들로, 즉 ① 문화에 대립하는 그리스도 Christ against Culture, ② 문화의 그리스도 Christ of Culture, ③ 문화 위에 있는 그리스도 Christ above Culture, ④ 그리스도와 문화의 역설적인 관계 Christ and Culture in Paradox, ⑤ 문화의 변혁자로서의 그리스도 Christ the Transformer of Culture 로 구별하였다.[39] 이러한 유형론적 구별도 중요하지만, 더 중요한 것은 복음에 대응하는 그리스도가 무엇인지에 관한 내용이다. 다시 말해, 폴 틸리히가 자신의 책 『문화의 신학』에서 "종교는 문화의 실체이고 문화는 종교의 표현이다."[40]라는 진술에서 제시한 양자의 긴밀한 관계도 중요하지만, 더 중요한 것은 복음에 대응하는 종교가 무엇인지에 관한 내용이다. 또한, 위의 관점은 복음과 문화와의 관계에 관한 여러 다양한 연구에도 적용될 수 있다.[41] 그렇게 할 때 비로소 복음과 문화 사이의 관계성을 더 온전히 확보할 수 있을 것이다.

1 백충현, "아돌프 폰 하르나크(Adolf von Harnack)의 복음과 문화와의 관계에 대한 비판적 고찰," 『신학논단』 100집 (2020. 6), 87-110. 이 글은 본래 제38차 한국복음주의조직신학회 정기학술대회(웨스트민스터신학대학원대학교, 2019년 11월 16일(토) 10-16시)에서 발표된 논문을 크게 수정한 것임.

2 Claude Welch, *1799-1870*, vol. 1 of *Protestant Thought in the Nineteenth Century* (New Haven: Yale University Press, 1972), 6-7.

3 Adolf Harnack, *What Is Christianity?*, trans. Thomas Bailey Saunders (Philadelphia: Fortress Press, 1986). 이 논문에서는 주로 영어 번역본을 다루지만 한글 번역은 다음을 참조하라. 오흥명 역, 『기독교의 본질』 (서울: 한들출판사, 2007).

4 주재용, "하르나크의 역사신학," 『기독교사상』 20/12 (1976), 127-37; 김성욱, "하르나크의 교회사 서술에 대한 방법론적 비판," 『성경과 신학』 61 (2012), 181-211.

5 이용주, "민족주의와 문화개신교의 관계 연구 - 1차 세계대전을 전후한 하르나크의 정치적 입장 및 그 신학적 토대를 중심으로," 『한국조직신학논총』 42/9 (2015), 7-45.

6 정용석, "하르나크와 기독교의 본질," 『신학사상』 119 (2002), 177-201; 박영범, "교리, 복음을 토대로 한 그리스 정신의 작품? - 하르나크의 『교리사 교본I』을 통해 본 교리와 복음의 이해," 『한국조직신학논총』 52/9 (2018), 133-71.

7 H. Richard Niebuhr, *Christ and Culture*, 김재준 역, 『그리스도와 문화』 (서울: 대한기독교서회, 1992).

8 Paul Tillich, *Theology of Culture*, 남정우 역, 『문화의 신학』 (서울: 대한기독교서회, 2002).

9 Kevin J. Vanhoozer, Charles A. Anderson, and Michael J. Sleasman, eds., *Everyday Theology: How to Read Cultural Texts and Interpret Trends*, 윤석인 역, 『문화 신학』 (서울: 부흥과개혁사, 2007).

10 James C. Livingston, *The Enlightenment and the Nineteenth Century*, vol. 1 of *Modern Christian Thought*, 2nd ed. (Upper Saddle River: Prentice Hall, 1997), 286. 한글 번역은 다음을 참조하라. 이형기 역, 『현대 기독교사상사 I』 (서울: 한국장로교출판사, 2000).

11 Adolf Harnack, *What Is Christianity?*.

12 위의 책, 6.

13 Adolf Harnack, *History of Dogma* Vols. I-VII, trans. Neil Buchanan (New York: Russell & Russell, 1958). 또한, 다음을 참조하라. Adolf Harnack, *Outlines of the History of Dogma*, trans. Edwin Knox Mitchell (Boston: Beacon Press, 1959).

14 Adolf Harnack, *What Is Christianity?*, 13-14.

15 위의 책, 78-151.

16 위의 책, 117.

17 위의 책, 119.

18 위의 책, 119.

19 위의 책, 120-21.

20 위의 책, 122-23.

21 위의 책, 123.

22 위의 책, 10.

23 위의 책, 10-11.

24 위의 책, 19-78.

25 위의 책, 128.

26 위의 책, 146-48.

27 하르나크에 대한 일반적인 비판적 논의들은 다음을 참조하라. 김성욱, "하르나크의 교회사 서술에 대한 방법론적 비판," 『성경과 신학』 61 (2012), 181-211; 박영범, "교리, 복음을 토대로 한 그리스 정신의 작품? - 하르나크의 『교리사 교본 I』을 통해 본 교리와 복음의 이해," 『한국조직신학논총』 52/9

(2018), 133-71; Paul L. Gavrilyuk, "Harnack's Hellenized Christianity Or Florovsky's "Sacred Hellenism": Questioning Two Meta-narratives of Early Christian Engagement with Late Antique Culture," *St. Vladimir's Theological Quarterly* vol. 54. no. 3-4 (2010), 323-44.

28   Adolf Harnack, *What Is Christianity?*, 87-88.

29   위의 책, 93, 101.

30   위의 책, 113.

31   이용주, "민족주의와 문화개신교의 관계 연구 - 1차 세계대전을 전후한 하르나크의 정치적 입장 및 그 신학적 토대를 중심으로," 16-17.

32   이후의 내용은 다음의 책에 실려 있다. 백충현, 『내재적 삼위일체와 경륜적 삼위일체』(서울: 새물결 플러스, 2015), 48-51.

33   J. N. D. Kelly, *Early Christian Doctrines*, rev. ed. (New York: HarperCollins Publishers, 1978), 84-87.

34   Jaroslav Pelikan, *The Emergence of the Catholic Tradition (100-600)*, vol 1 of *The Christian Tradition: A History of the Development of Doctrine* (Chicago: The University of Chicago Press, 1971), 223.

35   Edmund J. Fortman, *The Triune God: A Historical Study of the Doctrine of the Trinity* (Eugene: Wipf and Stock Publishers, 1999), 44.

36   William J. Hill, *The Three-Personed God: The Trinity as a Mystery of Salvation* (Washington, D.C.: The Catholic University of America Press, 1982), 50.

37   Arius, *Letter to Eusebius of Nicomedia in The Trinitarian Controversy*, ed. William G. Rusch (Philadelphia: Fortress Press, 1980), 30.

38   위의 글, 32.

39   P. Richard Niebuhr, 『그리스도와 문화』.

40   Paul Tillich, 『문화의 신학』.

41   몇몇 예들로는 다음과 같다. 김경진, "복음과 문화의 상관성 연구 - 선교적 적용성을 지향하며," 『성경과 신학』 43/7 (2007), 44-70; 김성태, "복음과 문화," 『성경과 신학』 25 (1999), 291-326; 문용식, "신약성경에 나타난 복음과 문화와의 상관성에 대한 고찰," 『신앙과 학문』 12, no. 3 (2007), 125-51; 정홍호, "복음과 문화," 『성경과 신학』 36/10 (2004), 207-25; 조병하, "무엇이 아덴이고 예루살렘인가? 무엇이 아카데미이고 교회인가?: 테르툴리아누스의 글 De praescriptione haereticorum을 중심으로!," 『성경과 신학』 59 (2011), 199-228.

II

삼위일체와 세계

제 2 부

03장

백충현, "Hegel's Phenomenology of Spirit and Its Influence on Contemporary Renaissance of Trinitarian Thoughts," 『한국기독교논총(외국어논총)』 66집 (2009. 10), 117-29.

04장

백충현, "Paul Tillich's Trinity: A Tension between its Symbolic and Dialectical Characteristics Under a Trinitarian Structure of System," 『한국개혁신학』 57집 (2018. 2), 312-39.

03장

헤겔의 『정신 현상학』과 현대 삼위일체신학

이 글은[1] 헤겔G. W. F. Hegel, 1770-1831의 철학과 현대 삼위일체 사상과의 관련성을 탐구한다. 『삼위일체로서의 하나님 – 신적 삶에서의 관계성과 시간성』God as Trinity: Relationality and Temporality in Divine Life 이라는 책의 서문에서 테드 피터스Ted Peters는 삼위일체적 사유가 20세기 후반 동안에 신학에서 그동안 아주 중요하지만 잘 알려지지 않은 것 중의 하나임을 증명하였다고 선언하였다.[2] 스탠리 그렌츠Stanley J. Grenz는 더 나아가서 삼위일체론이 가장 널리 인정되는 기독교의 가르침 중의 하나가 되었으며 가장 많이 언급되는 신학적 상표 중의 하나가 되었다고 주장하기까지 하였다.[3] 오늘날 우리가 목격하듯이, 삼위일체론은 삼위일체 사상의 역사에서 현재 부흥기를 보내고 있다. 이러한 부흥기는 개신교 진영의 칼 바르트Karl Barth, 1886-1968, 동방정교회 진영의 블라디미르 로스키Vladimir Lossky, 1903-1958, 로마가톨릭 진영의 칼 라너Karl Rahner, 1904-1984에 의해서 명시적으로 시작되었다. 그리고 에버하르트 윙엘Eberhard

Jüngel, 위르겐 몰트만 Jürgen Moltmann, 볼프하르트 판넨베르크 Wolfhart Pannenberg, 로버트 젠슨 Robert W. Jenson, 레오나르도 보프 Leonardo Boff, 캐서린 모리 라쿠냐 Catherine Mowry LaCugna 등과 같은 다수의 현대 삼위일체 신학자들에 의해 깊이 발전되었다.

그러나 삼위일체론의 부흥을 목격하는 20세기와는 대조적으로 19세기는 삼위일체론의 "암흑기"였다고 알려져 있다. 클로드 웰치 Claude Welch 의 평가에 따르면, 프리드리히 슐라이어마허 Friedrich Schleiermacher, 1768-1834 는 자신의 대작 『기독교신앙』 Der christliche Glaube 에서 삼위일체론을 이차적 지위의 교리로 축소하였다.[4] 이보다 몇십 년 이전에 임마누엘 칸트 Immanuel Kant, 1724-1804 는 1798년도의 자신의 에세이 『학부들의 논쟁』 Der Streit der Fakultäten 에서 삼위일체론에 어떠한 실천적 가치도 두지 않았다.

그러나 19세기가 우리에게 일반적으로 알려졌던 것만큼 심각한 암흑기이지는 않았다는 점은 주목할 만하다. 좋은 예들로 헤겔, 프레데릭 데니슨 모리스 Frederick Denison Maurice, 1805-1872 가 있다. 영국 신학자이며 기독교 사회주의자인 모리스는 사회 도덕의 토대를 삼위일체론에 두고자 시도하였다. 자신의 1854년도 책인 『신학 에세이』 Theological Essays 에서 그는 삼위일체는 인간의 삶과 사회의 토대라고 주장하였다. 그리고 1869년에 케임브리지대학교에서 행한 강연에서 그는 삼위일체가 사회 도덕의 토대라고 주장하였다. 그렇게 하면서 모리스는 신적 위격에 관한 사회적 및 관계적 이해를 제안하였고, 또한 인간에 관한 사회적 및 관계적 이해를 제안하였다. 이러한 이해는 삼위일체론의 현대적 발전에서 매우 대중적인 주제이다.

헤겔과 관련하여 사무엘 포웰 Samuel M. Powell 은 "계몽주의와 자유주의 신학의 시기에 삼위일체 사상이 혹독한 비판들을 받았던 이후에" 헤겔이 "삼위일체 사상에 추동력을 제공하였고 이것의 부흥이 가능하도록 하였다."라고 지적하였다.[5] 게다가, 포웰은 20세기에 바르트와 라너에 의해서 명시적으로 시작된 삼위일체론이 회복되도록 자극한 것이 바로 헤겔이라고 여긴다. 포웰은 더 나아가서 헤겔에게서 삼위일체 사상에 공헌하였던 세 가지 주목할 만한 요소들을 파악한다. 그것들은 계시, 역사, 자아에 관한 헤겔의 이해이다.[6] 이렇게 해서 포웰은 삼위일체론에 어떤 현대적 관심이 있다는 사실 자체가 헤겔에게 많은 빚을 지고 있는 것이며, 20세기에 삼위일체론을 회복하고자 가장 많은 관심을 보인 신학자들은 이런저런 방식으로 헤겔에게 신세를 지고 있는 것이라고 결론을 내렸다.[7]

이 글의 목적은 헤겔의 『정신 현상학』 *Phänomenologie des Geistes* [8]을 탐구하되 이것이 20세기 삼위일체 사상의 회복에 이바지한 공헌들을 주로 검토하는 것이다. 헤겔은 『정신 현상학』, 『철학 강요』 *Enzyklopädie der philosophischen Wissenschaften im Grundrisse*, 『종교철학강의』 *Vorlesungen über die Philosophie der Religion* 에서 삼위일체를 논의하였지만, 이 글은 삼위일체 사상의 현대적 부흥과 관련하여 첫 번째 책에만 주의를 기울인다. 마지막에서 이 글은 헤겔의 사상은 20세기 삼위일체 사상의 발전에 이바지한 주요한 공헌 중의 하나로 여겨질 수 있다고 제안한다.

Ⅰ.
절대적 존재에 관한 지식의 가능성

헤겔의 『정신 현상학』 *Phänomenologie des Geistes* 은 본래 1807년에 출판되었다. 이 출판 시기는 칸트의 『순수이성비판』 *Kritik der reinen Vernunft* 과 슐라이어마허의 『기독교신앙』 사이에 위치한다. 칸트는 『순수이성비판』에서 현상계

phenomena와 지성계noumena를 구별하였다. 전자는 경험 안에 있는 대상들을 가리키며 후자는 경험을 넘어서는 대상들을 지칭한다. 그런 다음에 칸트는 우리의 지식을 현상계에로만 한정하였다. 이것은 우리가 물자체Ding an sich에 대해 어떤 지식을 가질 수 없음을, 또한, 우리가 순수이성을 통해 하나님에 관해 어떤 참된 지식을 가질 수 없음을 함의한다.[9] 헤겔은 칸트의 '초월론적 전환' transcendental turn에 많은 영향을 받았다. 그러기에 헤겔의 철학의 출발점은 슐라이어마허처럼 경험experience이었고, 더 정확하게 말하면 의식conscious-ness이었다.

그러나 칸트와는 대조적으로 헤겔은 칸트의 비판이 신 지식에 관해 제시한 한계들에 반대하였다. 헤겔의 『정신 현상학』의 핵심은 지성계에 대해서는 알 수 없다는 칸트의 가정을 극복하고 절대적 지식의 가능성을 확보하는 것이었다. 헤겔은 자신의 책에서 절대적 존재the Absolute Being의 여러 다중적 의식을 분석적으로 추적하였다. 다중적 의식에는 감각 의식, 자의식, 이성, 영, 종교, 그리고 마지막으로 절대적 지식과 같은 것들이 있다. 이러한 분석적 여정의 최종적인 목적이 절대적 지식, 즉 절대지絶對知에 도달하는 것이라는 점은 현저히 주목할 만하다. 절대지에서는 주체적 지식과 객관적 진리 사이의 구별이 극복된다.

슐라이어마허도 지성계에 대한 파악이 불가능하다는 칸트의 가정을 반대하였다. 그러나 슐라이어마허는 자신의 주된 초점을 지식에 두지 않고 종교적 의식 자체에 두었다. 그는 독일 경건주의와 낭만주의의 영향을 많이 받았다. 따라서 1799년도에 출판한 자신의 책 『종교론 – 종교를 멸시하는 교양인을 위한 강연』Über die Religion: Reden an die Gebildeten unter ihren Verächtern에서 그는 종교의 본질은 생각이나 행동이 아니라 직관과 감정Gefühl이라고 언급하였으며,[10] 그 결과로 그는 인간이 영감과 계시와 같은 개념들과의 접촉이 없다고 하더라도 많은 종교심을 가질 수 있다고 주장하였다.[11] 『기독교신앙』

에서 그는 경건이란 지식도 아니며 행동도 아니라 어떤 수정된 감정이나 직접적 자기의식이라고 확인하였고,[12] 또한, 하나님이라는 관념은 단지 절대 의존 감정 the feeling of absolute dependence 의 표현으로 축소하였다.[13]

슐라이어마허처럼 헤겔은 종교는 인간 경험에서 본질적인 순간이라고 주장하였고 의식 그 자체를 분석하는 것으로부터 출발하였다. 그러나 종교를 일차적으로 절대 의존 감정으로 여긴 슐라이어마허와는 달리 헤겔은 유한한 의식이 무한한 의식으로 발전하는 것에 초점을 두었다. 게다가, 주로 개념적인 특성들 때문에 전통적인 교권적 삼위일체론을 엄연하게 반대하였던 슐라이어마허와는 달리, 헤겔은 절대적 존재에 관한 지식의 가능성을 포기하지 않았고 절대적 지식에 도달하기 위한 현상학적 작업을 시도하였다.

여기에서는 헤겔이 절대적 존재를 알 가능성을 고수하였다는 점에 주목하는 것이 중요하다. 그러나 더 중요한 점은 그 가능성을 주장하는 그의 창의적인 방식이다. 그의 창의적인 방식이란 헤겔에게 하나님은 절대적 영 the Absolute Spirit 을 가리킨다는 점이다. "신적 존재는 영으로서 알려진다."[14] "영으로서 파악되지 않는 절대적 존재 Absolute Being 는 단지 추상적인 공허일 뿐이다."[15] 그리고 영은 주체이다. 객체도 아니며 본체도 아니다. 하나님은 하나의 정적인 본체가 아니라 역동적인 영이다. 그리고 하나님은 우리가 객관적인 방식으로 멀리서 관찰할 수 있는 어떤 정적인 대상이 아니다.

헤겔의 방식은 많은 함의를 지니고 있다. 첫째, "영은 자신을 외재화할 때 자신에 관하여 갖는 지식이다. 즉, 영은 타자성 안에서 자신의 자기 정체성을 보존하는 운동인 존재이다."[16] 이렇게 영은 그 자체로 계시되고 알려진다. 달리 표현하면, 영은 자신을 그 자체로 계시한다. "영은 자기의식으로서 알려진다. 그리고 영은 이러한 자기의식에 직접적으로 계시된다. 왜냐하면, 영은 자기의식 그 자체이기 때문이다."[17]

이렇게 해서, 절대적 존재를 아는 가능성에 관한 헤겔의 주장은 영으로서의 하나님의 계시 가능성을 의미한다. 영의 계시 가능성에 관한 헤겔의 이러한 입장은 지성계의 불가지성을 가정하는 칸트의 입장과는 매우 다르며, 절대 의존의 종교적 감정을 주장하는 슐라이어마허의 입장과도 매우 다르다. 슐라이어마허는 그러한 종교적 감정을 통해 신적 본질과 인간 본성 사이의 연합이 일어날 수 있다고 보았다. 바르트는 헤겔을 다음과 같이 평가한다.

> … 이성과 계시 사이의 대충돌을 … 매우 만족스러운 결론으로 … 이끌어 왔다. … 데카르트의 때 이후로 … 오랜 겨울 이후에 그동안 절대 알려지지 않았던 신학적 봄이 찾아왔던 것처럼 보였다. … 계시에 대한 모든 비평은 통탄한 일방성을 보여주는 증거이다. 칸트와 레씽이 계시에 생동력을 부여하고자 여전히 준비하고 있으면서 전제하는 비참한 한계들도 또한 일방성을 보여주는 증거이다. 이러한 입장은 진리의 풍성함과 깊이를 침범하는 모든 살인적인 시도들이다. 헤겔은 이러한 입장 각각을 그리고 이러한 입장 하나하나 모두를 내리눌렀다.[18]

이렇게 해서 영의 계시 가능성에 관한 헤겔의 주장은 20세기에 더욱 환영을 받았다. 특히, 바르트가 슐라이어마허와 19세기의 다른 신학자들을 비판하면서 계시의 현실성과 사건성으로부터 출발하였을 때, 그리고 몰트만과 판넨베르크와 같은 이후의 신학자들이 삼위일체 하나님의 계시에서 삼위일체적 역사를 강조하였을 때에 더욱 그러했다.

II.

삼중적 변증법적 순간

헤겔에게 절대적 존재는 영이다. 영은 자신의 삼중적 변증법적 순간을 통해 움직인다. 첫째, 영으로서의 절대적 존재는 단순한 역동적인 본체이다. 그런 다음에 절대적 존재는 자신의 관념을 현실화하고 타자를 위한 존재로 바뀌어 현실적인 절대적 존재가 된다. 마지막으로, 소외된 절대적 존재는 본래의 단순성으로 되돌아온다.[19] 게다가, 헤겔은 세 순간이 영을 형성한다고 주장하기까지 한다.[20] 이 세 순간은 서로 분리되고 서로 다른 세 종류의 운동이 아니라 영 안에서 셋으로 구별되는 순간이다. "이러므로 세 개의 구별된 순간이 있다. … 이 내재적 운동은 절대적 존재를 영으로 선포한다."[21] 더 나아가 헤겔은 영은 자신을 알고 또한 표현한다고 진술한다. 헤겔에게 영에 관한 지식은 자기의식 그 자체이다. 왜냐하면, 영은 자신을 계시하고 자신이 그 자체로 알려지도록 하기 때문이다.

영이 자신을 그 자체로 계시한다는 주장은 바르트의 하나님의 자기 계시God's self-revelation, 또한 라너의 하나님의 자기소통God's self-communication 개념에서 다시 등장한다. 그런데 영의 자기 계시라는 공식을 전유하면서 바르트가 라너보다 조금 더 주저한다는 점은 주목할 만하다. 이것의 주된 이유는 바르트가 "헤겔의 하나님은 적어도 자기 자신의 포로이며", 또한 "하나님의 현재 존재와 행동 모든 것이 하나님 자신의 필연성으로써의 하나님의 관점으로부터 이해될 것이고 이해된다."라고 평가하기 때문이다.[22] 이러므로 바르트는 헤겔의 하나님의 계시는 더는 하나님의 자유로운 행동이 아니라고 판단한다. 이러한 쟁점에 관하여 판넨베르크는 헤겔에게는 자유와 필연성이 상호배타적이지 않다는 점을 기억해야 한다고 제안한다.[23] 라너는 인간론을 자신의 신학의 출발점으로 삼는데 이것은 칸트의 주체로의 전환Kant's turn to the subject에 의존하는 모습이다. 라너의 인간론에 따르면, 인간은 '초자연적 실존' supernatural existential 으로서 하나님의 자기소통 제안을 받아들이는 수령자이다.[24]

영 안에서의 삼중적으로 변증법적인 순간이라는 헤겔의 사고를 바르트와 라너가 받아들이는 정도의 차이는 있으나, 둘 다 어떤 식으로든 헤겔을 전유한다. 바르트는 1932년의 『교회교의학』 Church Dogmatics 에서 계시에 관한 성서적 개념으로부터 출발하였다. 그에게 성서적 계시 개념은 그 초점이 예수 그리스도를 가리키는 것이다. 바르트는 또한 하나님이 하나님 자신을 계시한다는 점을 발견한다. 하나님은 계시자Revealer, 주체, 계시 Revelation, 술어 또는 사건, 계시됨 Revealedness, 객체 또는 효과이시다. 이러한 의미에서 계시는 삼위일체의 뿌리라고 바르트는 여긴다. 그리고 라너는 삼위일체에 관한 자신의 1967년도 에세이에서 또한 구원사를 다루면서 하나님은 하나님 자신을 소통하신다고 주장한다. 신적 자기소통에서 성부는 자신을 주시는 분이시며, 성자는 성부의 자기 현현이시다. 그리고 성령은 성부와 성자 사이의 상호적 사랑이시며 인간을 신적 자기소통으로 관계 맺도록 하신다.

게다가, 이러한 종류의 변증법적 구조는 변증법적 삼위일체the dialectical Trinity에 관한 폴 틸리히의 이해에서도 등장한다. 자신의 책『조직신학』Sys-tematic Theology에서 드러난 틸리히의 신학적 체계 전체는 하나님, 그리스도, 성령의 '삼위일체적 구조'에 따라 배열되어 있다. 이러한 삼위일체적 틀 안에서 틸리히는 '삼위일체적 사유' Trinitarian thinking를 일으키는 세 요소를 다룬다. 즉, 첫째는 하나님의 관념 안에서의 '삼위일체적 구조' Trinitarian structures 이며, 둘째는 신적 삶의 '삼위일체적 요소 또는 특성' Trinitarian elements or characters 이고, 셋째는 둘째 요소로부터 발전하는 '심연Abyss, 로고스Logos, 영Spirit'과 같은 '세 순간 또는 삼위일체적 원리' three moments or Trinitarian principles 이다.[25] 삼위일체를 다루는 틸리히의 진술을 자세히 분석하면 세 가지 주목할 만한 특징들이 있음을 보여준다. 첫째, 삼위일체적으로 구조화된 그의 신학 체계 안에서 모든 부분이 서로 밀접하게 또는 간접적으로 관계를 맺고 역동적 일치를 형성한다. 둘째, 삼위일체에 관한 그의 상징적 이해인데, 이것은 삼위일체론에 이바지하는 틸리히의 대표적인 공헌이다. 셋째, 삼위일체에 관한 그의 변증법적 해석인데, 이것은 신적 삶의 변증법적 특성에 대한 그의 강조에 근거한다. 이러한 세 특징을 간결하게 표현하면 각각 구조적 삼위일체Structural Trinity, 상징적 삼위일체Symbolic Trinity, 변증법적 삼위일체Dialectical Trinity라고 할 수 있다.

예를 하나 더 들면, 헤겔의 삼중적 변증법적 순간은 삼위일체 하나님을 사랑으로 이해하는 에버하르트 윙엘Eberhard Jüngel에게서도 등장한다. 윙엘은 다음과 같이 진술한다.

> … **사랑으로서의 하나님은 자신으로부터 동등하게 및 본래적으로 구별되고 그럼으로써 자신과 관련된다.** 즉, 하나님은 동일한 존재의 세 양식(in three modes)인 성부와 성자와 성령으로 존재하신다. … 하나님은 사랑하는 자(또한, 이러므로 사랑을 받는 자), 사랑을 받는 자(또한, 이러므로 사랑하는 자), 그리고 '사랑의 사슬'(사랑의 띠, 사랑의 사건으로 구별되는 것) 안에서 자신을 사랑하신다.[26]

III.

삼위일체론에서 역사가 지닌 중요성

헤겔의 변증법은 운동에 있어서 역사의 중요성을 무시하지 않는다. 오히려 역사는 운동에서 매우 본질적이다. 이런 점에서 클로드 웰치_{Claude Welch}가 다음과 같이 올바르게 지적하였다. "헤겔은 기독교의 기원과 발전에 관한 역사적 연구에 추동력을 제공하였고 그러한 연구를 구체화하였다. 그리고 헤겔은 19세기 대부분과 20세기 초의 종교철학에 하나의 양식을 제공하였다."[27] 헤겔 이후 역사가 또는 역사신학자에 의한 기독교에 관한 역사적 연구는 역사와 영 사이 헤겔의 균형 중에서 단지 한 쪽만을 택하였으나 19세기에서의 역사적 연구와는 대조적으로 20세기의 삼위일체 사상은 역사와 영 사이의 헤겔의 본디 균형을 올바르게 회복하였다. 판넨베르크, 몰트만, 윙엘은 십자가에서의 성자의 죽음의 사건을 역사 안에서의 삼위일체적 사건으로 묘사하였다.

윙엘은 1977년에 출판한 자신의 대작인 *God as the Mystery of the World* _{세계의 신비로서의 하나님}에서 역사 안에서의 십자가 사건에 전적인 관심을 기울였다. 그는 삼위일체적 사건인 십자가에서의 예수 그리스도의 죽음을 토대로 하나님에 관하여 말할 가능성을 옹호하고 지지하고자 시도하였다. 바로 이 사건에서 사랑이신 하나님은 사랑하는 자_{성부}, 사랑받는 자_{성자}, 사랑의 사슬 또는 사건_{성령}으로 구별된다. 이러한 의미에서 예수 그리스도 이야기의 요약은 삼위일체론이다.[28]

몰트만은 그의 주장을 예수 그리스도의 십자가에서 충분히 드러난 구원의 역사로부터 시작하였다. 역사에서의 십자가에 대한 그의 초점은 그가 삼위일체론을 재구성하도록 하였다. 몰트만에게 십자가의 신학은 삼위일체론이며, 삼위일체론은 십자가의 신학이다.[29] 이렇게 해서 몰트만은 골고다에서의 십자가 사건을 페리코레시스적 일치 안에 있는 세 주체, 즉 성부와 성자와 성령의 이야기로 여긴다. 성부는 성령을 통해 우리를 위하여 십자가에서 성자를 내어주셨다. 이러므로 십자가는 삼위일체론의 내용적 원리이며 삼위일체는 십자가의 신학의 형식적 원리이다.[30]

역사에서의 십자가에 관한 이러한 초점은 몰트만이 경륜적 삼위일체와 내재적 삼위일체 사이의 관계에 관해 다음과 같이 주장하도록 하였다. 경륜적 삼위일체는 선재적으로 그 자체로 있는 내재적 삼위일체를 드러내는 단지 하나의 종류의 현현이 아니라 내재적 삼위일체에 소급 효과를 끼치는 것이다. 예를 들면, 우리를 위하여 십자가에서 성자를 내어주심은 성부에게 소급되어 무한한 고통을 일으킨다. 십자가에서 성부는 창조세계 전체를 위하여 외적으로 구원을 일으키시며, 동시에 하나님 자신 안에서 내적으로 세계 전체의 불행을 겪으신다. 하나님께서 세계와 맺으시는 관계는 하나님께서 하나님 자신과 맺는 관계에 소급된다. 십자가의 고통은 영원부터 영원까지 삼위일체 하나님의 내적 삶을 결정한다. 이러한 의미에서 경륜적 삼위일체는 내재적 삼위일체에 대해 결정력을 지닌다.[31]

판넨베르크도 계시뿐만 아니라 역사를 강조하였다. 이러한 강조는 그의 초기 활동에서 드러났다. 그가 1961년에 출판한 책 『역사로서 나타난 계시』Revelation as History에서 제시한 테제 1에 따르면, 성서의 증언들에 있는 하나님의 자기 계시는 신 현현의 의미와 같은 직접적인 사건이 아니라 하나님의 역사적 행동들을 수단으로 일어난 간접적인 사건이다.[32] 역사를 통한 하나님의 간접적 계시에 관한 그의 강조는 계시에 관한 어떤 종류의 정적인 개념도 거부한다. 『역사로서 나타난 계시』에서 제시된 테제 2에 따르면, 계시는 계시 역사의 시작에서 온전히 파악되는 것이 아니라 끝에 이르러서야 온전히 파악된다. 삼위일체론에 관한 판넨베르크의 혁신적인 공헌은 예수 그리스도의 죽음과 부활을 성부와 성자와 성령 사이의 상호 자기구별의 관점으로 독특하게 이해한다는 점이다. 그는 하나님의 삼위성이 자기구별의 관점에서 하나님의 자기 계시로부터 나온다고 진술하며 다음과 같이 설명한다.

> 예수는 성부의 신성을 영화롭게 한다. 예수 자신의 파송으로, 그리고 예수 자신이 성부와 맺는 관계 때문에 성부의 신성을 영화롭게 한다. 그러면서 예수 자신은 성부와 함께 하나이면서 성부의 주장에 상응하신다. 즉, 영원 안에 계신 하나님은 단지 예수와의 관계 안에 있을 뿐이라는 성부의 주장에 상응하신다. 이러한 점이 예수와 모든 다른 인간들을 구별한다. 그들은 예수의 부름을 따르며 예수의 매개 때문에 예수와 성부와의 교제 안에 참여한다. … 하나님의 성부 되심에 상응하는 자로서 예수는 성자이다. 영원한 하나님이 이 안에서 성부로 계시되시기 때문에, 그리고 영원한 하나님이 오직 성자와의 관계 안에서 있는 것처럼 모든 곳에서 성부이시기 때문에, 성자는 성부의 영원한 대응자로서 성부의 신성을 공유한다.[33]

IV.
삼위일체론의 중요성

절대적 존재에 대한 지식의 가능성에 관한 헤겔의 입장은 칸트의 파악 불가능한 지성계 *noumena* 에 관한 입장과 슐라이어마허의 감정 *Gefühl* 에 관한

입장 사이의 중간 지점에 위치한다. 이 쟁점에 관한 견해 차이는 삼위일체
론의 중요성에 관한 견해 차이로도 연결된다. 칸트는 자신의 후기의 책 『실
천이성비판』 *Kritik der praktischen Vernunft*, 1788 에서 실천이성이 상정하는 세 가지 형
이상학 실재들을, 즉 하나님, 불멸성, 자유를 인정하였다.[34] 그러나 1798년
의 에세이 『학부들의 논쟁』 *The Conflict of Faculties, Der Streit der Fakultäten* 에서는 삼위일
체론에 어떠한 실천적 가치도 부여하지 않았다. 그는 다음과 같이 진술한
다.

> 삼위일체론으로부터 실천적 유익을 위해 얻어질 수 있는 것은 문자적
> 으로 말하자면 전혀 아무것도 없다. 만약 누군가가 자신이 삼위일체론
> 을 파악하였다고 믿는다고 할지라도 그렇다. 그리고 만약 누군가가 삼
> 위일체론이 우리의 모든 개념을 초월한다고 의식한다 하더라도 여전
> 히 얻어질 수 있는 것은 더 적다.[35]

슐라이어마허는 자신의 책 『기독교신앙』 *Der christliche Glaube* 에서 삼위일체
론을 자신의 두꺼운 책 두 권의 맨 마지막에 위치시켰을 뿐만 아니라,[36] 또
한, 전통적인 교권적 삼위일체론에 중요한 가치를 전혀 두지 않았다. 더 나
아가서, 그는 삼위일체론은 이차적 지위의 교리로 여겼다. 그래서 그는 전
통적인 교권적 삼위일체론은 "기독교인의 자기의식에 관한 직접적인 언설
이 아니라 단지 그러한 언설들의 조합일 뿐"이라고 말하였다.[37] 그렇다고
해도, 이것이 슐라이어마허가 삼위일체 하나님에 관한 기독교적 개념에 전
적으로 반대하였음을 의미하지 않는다. 다만 그는 삼위일체론을 다른 방식
으로 재 공식화할 것을 촉구하였다.

그러나 칸트 및 슐라이어마허와는 대조적으로 헤겔의 『정신 현상학』
Phänomenologie des Geistes 에서는 삼위일체론이 매우 본질적이다. 첫째, 전통적인

종교적 삼위일체론은 계시된 종교를 다루는 절_{verse} 안에 위치한다. 헤겔은 계시된 종교를 절대적 종교로 간주한다. 그리고 계시된 종교를 다루는 절은 절대적 지식에 관한 마지막 장 바로 직전에 위치한다. 헤겔이 더 낮은 형태의 의식에서 가장 높은 형태의 의식으로 옮겨가기에 이러한 점은 삼위일체론이 여러 다양한 의식을 다루는 자신의 탐구에서 훨씬 중요하다는 점을 의미한다.

둘째, 비록 헤겔이 종교 지식이 개념적 또는 관념적 방식에 의해서가 아니라 표상_{representation, *Vorstellung*}의 방식에 의해 표현된다는 점에서 한계를 지니고 있음을 인정한다고 하더라도, 그는 회화적 사유의 내용은 절대적 관념의 내용과 같다고 주장하였다. 이러한 의미에서, 삼위일체론은 비록 삼위일체론의 회화적 형식이 절대적 관념 안으로 통합될 것이라고 하더라도 필수적이다.

마지막으로, 헤겔에게 삼위일체론은 삼위일체 하나님에 관한 전통적인 교권적 교리를 가리킬 뿐만 아니라 또한 영[정신]의 삼중적 변증법적 운동을 가리킨다. 사실, 『정신 현상학』의 책 전체는 영의 변증법적 발전을 다룬다. 이러한 의미에서 삼중적 변증법적 순간들을 가리키는 그의 신론은 그의 체계에서 불가결하다. 그래서 포웰은 "그러므로 삼위일체론은 헤겔의 목적들에 부수적인 것이 아니라 사실은 그의 체계의 정점이다."[38]라고, 그리고 "삼위일체론은 헤겔의 체계의 절정이다."[39]라고 확증하였다.

이 글은 헤겔의 『정신 현상학』을 현대 삼위일체신학의 부흥이라는 관점에서 살펴보았다. 그러면서 헤겔의 책이 20세기 삼위일체론에 대한 관심의 갱신에 이바지한 주요한 공헌 일부를 발견하면서, 그를 다음과 같이 네 가지로 파악하였다. 첫째, 영으로써의 절대적 존재에 대한 지식의 가능성이다. 둘째, 영 안에서의 삼중적 변증법적 순간이다. 셋째, 삼위일체론에서 역사의 중요성이다. 넷째, 삼위일체론 그 자체의 중요성이다. 이러한 네 가지 공헌을 고려하면서 이 글은 헤겔의 사상을 20세기 삼위일체적 사상의 발전에 이바지한 주요한 하나의 공헌으로 여길 수 있다는 점을 제안한다. 이렇게 보면, 우리는 바르트 자신의 놀라운 질문에 마주하게 된다. "왜 헤겔은 토마스 아퀴나스가 로마가톨릭 사상에서 차지한 지위와 유사한 위치에 다다르지 못하였는가?"[40]

1 백충현, "Hegel's Phenomenology of Spirit and Its Influence on Contemporary Renaissance of Trinitarian Thoughts," 『한국기독교논총(외국어논총)』 66집 (2009. 10), 117-29. 이 글은 본래 2008년 미국 종교학회(American Academy of Religion)의 서부지역 모임(Western Region Meeting)에서 발표되었다.

2 Ted Peters, *God as Trinity: Relationality and Temporality in the Divine Life* (Louisville: Westminster John Knox, 1993), 7.

3 Stanley J. Grenz, *Rediscovering the Triune God in Contemporary Theology* (Minneapolis: Fortress Press, 2004), 1.

4 Claude Welch, *In This Name: the Doctrine of the Trinity in Contemporary Theology* (New York: Charles Scribner's Sons, 1952), 9. 이후로 *In This Name*으로 표기함.

5 Samuel M. Powell, *The Trinity in German Thought* (Cambridge: Cambridge University Press, 2001), 259. 이후로는 *German Thought*로 표기함.

6 위의 책, 138-40.

7 위의 책, 174.

8 G. W. F. Hegel, *Phenomenology of Spirit*, trans. A. V. Miller (Oxford: Clarendon Press, 1977); G. W. F. Hegel, *The Phenomenology of Mind*, trans. J. B. Baillie (London: George Allen & Unwin Ltd, 1966). 이후로는 *Phenomenology*로 표기하는데, 이는 Miller의 번역본을 가리킴.

9 Immanuel Kant, *Critique of Pure Reason*, trans. Norman Kemp Smith (New York: St. Martin's, 1929), 264-269.

10 Friedrich Schleiermacher, *On Religion: Speeches to its Cultured Despisers*, trans. Richard Crouter (Cambridge: Cambridge University Press, 1996), 22.

11 위의 책, 44.

12 Friedrich Schleiermacher, *The Christian Faith*, eds. H.R. Mackintosh and J.S. Stewart (New York: Harper & Row, 1963), I, 3. 이후로는 *The Christian Faith*로 표기함.

13 위의 책, I, 5.

14 G. W. F. Hegel, *Phenomenology*, 459.

15 위의 책, 465.

16 위의 책, 459.

17 위의 책, 460.

18 Karl Barth, *Protestant Theology in the Nineteenth Century: Its Background & History* (Valley Forge: Judson Press, 1973), 409. 이후로는 *Protestant Theology*로 표기함.

19 위의 책, 325.

20 위의 책, 464.

21 위의 책, 465

22 위의 책, 420.

23 Wolfhart Pannenberg, "The Significance of Christianity in the Philosophy of Hegel," in *The Idea of God and Human Freedom*, trans. R. A. Wilson (Philadelphia: The Westminster Press, 1973), 164.

24 Karl Rahner, *Foundations of Christian Faith: An Introduction to the Idea of Christianity*, trans. William V. Dych (New York: Crossroad, 2002), 31-32, 126.

25 Paul Tillich, *Systematic Theology*, 3 vols. (Chicago: The University of Chicago Press, 1951-1963), I, 156.

26 Eberhard Jüngel, *God as the Mystery of the World: On the Foundation of the Theology of the Crucified One in the Dispute Between Theism and Atheism*, trans. Darrell L. Guder (Edinburgh: T&T Clark, 1983), 369. 강조는 필자의 것. 이후로는 *God as Mystery*로 표기함.

27 Claude Welch, *In This Name*, 87.

28 Eberhard Jüngel, *God as the Mystery*, 344.

29 Jürgen Moltmann, *The Crucified God: The Cross of Christ as the Foundation and Criticism of Christian Theology*, trans. R. A. Wilson and John Bowden (Minneapolis: Fortress Press, 1993), 241. 이후로는 *The Crucified God*으로 표기함.

30 Jürgen Moltmann, *The Crucified God*, 241.

31 Jürgen Moltmann, *The Trinity and the Kingdom: The Doctrine of God*, trans. Margaret Kohl (Minneapolis: Fortress Press, 1993), 160-61.

32 Wolfhart Pannenberg, *Revelation as History*, trans. David Granskou (New York: The Macmillan Company, 1968), 125. 이 책은 본래 1961년에 소위 '하이델베르크 써클(Heidelberg Circle)' 또는 '판넨베르크 써클(Pannenberg Circle)'에 의해 출판되었는데, 여기에서 판넨베르크가 중요한 역할을 담당하였다.

33 Wolfhart Pannenberg, *Systematic Theology*, 3 vols., trans. Geoffrey W. Bromiley (Grand Rapids: Williams B. Eerdmans Publishing Company, 1988-1993), I, 5, 310.

34 Immanuel Kant, *Critique of Practical Reason*, trans. Lewis White Beck (New York: Macmillan, 1993).

35 Immanuel Kant, *Der Streit der Fakultäten* (Hamburg: Verlag von Felix Meiner, 1959), 34; Jürgen Moltmann, *The Trinity and the Kingdom: The Doctrine of God*, trans. Margaret Kohl (Minneapolis: Fortress Press, 1993)에서 재인용.

36 Friedrich Schleiermacher, *The Christian Faith*, II, 170-72.

37 위의 책, II, 170.

38 Samuel M. Powell, *German Thought*, 115.

39 위의 책.

40 Karl Barth, *Protestant Theology*, 384.

04장

폴 틸리히의 상징적 변증법적 삼위일체론

이 글은[1] 삼위일체에 관한 폴 틸리히의 이해를 탐구한다. 그의 책 『조직신학』Systematic Theology[2] 안에 있는 신학 체계 전체는 하나님, 그리스도, 성령의 "삼위일체적 구조"에 따라 배열되어 있다. 이러한 삼위일체적 틀 안에서 틸리히는 "삼위일체적 사유"를 일으키는 세 가지 요인 즉, ① 하나님 관념 안에서의 "삼위일체적 구조", ② 신적 삶의 삼위일체적 요소 또는 특성, ③ 앞의 두 번째 요인으로부터 발전하여 나오는 '심연'Abyss, '로고스'Logos, '영'Spirit과 같은 세 계기 또는 삼위일체적 원리를 다룬다.

삼위일체를 다루는 틸리히의 진술을 세밀하게 분석함으로써 이 글은 세 가지 현저한 특징들을 발견한다. 즉, ⓐ 삼위일체적으로 구조화된 그의 신학 체계이다. 이 신학 체계 안에서 모든 부분이 밀접하게 또는 간접적으로 상호 관련되어 역동적 일치를 형성한다. ⓑ 삼위일체에 대한 그의 상징적 이해이다. 이러한 이해는 삼위일체 이해에 관한 그의 대표적인 공헌이다. ⓒ 변증법적 삼위일체에 대한 그의 이해이다. 이러한 이해는 신적 삶의 변증법적 특성에 관한 그의 강조에 토대를 둔다. 이러한 세 가지 특징은 이 글에서 구조적 삼위일체, 상징적 삼위일체, 변증법적 삼위일체로 간결하게 표현된다.

틸리히의 삼위일체를 다루는 이 글은 삼위일체에 대한 그의 이해의 상징적 특성과 변증법적 특성이 삼위일체적 구조로 짜인 신학 체계 전체 안에서 서로 긴장을 이루고 있음을 주장한다. 이러한 점을 증명하기 위하여 이 글은 『조직신학』의 세 부분을 중심으로 그의 저작 중에서 삼위일체와 관련된 진술을 검토할 것이며, 또한 그의 삼위일체에 관한 책이나 논문을 살펴볼 것이다.[3] 그런 다음에 이 글은 틸리히의 입장이 지닌 몇몇 한계를 간단히 다룰 것이다.

I.
삼위일체적 구조로 짜인 신학 체계

1. 삼위일체적 구조 아래의 역동적 관계

얼핏 보기에도 『조직신학』에서 드러난 대로 틸리히의 신학 체계 전체는 삼위일체적 구조를 지닌 것처럼 보인다. 이는 해당 저서가 다음과 같이 다섯 부분, 즉, ① '이성과 계시', ② '존재와 하나님', ③ '실존과 그리스도', ④ '삶과 영', ⑤ '역사와 하나님 나라'로 구성되어 있기 때문이다. 상관관계라는 그의 방법에 따르면 다섯 부분 각각의 안에서 실존의 구조와 기독교적 메시지의 구조는 서로 연결되어 있다. 각 부분에는 상관된 두 개의 부분으로 연결되어 있는데 하나는 실존에서의 질문이며 다른 하나는 기독교적 답변이다. 두 번째 부분인 '존재와 하나님', 세 번째 부분인 '실존과 그리스도', 그리고 네 번째 부분인 '삶과 영'은 중요한 부분으로 틸리히의 조직신학의 중심을 형성하는데, 이 세 부분은 삼위일체적 구조 아래 배열되어 있다.[4]

　　그렇다면 첫 번째 부분인 '이성과 계시'와 마지막 부분인 '역사와 하나님 나라'가 삼위일체적 구조에 속하는지 아닌지에 관한 질문이 생겨난다. 첫째, '이성과 계시' 부분과 관련하여 틸리히는 각각의 부분으로부터 일부 자료를 분리하고 그것을 결합하여 인식론적인 것으로 형성하는 것이 필수적이라고 암시하였다. '이성과 계시' 부분은 인간의 인지적 합리성을 분석하며, 또한 인간의 유한, 자기소외, 이성의 모호성 안에 함의된 질문을 다룬다.[5] 그러므로 우리는 '이성과 계시' 부분은 인식론적인 기초의 관점에서 모든 다른 부분과 밀접하게 관련되어 있음을 알 수 있다. 틸리히가 계시는 기독교 신앙의 내용의 궁극적인 근원으로서 신학 체계의 모든 부분 안에 전제되어 있다고 말하기도 하기 때문이다.[6] 더 나아가서, 틸리히는 계시론이 신적 삶에 관한 삼위일체적 해석에 기초하고 있다고 주장하는데,[7] 이러한 점은 이후에 살펴볼 것이다. 그러므로 첫 번째 부분인 '이성과 계시'는 삼위일체적 구조 아래서 중심적인 세 부분과는 비록 간접적이기는 하지만 밀접하게 관련되어 있다.

　　둘째, '역사와 하나님 나라' 부분과 관련하여 틸리히는 이 부분이 삼위일체적 구조와 구별된다고 진술한다. 그러나 그는 이 마지막 부분이 중심적인 부분과 전적으로 무관함을 의미하지는 않는다고 본다. 그 대신에 틸리히는 일반적인 삶과 영을 다루는 네 번째 부분으로부터 삶의 역사적인 측면을 다루는 자료만을 분리하는 것이 유용하다고 암시한다. 마지막 부분은 인간의 역사적 실존을 분석하며, 또한 역사의 모호성 안에 함의된 질문을 다루고, 그런 다음에 역사에서 일어나는 질문을 하나님 나라의 개념과 관련하여 다룬다. 비록 틸리히는 하나님 나라에 관한 논의가 삼위일체적 구조와는 구별된다고 여기지만, 그럼에도 불구하고 마지막 부분은 네 번째 부분인 '삶과 영'과 관련되어 있으므로, 해당 부분 또한 중심적인 세 부분과 간접적이면서도 밀접하게 관련되어 있다고 볼 수 있다.

　　요약하면, 시작 부분인 '이성과 계시'와 마지막 부분인 '역사와 하나님 나라'는 중심적인 세 부분과는 간접적이면서도 밀접한 관련을 맺고 있다. 이러한 점은 틸리히 자신의 진술들로 확증될 수 있다. 즉, 틸리히에 따르면, 각 부분에서 다른 부분들의 요소들이 예기되거나 반복되고 있으며, 질문들은 새롭게 전개되며, 또한 각 부분은 전체를 다른 관점으로부터 포함한다.[8] 그의 『조직신학』은 중심적인 세 부분만으로도 충분히 삼위일체적 구조를 지니고 있지만, 그 외의 다른 부분들 역시 삼위일체적 구조와 밀접하게 관련되어 있다. 틸리히는 그러한 관계가 '역동적 일치'dynamic unity를 형성한다고 이야기하며,[9] 그러한 관계는 새로운 통찰을 위해 열린 상태를 유지하고 있다고 본다. 그러한 관계 안에서는 이전의 질문이든 새로운 질문이든 질문에 대한 새로운 대답이 신학 체계의 앞뒤 부분 사이의 일치를 반드시 파괴하지는 않는다. 그러므로 신학 체계의 모든 부분은 삼위일체적 구조 아래서 서로 역동적으로 밀접한 관계를 맺는다. 이러한 의미에서 『조직신학』이 지닌 틸리히의 신학 체계는 삼위일체적 구조를 지니고 있다고 말할 수 있는데, 이러한 구조는 상관관계의 방법과는 동일한 것은 아니다. 달리 표현하면, 틸리히의 신학 체계는 구조적 삼위일체the structural Trinity의 특징을 지닌다고 말할 수 있다.

2. 틸리히의 구조적 삼위일체에 관한 질문

틸리히의 신학 체계가 구조적 삼위일체라는 결론을 내리기 전에 또 다른 점을 다룰 필요가 있다. 만약 중심적인 세 부분이 삼위일체적 구조에 의해 결정된다면, 각 부분이 삼위일체의 각 위격에 상응하느냐는 질문이다. 다시 말해, 두 번째 부분인 '존재와 하나님'에서의 하나님이 성부 하나님에 상응하는가? 세 번째 부분인 '실존과 그리스도'에서의 그리스도가 성자 하나님에 상응하는가? 네 번째 부분인 '삶과 영'에서의 영이 성령 하나님에 상응하는가? 이러한 질문들은 삼위일체적 사유에 관한 틸리히의 설명의 내용과 궁극적으로 관련되기 때문에 이 글의 후반에서 다룰 것이다.

II.
삼위일체적 사유

이제 틸리히의 삼위일체의 내용을 살펴보고자 한다. 틸리히에게 인간의 궁극적 관심 the ultimate concern 으로써의 하나님은 상징적으로 표현되어야 한다. 왜냐하면, 상징적인 언어만이 궁극적인 것을 표현할 수 있기 때문이며,[10] 또한, 비상징적인 언어 사용은 하나님에게서 신성을 빼앗기 때문이다.[11] 그러기에 틸리히는 삼위일체에 관한 상징적 이해를 제시하며 삼위일체에 관한 자신의 논의에서 '삼위일체적 상징들' trinitarian symbols 이라는 표현을 사용한다. 틸리히는 삼위일체적 상징들은 하나의 종교적 발견으로서 종교적 경험의 역사에서 '삼위일체적 사유' trinitarian thinking 로 나아가는 세 가지 요인을 제공한다고 주장한다. 첫째 요인은 우리의 궁극적 관심 안에서 절대적 요소와 구체적 요소 사이의 긴장이고, 둘째 요인은 삶의 개념을 존재의 신적 토대에로의 상징적 적용이며, 셋째 요인은 하나님을 창조적 권능, 구원의 사랑, 황홀적 변혁으로 드러내는 삼중적 표현이다.[12]

1. 하나님 관념 안에서의 삼위일체적 구조

틸리히는 하나님 의미의 발전에는 두 가지 상호의존하는 원인이 있다고 주장한다. 하나는 하나님 관념 안에서의 긴장이며, 다른 하나는 역사의 운동을 결정하는 일반적 요인이다. 그러한 요인에는 경제적, 정치적, 문화적 요인과 같은 것이 있다. 하나님 관념 안에서의 절대적 요소와 구체적 요소의 긴장의 관점에서 틸리히는 종교의 역사에 관한 유형론적 분석의 윤곽을 보여준다. 틸리히의 도식에 따르면, 인간의 궁극적 관심의 구체성은 여러 다신론적 구조를 일으키지만, 그것들에 대한 절대적인 요소의 저항은 또 여러 단일신론적 구조를 일으킨다. 그리고 최종적으로 이 둘 사이의 균형에 대한 필요의 결과로 '삼위일체적 구조'trinitarian structures 가 형성된다.[13] 이것이 삼위일체적 사유를 일으키는 첫 번째 요인이다. 또 다른 곳에서 틸리히는 다음과 같이 설명한다.

… 우리의 궁극적 관심의 궁극성이 더욱 강조될수록 신적인 것의 구체적인 현현에 대한 종교적 필요는 더욱 많이 전개된다. 그래서 하나님 관념 안에서 절대적 요소와 구체적 요소 사이의 긴장이 생겨나서 하나님과 인간 사이의 신적 존재들을 확립하는 것으로 몰아간다. 이러한 신적 존재들과 궁극적 관심의 궁극성 사이에 일어날 수 있는 충돌이

많은 종교에서 삼위일체적 상징론에 동기를 부여한다. 그리고 그러한 충돌이 초기 교회의 삼위일체론 논의에서 작용하였다. 삼신론으로 떨어질 위험성과 이러한 위험을 피하려는 시도가 바로 궁극적인 것과 구체적인 것 사이의 내적 긴장 안에 뿌리를 두었다.[14]

틸리히는 다신론의 세 가지 주요한 유형, 즉 보편주의적 다신론, 신화론적 다신론, 이원론적 다신론을 열거한다. 마찬가지로, 틸리히는 단일신론을 네 가지 유형으로, 즉 군주적 단일신론, 신비적 단일신론, 배타적 단일신론, 삼위일체적 단일신론으로 나눈다.[15] 틸리히에 따르면, 단일신론의 각 유형은 절대적 요소와 구체적 요소 사이의 긴장을 잘 알고 있는데, 이것을 틸리히는 '삼위일체적 문제'trinitarian problem [16]라고 명명한다. 단일신론의 각 유형은 이 문제에 대해 암시적이든 명시적이든 대답을 제시한다. 그러나, 틸리히에 따르면, 살아계신 하나님 안에서 궁극성과 구체성 사이 긴장의 문제는 삼위일체적 단일신론에서 가장 만족스럽게 해소되기 때문에, 삼위일체적 단일신론이야말로 살아계신 하나님에 관하여 말하고자 시도하는 가장 적합한 입장이다. 살아계신 하나님 안에서는 궁극적인 요소와 구체적인 요소가 연합되어 있다. 간단히 말해서, 틸리히에게 있어서는 삼위일체적 단일신론만이 살아계신 하나님에 대한 참된 긍정이다.

2. 신적 삶이 지닌 삼위일체적 특성들

삼위일체적 사유를 일으키는 두 번째 요인은 삶의 개념을 존재의 토대,[17] 즉, 하나님에게로 상징적으로 적용하는 것이다.[18] 첫 번째 부분인 '이성과 계시'에서 틸리히는 '신적 삶'divine life 의 상징을 사용한다. 왜냐하면, 틸리히는 경험된 삶의 기본적 구조와 삶이 근거하는 존재의 토대 사이에 유비 analogy가 있다고 말하기 때문이다. 틸리히에 따르면, 그러한 유비는 '세 요소'를 인정하는 데로 나아가며, 그는 그것들을 '심연'Abyss, '로고스'Logos, '영'Spirit이라고 명명한다. 신적 삶은 깊이와 형식 사이의 역동적 일치이다. 신적 삶의 깊이는 무궁무진하며 말로 표현할 수 없기에 심연이라고 부른다. 신적 삶의 형식은 신적 삶의 의미와 구조이기에 로고스라고 부른다. 마지막으로, 이 두 요소의 역동적 일치는 영이라고 부른다.[19] 이 세 가지 요소를 가지고 틸리히는 신적 삶을 계시론과 연결한다. 그리고 틸리히는 신학자들이 계시의 토대를 가리키기 위해서는 세 용어 모두를 사용해야 한다고 말한다. 그는 다음과 같이 말한다.

> 계시를 신비로운 것으로 만드는 것은 신적 삶의 심연적 특성이다. 신비의 계시를 가능하게 하는 것은 신적 삶의 논리적 특성이다. 그리고 계시가 수용될 수 있는 기적과 황홀 사이의 상관관계를 창조하는 것은 신적 삶의 영적 특성이다.[20]

심연적 특성, 논리적 특성, 영적 특성과 같은 이 세 특성이 삼위일체적이다. 그리고 틸리히는 신적 삶에 관한 이러한 삼위일체적 해석은 신적 삶이 계시론의 기초라는 점을 함의한다고 주장한다.

만약 이 세 특성이 삼위일체적이라고 여겨진다면, 그것들은 삼위일체의 세 위격에 상응한다. 성부 하나님은 심연적 특성으로 동일시되고, 성자 하나님은 논리적 특성으로 동일시되며, 성령 하나님은 영적 특성으로 동일시된다.[21] 더 나아가서 이 세 특성 사이의 관계에 관하여 설명할 때에 그는 이 셋이 함께 고려되어야 한다고 말한다. 세 특성은 신적 계시에서 반드시 필수적이다. 틸리히는 다음과 같이 설명한다.

만약 신적 삶의 심연적 특성이 소홀히 여겨진다면, 합리주의적 이신론은 계시를 정보로 변환시킨다. 만약 신적 삶의 논리적 특성이 소홀히 여겨진다면, 비합리주의적 유신론은 계시를 타율적인 종속으로 변환시킨다. 만약 신적 삶의 영적 특성이 소홀히 여겨진다면, 계시의 역사는 불가능하다.[22]

세 특성이 모두 신적 계시에서 함께 작용한다. 다시 말하자면, 그것들 모두가 신적 계시에서 필요하다.

3. 삼위일체적 원리들

신적 삶의 삼위일체적 특성들은 두 번째 부분인 '존재와 하나님'에서 '삼위일체적 원리'trinitarian principles로 발전한다. 그것들을 논의하기 전에 틸리히는 첫 번째 부분에서보다 더 광범위하게 신적 삶을 언급한다. 신적 삶 안에서 모든 존재론적 요소는 자신의 양극적 요소를 긴장이나 소멸 없이 온전히 포함한다.[23] 신적 삶은 존재론적 요소들의 세 양극성 중에서 어떤 양극성에도 종속적이지 않다.[24] 오히려, 개별성, 역동성, 자유의 요소들이 참여, 형식, 운명의 양극적 요소와 조화를 이룬다.

'삶으로써의 하나님'God as Life이라는 두 번째 부분의 제목하에서 이 신적 삶은 '영으로써의 하나님'God as Spirit으로 상징화된다. 왜냐하면 (대문자 S의) 영 Spirit은 (소문자 s의) 영 spirit을 신적 삶에 상징적으로 적용한 것이기 때문이다. (대문자 S의) 영 Spirit은 신적 삶을 표현하는 가장 포용적이고 직접적이며 포괄적이고 제한 없는 상징이다. 흥미롭게도, 틸리히는 신적 삶의 과정이 '세 순간' three moments 을 지닌다고 암시하는데, 그것들을 '삼위일체적 원리' trinitarian principles 라고 부른다. 첫 번째 원리는 신적 심연, 깊이, 또는 권능으로서 신성의 기초이며 하나님을 하나님으로 만드는 것이다. 두 번째 원리는 신적 로고스 또는 의미이다. 그리고 세 번째 원리는 앞의 두 원리의 현실화로서의 영 Spirit 이다. 그러기에 영 Spirit 은 자체 안에 권능과 의미를 모두 포함한다.[25] 또 다른 곳에서 틸리히는 이 세 삼위일체적 원리가 '토대로서의 하나님' God as ground, '형식으로서의 하나님' God as form, '행동으로서의 하나님' God as act 이라고 말한다.[26]

세 삼위일체적 특성을 다루는 절에서 언급되었듯이, 틸리히는 이 세 원리가 모두 필요하다는 점을 여기에서 다시 시사한다. 예를 들면, 로고스 안에서 하나님은 신적인 말을 말씀하신다. 그러나 여기서 두 번째 원리가 없다면 첫 번째 원리는 혼돈이 될 것이고 타오르는 불에 그칠 것이다. 그러면 첫 번째 원리는 창조적 토대가 되지 못할 것이다. 또한, 하나님은 악마적인 분이 될 것이며 절대적 은둔의 특징을 지닐 것이다. 그런 하나님은 벌거벗은 절대자가 될 것이다. 게다가, 세 번째 원리로서의 영 Spirit 안에서 하나님은 자신 밖으로 나가고 신적 토대로부터 나오며, 영 Spirit 은 신적 토대 안의 잠재적인 것과 신적 로고스에서 표현되는 것을 현실화시킨다.[27] 그러기에 세 삼위일체적 원리가 함께 신적 신비를 표현하는데, 그렇지 않다면 신적 신비는 다가갈 수 없고 이해할 수 없는 신성으로 남는다. 신비의 신성을 계시하기 위해서는 세 삼위일체적 원리들이 모두 필요하다.

4. 기독교적 삼위일체론

틸리히에 따르면, 세 삼위일체적 원리는 삼위일체적 사유를 의미 있도록 하는 전前-삼위일체적 공식일 뿐이다. 그것들은 삼위일체적 신론의 전제이다. 틸리히는 삼위일체적 원리의 고려는 그 자체로 기독교적 삼위일체론이 아니라고 거듭 주장한다. 그리고 삼위일체적 원리의 고려는 단지 준비일 뿐이며 그 이상은 아니라고 주장한다.[28] 바로 여기에서 기독교적 삼위일체론에 도달하기 위해서 세 번째 요인이 필요하다.

이 세 번째 요인은 삼위일체적 사유의 원동력이 될 뿐만 아니라 또한 기독교적 삼위일체론이 가능하도록 하는 것으로써, 존재의 신적 토대가 그리스도로서의 예수의 출현 안에서 드러난 것이다.[29] 예수는 자신 존재의 총체성 안에서 '새로운 존재' New Being 의 담지자이다.[30] 그러한 까닭에 틸리히는 기독교적 삼위일체론에 관한 어떤 논의도 기독론적 주장, 즉 예수가 그리스도이시라는 주장으로부터 시작한다고 말한다. 이러한 의미에서 기독교적 삼위일체론은 기독론적 교리의 확증이다. 예수가 그리스도로 나타난 것 외에도 영 Spirit 이 신적으로 드러나는 것에 관해서도 논의되었고, 영의 드러남에 대해서는 니케아 공의회 이후에 최종적으로 확증되었다.

틸리히에 따르면, 성령의 드러남에 관한 논의의 동기도 또한 기독론적이었다. 예수를 그리스도로 창조하고 결정한 영 Spirit 은 인간 예수의 영이 아니다. 영 Spirit 은 그리스도 안에 있는 영으로 하나님 자신이다. 이러한 이유로 틸리히는 기독교의 기독론적 주장들을 논의한 이후에서야 우리가 삼위일체적 주장들을 적절하게 다룰 수 있다고 주장한다. 틸리히는 성령론이 없이는 기독론이 온전하지 않다고 거듭 주장한다. 왜냐하면 그리스도가 영이기 때문이며 역사 안에서의 새로운 존재의 현실화가 곧 그 영의 활동이기 때문이다.[31]

이러한 고려는 최종적으로 하나님에 대한 창조적 권능, 구원의 사랑, 황홀적 변혁으로써의 삼중적 표현을 받아들이도록 한다.[32] 삼중적 표현은 신적 창조에서, 구원에서, 영적 현존으로써의 하나님의 측면에서 드러났다.

여기에서 영적 현존은 인간의 영 안에서 황홀적으로 있는 현존이며 또한 영의 차원을 구성하는 만물 안에서 암시적으로 있는 현존이다. 그리고 이러한 고려들은 세 신적 이름들을, 즉 성부, 성자, 성령을 시사하는 것을 가능하도록 한다. 틸리히는 전前-삼위일체적 공식으로부터 기독교적 삼위일체론으로 나아가는 이러한 절차는 '내적 필연성'이라고 주장한다.[33] 그는 다음과 같이 설명한다.

> … 하나님 안에서 '토대' ground 와 '형식' form 을 구별하지 않고서는, 그리고 하나님 안에서 심연의 원리와 자기 현현의 원리를 구별하지 않고서는 살아계신 하나님에 관한 교리와 창조에 관한 교리를 전개하는 것은 불가능하다. 그러므로 우리는 기독론적 문제를 제쳐놓는다고 하더라도 일종의 로고스 교리는 하나님에 관한 어떠한 기독교적 교리에 필수적으로 요청된다고 말할 수 있다. 신적 삶에 관한 전前-기독론적 및 기독론적 주장들을 합쳐서 충분히 발전된 삼위일체론으로 만드는 것이 바로 이러한 기초를 토대로 필연적이었고 또한 필수적이다. 이러한 종합은 아주 대단한 내적 필연성을 지닌다.[34]

이러한 내적 필연성에 따라, 기독교적 삼위일체론은 필수적으로 요청된다.

5. 삼위일체에 관한 상징적 이해

그러나 그러한 절차가 '내적 필연성'의 특징을 가진다고 하더라도, 전통적인 삼위일체론이 항상 올바른 길에 있다고는 할 수 없다. 대표적인 예가 그리스어로는 우시아_ousia_와 휘포스타시스_hypostasis_이고, 라틴어로는 수브스탄티아_substantia_와 페르조나_persona_이다. 틸리히의 설명에 따르면, 우시아는 어떤 것이 바로 그것이 되도록 하는, 또는 그것의 특정한 본성_physis_이 되도록 하는 것이다. 휘포스타시스는 어떤 것이 자신 위에서 서도록 하는 힘을 가리키며 다른 것과 상호적 사랑이 가능하도록 하는 존재의 독립성을 지칭한다. 이러한 설명 다음에 틸리히는 니케아 공의회의 결정은 로고스-성자 the Logos-Son가 성부 하나님과 같은 궁극적 관심의 표현이라는 점을 인정한 것이라고 주장한다.

다른 한편으로, 틸리히는 그러한 용어의 채택과 관련하여 비판적인 질문을 제기한다. "그러나 궁극적 관심이 본체에서는 같지만 상호적 관계의 관점에서는 다른 두 신적 존재들 안에서 어떻게 표현될 수 있는가?"[35] 이러한 질문은 성령의 신적 현현이 확증된 이후에도 여전히 남는다. "궁극적 관심이 하나 이상의 신적 본체 안에서 어떻게 표현될 수 있는가?"[36] 사실상 틸리히는 이러한 용어의 사용 때문에 전통적인 삼위일체론을 표명하려는 시도는 성공적이지 못하다고 주장하고 있다. 예를 들어, 경건 기도와 관련하여 틸리히는 다음과 같이 질문한다.

> … 하나의 신적 본체가 존재하는 세 위격 중 한 위격에게 드리는 기도가 다른 위격에게도 향하는가? 또 다른 위격에게는 또 다른 기도가 드려지는가? 만약 어떤 차이도 없다면, 왜 단순히 하나님에게 기도를 드리지 않는가? 만약 차이가 있다면, 예를 들어 기능에서의 차이가 있다면, 어떻게 삼신론을 모면하는가? 우시아와 휘포스타시스, 또는 수브스탄티아와 페르조나의 개념들은 경건 기도와 관련된 이러한 기본적인 문제에 대답하지 않는다.[37]

틸리히는 이러한 용어 사용은 기본적인 문제를 단지 혼란스럽게 만들 뿐이라고 주장한다. 또 다른 예로 틸리히는 다음과 같이 질문한다. 로고스가 육체가 되신 인간이신 역사적 예수가 삼위일체의 두 번째 위격으로서의 로고스에 대한 해석에 대해 어떤 의미가 있는가? 이러한 질문을 그리스도의 선재先在와 후재後在와 연관하여 다룬 후에 틸리히는 이러한 상징들에 대한 어떤 비상징적 해석도 특정한 삶의 역사를 지닌 유한한 개체성을 로고스 안으로 도입할 것이라고 결론을 내린다. 그렇게 된다면 이러한 도입 작업은 유한성의 범주들에 의해서 제한될 것이라고 틸리히는 말한다.

이러한 문제에 대해 틸리히가 제안하는 해결책은 성부, 성자, 성령과 같은 이름을 상징적으로 해석하는 것이다.[38] 이러한 제안은 성부, 성자, 성령과 같은 이름에 대해 많은 비판을 초래할 수 있다. 그런데 틸리히의 상징적 해석에 따르면, 모든 신학적 상징처럼 삼위일체적 상징론은 인간의 곤경 안에 함의된 질문에 대한 대답으로 이해되어야 한다. 그에게 있어 이것이 가장 포괄적인 대답이며, 이것이 교회의 예전적 실천에서 삼위일체론에로 돌리는 위엄을 올바르게 보존한다. 실존적 질문이란 인간의 곤경으로부터 생성되기에 그 곤경은 세 가지 개념들의 특징을 지닐 수밖에 없다. 첫째는 피조물로서의 인간의 본질적 존재와 관련한 유한성finitude이다. 둘째는 시간과 공간 안에 있는 인간의 실존적 존재와 관련한 소외estrangement이다. 셋째는 보편적인 삶에로의 인간적 참여와 관련한 모호성ambiguity이다. 인간의 곤경에서 발생하는 질문은 신론에 의해서 및 신론 안에서 사용되는 여러 상징 때문에 대답된다. 인간의 소외에서 발생하는 질문들은 기독론에 따라서 및 기독론 안에서 사용되는 여러 상징 때문에 대답된다. 그리고 삶의 모호성에서 발생하는 질문들은 성령론에 따라서 및 성령론 안에서 사용되는 여러 상징 때문에 대답된다. 각각의 대답은 궁극적 관심의 문제와 관련된 것을 상징으로 표현한다.[39]

삼위일체에 관한 자신의 상징적 이해의 결과로서 틸리히는 셋이 하나이고 하나가 셋이라는 진술은 삼위일체의 신비를 가장 최악으로 왜곡하는 것이라고 주장한다. 게다가, 틸리히는 만약 삼위일체가 수적인 동일성을 의미하는 것이라면 그것은 하나의 속임수이거나 단지 무의미한 것일 뿐이라고 주장하면서 전통적인 삼위일체 교리를 비판한다.[40] 더 나아가서, 틸리히는 삼위일체 교리가 여러 가지 위험한 결과를 지님을 주장한다. 그중의 하나는 교리가 지닌 기능을 완전히 변질시키는 것이라고 주장한다. 본래 삼위일체 교리가 지닌 기능은 인간에게 드러난 하나님의 자기 현현을 세 가지 중심적인 상징으로 표현하는 것이었다. 이러한 표현을 통해서 신적 심연의 깊이를 여는 것이며, 실존의 의미에 관한 질문에 대답들을 제시하는 것이다. 그런데 나중에 삼위일체 교리는 기능적으로 제단 위에서 찬양되는 알 수 없는 신비가 되었고, 그러다 보니 이 신비는 존재의 토대로서의 영원한 신비가 되는 것을 중단하였다. 그리고 이 신비는 신학적으로 풀 수 없는 문제라는 단순한 수수께끼로 변질되었다. 그리고 많은 경우, 이러한 숫자 면에서 불합리한 것이 곧 하나님을 영광스럽게 하는 것으로 변질되었다. 마지막으로, 삼위일체 교리는 교권적 권위주의를 위한 강력한 무기가 되었으며 삼위일체를 탐구하려는 사람을 억누르는 것이 되었다.[41]

그러나 삼위일체에 관한 틸리히의 상징적 이해가 지닌 모든 의도와 목적에도 불구하고 그의 이해는 여전히 많은 반대와 비판을 직면해야 한다. 틸리히 자신도 상징은 자신이 가리키는 것의 실재에 참여하지만 이러한 참여는 상징과 실재를 분리하는 위험이 있을 수 있다는 점을 인정한다. 무엇보다도, 성부와 성자와 성령과 같은 성경적 용어들은 단순히 상징이라기보다는 신적 실재라는 비판에 대해 틸리히는 설득력 있는 대답을 제시해야 한다.

III.

상징적 특성과 변증법적 특성 사이의 긴장

지금까지 삼위일체에 관한 틸리히의 진술을 분석하면서 우리는 틸리히가 자신의 책 『조직신학』의 모든 부분에 걸쳐서 삼위일체의 세 가지 특징을 제시하였음을 발견하였다. 첫 번째 특징은 틸리히의 신학 체계와 관련된 것으로 하나의 삼위일체적 구조를 지니고 있다는 점이다. 그리고 이러한 구조 안에서 모든 부분이 역동적인 일치를 형성한다는 점이다. 두 번째 특징과 세 번째 특징은 삼위일체에 관한 그의 진술의 내용과 관련된 것으로 각각 상징적 특징과 변증법적 특징이다. 비록 틸리히가 삼위일체적 상징이 변증법적이라고 강조한다고 하지만,[42] 또한, 틸리히는 모든 신학적 언어가 상징적인 것이라고 확고하게 주장한다. 분명 '상징'symbol이라는 용어와 '변증법'dialectic이라는 두 용어가 동일한 수준에서 작동하는 것은 아니다. 전자는 신학적 언어와 관련되지만, 후자는 삼위일체에 관한 이해로 한정된다. 그러나 상징적 이해가 삼위일체 자체에 적용하는 특별한 경우에서 우리는 삼위일체에 관한 상징적 이해와 변증법적 이해 사이의 관계에 관해 질문하지 않을 수 없다. 여기에서 필자는 이 두 가지 특징이 긴장 관계에 있음을 보일 것이다.

첫째, 틸리히가 하나님 관념 안에서의 삼위일체적 특성을 다루는 동안 그는 인간의 궁극적 관심의 구체성과 이에 대한 절대성의 반작용 사이의 긴장이 최종적으로 삼위일체적 구조를 일으킨다고 설명한다. 인간의 궁극적 관심의 구체성은 여러 다신론적 구조를 일으키지만 이에 대한 절대성의 반작용은 여러 단일신론적 구조를 일으킨다. 이 양자 사이 균형의 결과로 여러 삼위일체적 구조가 생겨난다. 작용에서 반작용을 거쳐 균형으로 나아가는 운동은 변증법적이다. 이러한 주장은 '변증법적 실재론'dialectical realism 에 관한 틸리히의 설명으로 지지된다. 변증법적 실재론은 삼위일체적 단일신론의 철학적 변형이다. 여기에서 틸리히는 변증법적 운동이란 예, 아니요, 그리고 다시 예를 거쳐 나아가는 대화, 내지는 긍정, 부정, 그리고 다시 긍정을 거쳐 운동하는 실재, 또는, 자기 긍정과 함께 시작하고 자신 밖으로 나가며 자신에게로 되돌아오는 삶의 운동이라고 여긴다.[43] 간단히 말해서, 이 경우에서 변증법의 의미는 정확하게 동시에 일어나지 않는 연속적인 또는 일련의 운동으로 나중의 운동이 이전의 운동을 포함하거나 포괄하는 것을 가리킨다.

변증법에 관한 이러한 개념은 헤겔의 변증법을 생각나게 한다. 헤겔의 변증법은 정正, thesis으로부터 시작해서 반反, antithesis 을 거쳐 합슴, synthesis에 이르는 운동이다. 신적 삶을 우리의 경험된 삶에 대한 상징적 적용이라고 여기는 틸리히의 이해에는 헤겔의 변증법이 적용되었다. 따라서 신적 삶이란, 영원한 과정 안에서 타자성otherness과 동일성identity이 재연합하는 것이다. 다시 말해, 삼위일체적 상징들은 변증법적이다. 그것들은 삶의 변증법을, 즉 분리와 재연합의 운동을 반영한다.[44] 이 경우에 변증법은 일련의 과정을 의미한다. 게다가, 틸리히가 세 삼위일체적 특성으로부터 발전하는 자신의 삼위일체적 원리를 다룰 때, 그는 과정으로써의 신적 삶이 세 순간을 지닌다고 시사한다. 이 세 순간은 하나의 삶의 과정 안에 있는 것으로 여겨진다. 즉, 이 세 순간은 연속적 또는 일련의 흐름이다. 첫 번째 순간이나 원리는 신적 심연으로부터 나온다. 그런 다음에 이것이 신적 로고스로써 두 번째 순간이 된다. 그리고 마지막으로, 두 순간은 영으로서의 세 번째 순간에 의해 연합되고 현실화한다. 여기에서 심연 또는 토대로서의 하나님, 형식 또는 로고스로서의 하나님, 현실화 또는 일치로서의 하나님은 공시적이지 않은 하나의 통시적인 과정 안에 있다.

그러나, 삼위일체에 관한 틸리히의 변증법적 이해는 일방적이지 않고, 오히려 삼위일체에 관한 자신의 상징적 이해로 보완되는데, 이 두 가지 이해가 서로 긴장 안에서 존재한다고 그는 주장한다. 틸리히가 신적 삶을 논의할 때 그는 하나의 과정 안에서의 세 순간을 언급할 뿐만 아니라, 또한 심연, 로고스, 영과 같은 세 요소 또는 세 특성을 언급한다. 틸리히에 따르면, 신적 신비를 표현하기 위해서는 삼위일체적 세 특성 모두가 필수적이다. 예를 들면, 계시론은 신적 삶의 심연적 특성, 논리적 특성, 영적 특성을 모두 필요로 한다. 틸리히는 이 세 특성 모두 신적 계시에 필수적이기 때문에 세 특성 모두 사용되어야 한다고 강조한다. 그렇게 하지 않은 경우를 틸리히는 다음과 같이 상세히 설명한다. 만약 신적 삶의 심연적 특성이 소홀히 여겨진다면, 합리주의적 이신론은 계시를 단순한 정보로 변환시킨다. 만약 신적 삶의 논리적 특성이 소홀히 여겨진다면, 비합리주의적 유신론은 계시를 이질적인 종속물로 변환시킨다. 그리고 만약 신적 삶의 영적 특성이 소홀히 여겨진다면, 계시의 역사는 불가능하다.[45] 여기서 세 요소 또는 세 특성에 관한 이러한 개념이 통시적 관계가 아니라 공시적 관계와 관련되어 있다는 점을 강조하는 것이 중요하다. 이러한 의미에서 우리는 창조적 권능, 구원의 사랑, 황홀적 변혁으로서의 하나님의 삼중적 현현, 또는 창조, 구원, 영적 현존 안에서의 하나님의 세 측면에 관한 틸리히의 언급을 이해할 수 있다.

이번 절에서는 지금까지 삼위일체에 관한 틸리히의 이해의 두 가지 특징을, 즉 변증법적 이해와 상징적 이해를 분석하였다. 엄밀한 의미에서 이 두 특징은 과정의 관점으로부터 보자면 양립할 수 없다. 그러나 틸리히는 두 가지 이해를 계속 염두에 두고 있다. 그러므로, 틸리히를 비판하는 이는 삼위일체에 관한 그의 전체적인 이해를 꿰뚫지 못하고 그렇게 하는 것이다. 만약 우리가 그러한 상보적 또는 긴장적 관계를 허용하지 않는다면 그 둘

중 하나만을 강조함으로써 우리가 그를 오해하는 위험에 빠질 수 있다.

> 그러나 틸리히는 변증법적 사유의 삼중적 구조를 삼위일체적 사유의
> 삼중적 구조와 혼동하는 오류에 빠졌다. 그런데 이 둘은 서로 매우 다
> 르다. … 틸리히는 헤겔의 변증법을 통해 성 삼위일체를 해석하고자
> 시도한다. 이러한 시도는 하나님을 살아계신 분으로서 여기는, 즉 하나
> 님 자신 안에서의 긴장과 운동이 있는 분으로서 여기는 교리를 보호하
> 기 위함이다. 틸리히가 이러한 작업을 행할 때 변증법은 하나의 논증
> 방법이나 진리탐구보다 훨씬 더 많은 것을 의미하였다. 그에게는 변증
> 법 자체가 진리를 결정하며, 변증법 그 자체의 변증법적 형태로 진리
> 를 형성한다.[46]

틸리히의 상징적 이해의 특징과 변증법적 이해의 특징을 모두 고려하
면, 우리는 앞에서 제기된 그의 구조적 삼위일체에 관한 질문, 곧 삼위일체
적 구조 아래 있는 세 중심적 부분 각각이 삼위일체의 세 위격 각각에 상응
하는지에 대한 질문에 대답할 수 있을 것이다.

세 번째 부분인 '실존과 그리스도'가 예수를 그리스도로, 즉 자신의 존
재의 총체성 안에서 새로운 존재의 담지자로 가리키고 있다는 점은 분명하
다.[47] 여기에서 초점은 예수에게도 있지 않고 그리스도에게도 있지 않으며
그리스도로서의 예수 안에 현존하는 새 존재에 있다. 또한, 여기에서 새 존
재는 실존의 조건 아래 있는 본질적인 존재를 가리키며 본질과 실존 사이의
틈을 극복하는 본질적인 존재를 가리킨다.[48] 네 번째 부분인 '삶과 영'은 하
나님의 현존으로써의 영적 현존을 다룬다. 두 번째 부분인 '존재와 하나님'
에서의 하나님은 두 가지 의미를 지니는데, 하나의 위격으로서의 성부 하나
님과 신성 그 자체를 의미한다. 이러한 고려로부터 우리는 중심적인 세 부

분 각각이 세 위격 각각에 상응하되 엄밀하게가 아니라 유연하게 상응한다고 대답할 수 있다. 엄밀한 의미와 유연한 의미 사이의 혼합된 관계는 상징적 삼위일체와 변증법적 삼위일체 사이의 긴장을 지닌 틸리히 자신의 이해 결과이다.

지금까지 우리는 삼위일체에 관한 틸리히의 진술을 검토하였다. 그러면서 우리는 틸리히가 자신의 책 『조직신학』의 모든 부분을 통해 삼위일체에 관한 세 특징을 제시하고 있음을 발견하였다. 첫 번째 특징은 그의 신학 체계와 관련이 있다. 그의 신학 체계는 삼위일체적 구조를 지니며, 이 구조 안에서 모든 부분이 하나의 역동적 일치를 형성한다.

첫 번째 특징은 그의 신학 체계가 삼위일체적으로 구조화되어 있고 그 안에서 모든 부분이 역동적 일치 하에서 서로 밀접하게 및 간접적으로 관련되어 있다는 점이다. 두 번째 특징은 삼위일체에 관한 그의 상징적 이해이다. 그리고 세 번째 특징은 삼위일체에 관한 그의 변증법적 이해인데, 이러한 이해는 신적 삶의 변증법에 대한 그의 강조에 근거한다. 이러한 특징들 각각은 이 글에서 구조적 삼위일체 Structural Trinity, 상징적 삼위일체 Symbolic Trinity, 변증법적 삼위일체 Dialectical Trinity로 표현되었다.

이러한 모든 분석과 관찰에 근거해볼 때 이 글의 주장은 틸리히의 전체적 이해에 잘 토대를 두고 있다고 할 수 있다. 이 글에서 주장하는 점은 삼위일체에 관한 그의 상징적 이해와 변증법적 이해가 모든 부분이 삼위일체적 구조를 지닌 전체 체계 아래에서 서로 긴장 안에 있다는 것이다. 이러한 의미에서 삼위일체론은 닫힌 것이 아니라 개방된 것이다. 삼위일체론은 폐기될 수도 없고 또한 전통적인 형식으로 받아들일 수도 없다.[49] 이러한 사실은 틸리히로 하여금 '성부와 성자와 성령의 이름으로'라는 위대한 구절을 신학적 당황 없이 또는 전통에 대한 단순한 순응 없이 말하는 것이 가능할 것인지에 관한 질문에 대답할 수 있도록 해준다. 틸리히는 다음과 같이 말하면서 대답한다. "나는 그것이 가능하다고 믿는다. 그러나 삼위일체론에 대한 철저한 개정이 필요하며 신적 삶과 영적 현존에 관한 새로운 이해가 필요하다."[50]

그러나 비록 삼위일체에 관한 틸리히의 상징적 이해가 삼위일체 교리에 관한 어떤 왜곡을 피하고자 하는 것과 같이 몇몇 좋은 의도와 목적을 지닌다고 하더라도, 또한 많은 반대와 비판을 초래할 수 있다. 특히, 상징이 실재에 참여하는 것에 관해서, 그리고 상징이 인간의 곤경으로부터 기원하는 것에 관해서 그러하다. 그렇다면 그러한 반대와 비판 또한 삼위일체 교리의 핵심을 흐리게 할 수 있다.

1   백충현, "Paul Tillich's Trinity: A Tension between its Symbolic and Dialectical Characteristics Under
    a Trinitarian Structure of System,"『한국개혁신학』57집 (2018. 2), 312-39. 이 글은 본래 2006년 11
    월 17일 미국종교학회(American Academy of Religion) 북미폴틸리히학회(North American Paul
    Tillich Society)에서 발표된 것을 이후 크게 개정하고 다듬은 것이다.

2   Paul Tillich, *Systematic Theology*, 3 vols. (Chicago: The University of Chicago Press, 1951-1963). 이
    후로 *ST* 로 표기함.

3   John P. Dourley, "Jacob Böhme and Paul Tillich on Trinity and God: Similarities and Differences,"
    Religious Studies 31 (December 1995), 429-45; *Paul Tillich and Bonaventure: An Evaluation of Tillich's
    Claim to Stand in the Augustinian-Franciscan Tradition* (Leiden: E. J. Brill, 1975); "Trinitarian Mod-
    els and Human Integration: Jung and Tillich Compared," in *Carl Gustav Jung: Critical Assessments*
    vol. 4 (New York: Routledge, 1992), 202-23; Leroy T. How, "Tillich on the Trinity," *Christian Schol-
    ar* 49 (Fall 1966), 206-13; Robinson B. James, "The Pragmatism of Paul Tillich," *Bulletin of the North
    American Paul Tillich Society* vol. 30 no. 2 (Spring 2004), 46-53; David H. Kelsey, *The Fabric of Paul
    Tillich's Theology* (New Haven and London: Yale University Press, 1967); Pan-Chiu Lai, *Towards a
    Trinitarian Theology of Religions: A Study of Paul Tillich's Thought* (Kampen : Kok Pharos Publishing
    House, 1994); Thomas Franklin O' Meara, *Paul Tillich's Theology of God* (Dubuque: Listening Press,
    1970); Samuel M. Powell, *The Trinity in German Thought* (Cambridge: Cambridge University Press,
    2001); Nancy C. Ring, *Doctrine within the Dialectic of Subjectivity and Objectivity: A Critical Study of
    the Positions of Paul Tillich and Bernard Lonergan* (San Francisco: Mellen Research University Press,
    1991).

4   *ST* I, 67.

5   *ST* I, 67.

6   *ST* I, 67-68.

7   *ST* I, 157.

8   *ST* I, 68.

9   *ST* II, 3.

10 Paul Tillich, *Dynamics of Faith* (New York: Harper Collins Publishers Inc., 2001), 47. 여기에서 틸리
    히는 상징들의 여러 특징을 제시한다. 첫째, 상징은 자신 너머의 다른 어떤 것을 가리킨다. 둘째, 상
    징은 자신이 가리키는 것에 참여한다. 셋째, 상징은 실재의 수준들을 개방하여 줌으로써 그렇지 않으
    면 우리에게 닫힌 것들을 보여준다. 넷째, 상징은 우리가 접근할 수 없었던 실재의 차원들과 요소들
    을 개방하여 줄 뿐만 아니라 그것들에 상응하는 우리의 영혼의 차원들과 요소들을 풀어 준다. 다섯
    째, 상징은 의도적으로 생성될 수 없다. 그리고 마지막으로, 상징은 발명될 수 없고 다만 상징을 위한
    상황이 무르익을 때 성장하고 상황이 변화할 때 쇠퇴한다.

11 *ST* I, 131.

12 *ST* III, 283.

13 *ST* I, 221.

14 *ST* III, 283-84.

15 *ST* I, 222-30.

16 *ST* I, 228.

17 틸리히에 따르면, 토대(ground)라는 용어는 원인(cause)과 본체(substance) 사이를 오가면서 이 둘 모
    두를 극복한다. 이러한 점은 계시의 토대가 원인도 아니며 본체도 아님을 알려 준다. 원인은 계시의
    결과와 스스로 거리를 유지하는 것이며, 본체는 결과로 자신을 발산하는 것이다. *ST* I, 156.

18 틸리히는 하나님이 하나의 존재도 아니며 지고의 존재도 아니라 존재-자체(being-itself)이며 존재의
    토대(the ground of being)이며 존재의 힘(the power of being)이라고 제안한다. *ST* I, 235.

19 *ST* I, 156.

20 *ST* I, 156.

21   Pan-Chiu Lai, *Towards a Trinitarian Theology of Religions: A Study of Paul Tillich's Thought* (Kampen: Kok Pharos Publishing House, 1994), 149.

22   *ST* I, 157.

23   *ST* I, 243.

24   틸리히는 자아-세계 또는 주체-객체 구조를 지닌 기본적인 존재론적 구조 아래 있는 존재론적 요소들의 세 가지 양극성을 (1) 개별성과 참여성, (2) 역동성과 형식, (3) 자유와 운명과 같이 제시한다. *ST* I, 168-86.

25   *ST* I, 250-51.

26   *ST* III, 284.

27   *ST* I, 251.

28   *ST* I, 251.

29   *ST* III, 285.

30   *ST* II, 121.

31   *ST* III, 285.

32   *ST* III, 283.

33   *ST* III, 288.

34   *ST* III, 288.

35   *ST* III, 289.

36   *ST* III, 289.

37   *ST* III, 289.

38   *ST* III, 289-90.

39   *ST* III, 285-86.

40   *ST* III, 284.

41   *ST* III, 291.

42   *ST* III, 284.

43   *ST* I, 234-35.

44   *ST* III, 284.

45   *ST* I, 157.

46   Adrian Thatcher, *The Ontology of Paul Tillich* (Oxford : Oxford University Press, 1978), 91.

47   *ST* II, 121.

48   *ST* II, 118.

49   *ST* III, 294.

50   *ST* III, 292.

Ⅲ

—

삼위일체와 선교

제 3 부

05장

백충현, "'미시오 데이'(*missio Dei*) 개념에 대한 비판적 분석: 삼위일체적 이해를 위한 제언," 『미션네트워크』 9집 (2021. 12), 67-90.

06장

백충현, "레슬리 뉴비긴의 삼위일체론에 관한 연구," 『한국조직신학논총』 66집 (2022. 3), 83-110.

07장

백충현, "로잔 운동에서 크리스토퍼 라이트의 '하나님의 선교'(the Mission of God)'에 관한 연구," 『신학사상』 196집 (2022년 봄), 167-91.

하나님의 선교 – 미시오 데이(*missio Dei*)

이 글은[1] 하나님의 선교, 즉 미시오 데이*missio Dei* 개념을 다룬다. 20세기 기독교 신학에서 이루어진 눈에 띄는 성취 중의 하나는 선교학 분야에서 미시오 데이*missio Dei* 또는 하나님의 선교the mission of God라는 개념의 형성과 발전과 확산이다. 이 개념의 신학적 기원은 칼 바르트Karl Barth 에게까지 소급될 수 있지만, 1952년 빌링겐Willingen 에서 개최된 국제선교협의회International Missionary Council, IMC 에서 공식적으로 제안되었고, 이후 세계교회협의회World Council of Churches, WCC 및 로잔 운동Lausanne Movement 안에서 개최된 여러 대회를 통해 발전되고 퍼졌으며, 더 나아가 신학의 여러 분야와 관련을 맺게 되었다. 이렇게 해서 이 개념은 오늘날까지 기독교 신학에 중대하게 영향을 끼쳐오고 있다. 따라서 이 논문은 역사적으로 현대적 시작부터 이 개념을 탐구하고자 시도하며, 그런 다음에 신학적으로 이 개념을 분석 및 비판하고자 시도한다. 특히 삼위일체 신학의 관점으로부터 이 개념을 분석 및 비판하되 구체적으로 프로세시오 데이_processio Dei_와 관련하여 시도한다. 이렇게 하면서 이 논문은 미시오 데이_missio Dei_ 개념이 더 충만히 꽃을 피우기 위해서는 더욱 삼위일체적인 이해를 할 수 있도록 재구성되어야 함을 주장한다.

I.

빌링겐 회의, 미시오 데이_missio Dei_ 제안: 교회론적 및 기독론적 개념

미시오 데이는 1952년 빌링겐에서 개최된 국제선교협의회_IMC_에서 공식적으로 제안되었다. 국제선교협의회_IMC_는 주로 선교 분야에서 여러 문제를 해결하기 위하여 및 선교를 위한 에큐메니컬 일치를 증진하기 위하여 1910년 에든버러에서 시작되었던 세계선교대회_World Mission Conference, WMC_를 뒤이었다. 국제선교협의회_IMC_는 1921년 런던에서 시작되었으며, 1928년 예루살렘, 1938년 탐바람, 1947년 휘트비, 1952년 빌링겐, 1957-1958년 아치모타, 1961년 뉴델리에서 개최되었고, 뉴델리에서는 세계교회협의회_WCC_에 최종적으로 합쳐져 세계선교와전도위원회_Commission on World Mission and Evangelism, CWME_를 형성하였다.

1952년 빌링겐에서 개최된 국제선교협의회_IMC_는 "하나님은 … 땅끝까지, 모든 민족으로, 시간의 끝까지 … 교회를 보내신다."[2]고 말함으로써 하나님에 의해 시작된 선교 개념을 제안하였다. 여기에서 하나님의 보내심 _God's sending_은 하나님의 선교, 즉 미시오 데이_missio Dei_를 가리키며, 이것은 하나님이 선교의 시작 및 주체이심을, 그리고 하나님이 선교의 '근원'이시고 선교는 궁극적으로 하나님 자신의 '본성'과 관련되어 있음을 의미한다.[3] 그리고 여기에서 이것은 교회 자체가 선교의 시작 및 주체가 아님을, 또한 교회는 선교의 중심이 아니라 하나님의 선교 수단임을 의미한다. 이와 같은 점들이 미시오 데이*missio Dei* 개념의 가장 현저한 특징이다. 이러한 의미에서 미시오 데이*missio Dei*는 그 당시까지 선교의 지배적인 패러다임이었던 교회의 선교, 즉 미시오 에클레시아이*missio ecclesiae*와는 차별화되고 심지어 날카롭게 대조되는 것으로 간주된다.

그러나 미시오 데이*missio Dei* 개념은 여전히 '교회의 선교'the mission of the Church라는 용어로 언급되는 교회의 정체성 또는 과제에 초점을 두었다.[4] 그런데도 여기에서 주목할 점은 미시오 데이*missio Dei* 개념이 다음과 같이 몇몇 다른 방식들로 미시오 에클레시아이*missio ecclesiae* 개념을 재정의하게 되었다는 사실이다.

> i. 교회는 세상의 모든 거주 지역으로 보내진다. 어떤 장소도 너무 멀거나 너무 가까워 갈 수 없는 곳은 없다. …
> ii. 교회는 가까이에 있든 멀리 있든 모든 사회적, 정치적, 종교적 인간 공동체로 보내진다. …
> iii. 교회는 모든 순간과 모든 상황에서 그리스도의 통치를 선포하기 위해 보내진다. 교회의 선교는 교회가 우리 시대의 사건들 앞에서 표류하거나 회피하는 것을 금지함을 의미한다. …[5]

여기에 교회의 선교의 세 가지 특징이 있다. 첫째, '바로 인접한 이웃'과 '지상의 가장 먼 곳들'을 모두 포함한 세계의 모든 지역. 둘째, 사회, 정치, 경제, 문화와 같은 삶의 모든 영역. 셋째, 역사적 참사들과 같은 시대의 모든 사건.[6] 이 모든 특징은 "교회는 세상과 대립하여 존재한다."라는 기존의 관념과는 대조적으로 "교회는 세상 안에 존재한다."라는 점을 강조한다. 그리고 이러한 특징은 '교회는 자신과 세상을 동일시해야 하며', 또한 '세상과 연대'를 가져야 한다.[7] 이런 방식으로 미시오 에클레시아이_missio ecclesiae_ 개념을 재정의한다.

그러나 여기에서 미시오 데이_missio Dei_ 개념은 근본적으로 미시오 에클레시아이_missio ecclesiae_ 개념과 연관되며, 빌링겐 대회의 제안은 여전히 하나님 중심이 아니라 교회 중심의 진술을 하고 있다. 다시 말해, 그 제안은 교회론적이다. 단지 이것 때문은 아닐지라도, 빌링겐의 제안은 하나님 또는 삼위일체 하나님에 관하여 많이 얘기하지 않는다. 단지 다음의 인용문처럼 성부 하나님이 성자를 보내시고 성령을 통하여 활동하심을 말하고 있을 뿐이다.

> 우리가 일부분 참여하고 있는 선교 운동의 근원은 삼위일체 하나님 자신에게 있다. 우리를 향한 깊은 사랑으로 성부는 만물을 자신과 화해시키기 위하여 자신의 사랑하는 성자를 보내셨다. 이것은 우리와 모든 인간이 성령을 통하여 하나님의 본성 자체이신 완전한 사랑 안에서 성자 안에 성부와 하나가 되도록 하기 위함이다.[8]

위에서 살펴본 바와 같이, 빌링겐 대회에서의 제안에는 하나님 또는 삼위일체 하나님에 대한 더 이상의 언급이 없다. 그 대신에, 바로 다음에 나오는 진술문은 교회에 관하여 말한다. 특히, '모든 곳의 모든 사람에게 하나님의 증인이 되도록 교회에 주어진 의무와 권위의 본성'에 관하여 말한다.[9] 하나님의 사랑에 따라 "하나님은 한 분 구세주, 한 분 목자, … 한 분 구속주를 보내셨다." 그리고 "하나님은 예수의 영이신 자신의 성령을 보내셨다."[10] 그러나 이러한 진술문조차도 일차적으로 그것들이 세상을 위해 교회 또는 그리스도인들을 형성하는 것과 보내는 것에 집중하고 있다는 의미에서 교회론적이다. 실제로 빌링겐 대회의 주제는 '교회의 선교적 의무' The Missionary Obligation of the Church 였다.[11]

게다가, 이러한 교회론적 진술들은 그것들이 다음과 같이 그리스도와 궁극적으로 관련된다는 의미에서 근본적으로 기독론적이다.

> 하나님께서 한 분 구세주 … 한 분 구속주를 보내셨다. 그는 인간과 하나님 사이의 장벽을 무너뜨리셨고 … 자신 안에서 하나의 새로운 인류인 몸을 창조하셨고, 그리스도는 그 몸의 존귀한 통치자 머리이시다.
> … 하나님은 예수의 영인 자신의 성령을 보내셨다. 자신 안에서 하나의 몸 안에 우리를 함께 모으시기 위함이며 … 우리가 그의 증인들과 대사로서의 선교 사명을 지속할 수 있도록 권능을 부어주시기 위함이다. …
> 성령에 의해 우리는 그리스도의 대사로서 앞으로 나아가는 것이 가능하게 된다.[12]

그러므로 "그의 [그리스도의] 선교 사명에 참여함이 없이는 그리스도에 참여함이 전혀 없다."[13] 이렇게 하여 빌링겐 회의에서 제안된 미시오 데이 *missio Dei* 개념은 기본적으로는 교회론적이고 근본적으로는 기독론적이다. 이런 이유로 최종보고서는 *Mission under the Cross* 십자가 하에서의 선교 라는 제목으로 출판되었다. 그리고 이러한 점은 최종보고서가 그다지 삼위일체적이지 않음을 알려주는데, 그런데도 그동안 너무나 자주 최종보고서가 충분히 삼위일체적이라고 잘못 해석됐다.

존 플렛 John G. Flett 이 올바르게 지적하듯이, 미시오 데이 *missio Dei* 라는 용어는 칼 하르텐슈타인 Karl Hartenstein 에 의해 생성되었다. 그는 1926-1939년

바젤선교회 the Basel Mission 의 회장으로 활동하는 중인 1934년에 저술한 글에서 이 용어를 사용하였다.[14] 여기에서 미시오 데이 *missio Dei* 개념은 하나님의 본성과 활동에 강력한 근거를 두었고, 이러한 의미에서 이 개념은 하나님-중심적이다. 그러나 이 개념은 교회론적 및 기독론적 강조점을 지녔고, 그 때문에 아직 충분히 삼위일체적이지 못하였다. 이러한 점은 하르텐슈타인의 진술 안에 반영되어 있다. "미시오 데이 *missio Dei*, 즉 하나님의 보내심은 주 그리스도께서 사도들에게 명령하신 보내심이며" 또한 "사도들에 의해 모든 시대의 교회로 전해진 부름에 대한 응답이다."[15] 실제로, 하르텐슈타인의 미시오 데이 *missio Dei* 개념이 칼 바르트에 의해 강하게 영향을 받았다는 점은 매우 잘 알려진 사실이다.[16] 이러한 사실은 하르텐슈타인이 자신의 1927년도 강연에서 선교의 근거를 하나님의 본성과 활동에 두었던 점에서 바르트를 따랐다는 의미에서만 사실이다.[17] 그러나 그는 선교의 근거에 관해 바르트의 삼위일체적 신학을 따르지 않았다. 선교의 근거에 관해서 그는 바르트 뿐만 아니라 또한 에밀 브루너 Emil Brunner, 칼 하임 Karl Heim, 오스카 쿨만 Oscar Cullmann 의 영향을 받았다.[18] 그러므로 하르텐슈타인의 미시오 데이 *missio Dei* 개념은 빌링겐 대회 전후에서조차도 삼위일체적인 의미로 사용되지 않았다.

지금까지 우리는 미시오 데이 *missio Dei* 개념이 빌링겐 대회에서 어떻게 형성되었고 사용되었는지를 살펴보았다. 어쨌든, 이 개념의 가장 현저한 특징은 주로 미시오 에클레시아이 *missio ecclesiae* 개념과는 차별되게 또는 날카로운 대조를 이루며 접근되었다는 점이다. 그래서 이 개념은 삼위일체론이 선교에 대해 지니는 의미 또는 함의를 토론하는 데까지는 충분히 나아갈 수 없었다.

II.

미시오 데이 *missio Dei* 의 이후 강조점: 문화와 세상

미시오 데이 *missio Dei* 개념은 이후 두 가지 방향, 즉, 한편으로는 문화에 대한 강조, 다른 한편으로는 세상에 대한 강조로 나아갔다. 첫째, 빌링겐 대회를 준비하면서 나온 소위 *North American Report* 북미보고서가 선교에 관해 삼위일체에 대해 조금 더 말한다는 점은 주목할 만하다.[19] 이 보고서의 제2장의 제목은 '기독교적 선교와 삼위일체 하나님' The Christian Mission and the Tri-une God 인데,[20] 여기서는 삼위일체 하나님의 관점에서 선교적 의무를 다음과 같이 논의한다.

> 선교적 신학은 삼위일체 하나님의 화해 활동을 중심으로 한다. … 삼
> 위일체 하나님의 화해 활동에 근거한 선교적 의무는 영혼들을 구원하
> 는 의무가 아니라(결국 오직 하나님만이 이것을 행하신다), 삼위일체 하
> 나님께서 세상에서 행하셨고 행하고 계시는 것에 대한 교회의 민감한
> 총체적 응답이다.[21]

또한 이 보고서의 제5장은 다음과 같은 진술로 시작한다. "복음 안에서 및 현재의 상황에서의 삼위일체 하나님의 역동적 활동은 역동적 총체적 응답을 요청한다."[22]

그러나 제2장과 제5장의 초점은 삼위일체 하나님이 아니라, 선교의 삼위일체적 근거와 기초이며 또한 그것이 선교의 방식 또는 전략에 대해 미치는 함의다. 위에서 인용된 단락에서 보았던 것처럼, 삼위일체적 선교는 단지 영혼들을 구원하는 것이 아니라, "삼위일체 하나님께서 세상에서 행하셨

고 행하고 계시는 것에 대한 응답이다."[23] 이러한 의미에서 『북미보고서』는 "선교적 의무의 삼위일체적 기초는 영혼들의 구원을 선교적 활동에서의 본래적 역할로 회복시킨다."[24]고 말한다. 이것은 『북미보고서』 자체가 삼위일체에 관하여 더 많이 말하지 아니한 하나의 이유다. 비록 『북미보고서』가 리처드 니버 H. Richard Niebuhr에 동의하여 그의 진술을 다음과 같이 인용하기까지 하지만 삼위일체에 관한 더 자세한 서술은 없다.

> 삼위일체론은 … 하나님에 대한 교회의 전적인 신앙을 형성하는 것으로서의 에큐메니칼 신학에 큰 중요성을 지닌다. 이것은 교회의 여러 부분에 대한, 그리고 교회의 개인에 대한 부분적 신앙과 부분적 형성과는 구별된다.[25]

대신, 『북미보고서』는 삼위일체 하나님에 근거한 선교의 상당히 다른 방식을 제시한다. "그것은 단지 영혼들을 구원하는 것이 아니라 세상에서의 삼위일체 하나님의 활동들에 대해 민감하게 및 총체적으로 응답하는 것이다. 그리고 그것은 '지리적 및 재정적 확장'에 관한 것이 아니라 '개인적 삶과 문화적 및 사회적 구조의 형성 및 변혁에서의 말과 행위로의 창조적 활동'에 관한 것이다."[26] 여기에서 주목할 점은 선교가 '개인적 삶'에 대해서뿐 아니라 또한 '문화적 및 사회적 구조'에 대해 직접적인 함의를 지닌다는 점이다. 그럼으로써 넓은 의미로서의 문화라는 문제에 주목하였다는 점이다.

이렇게 하여 문화는 빌링겐 대회의 미시오 데이 missio Dei 개념에서 중요한 요소가 된다. 이러한 점은 『북미보고서』에서의 '현대성' modernity과 '당대성' contemporaneity 사이의 구별에 잘 반영되어 있다. 『북미보고서』는 물론 후자를 분명하게 확증한다. 전자가 '현재의 상황에 복음을 적응시키는 것'을 가리키는 반면, 후자는 '현재의 상황을 복음에 적응시키는 것'을 가리킨다.

그리고 후자는 '예수 그리스도의 계속되는 당대성'에 근거를 두며, '하나님의 목적들의 성취를 위한 계획들을 실행해가는 담지자로서 역사적 및 사회적 변화들에 대한 민감성'에 근거를 둔다.[27] 이러한 당대성은 문화에 대한 두 가지 함의를 지니는데, 하나는 긍정적인 방식이며 다른 하나는 비판적인 방식이다. 비판적으로, 우리는 '교회가 서구 문화와 맺는 관계에 대해 하나님의 말씀의 심판이 있음을 받아들여야 하고' 그럼으로써 문화와 복음을 혼동하지 말아야 한다. 그리고 긍정적으로, 우리는 '우리 자신을 우리의 문화로부터 분리할 수 없음을' 그리고 '각각 다른 문화들은 또한 각각 기여할 선물들을 가지고 있음을' 인정해야 한다.[28]

이와 관련하여 플렛Flett은 『북미보고서』가 '문화 안에서의 하나님의 삼위일체적 활동하심의 우선성'을 인정하고 있음을 파악한다. 문화에 대한 강조는 리처드 니버H. Richard Niebuhr에게로까지 소급될 수 있는데, 니버는 1951년에 세계적으로 유명해진 책 『그리스도와 문화』Christ and Culture를 저술하였다.[29] 게다가, 플렛은 다음과 같이 올바르게 지적한다.

> 삼위일체 하나님의 현재적 활동하심은 그리스도인으로 하여금 삶 속에 깊이 참여하도록 추동하며, 그래서 침입해오는 하나님의 통치에 대한 증언자로서 문화를 위해 교회의 안전한 피난처를 버리도록 한다.[30]

그리고 문화에 대한 이러한 강조점은 계속해서 '선교적 교회'missional church의 흐름 안에 분명하게 드러난다. 레슬리 뉴비긴J. E. Lesslie Newbigin의 영향을 받은 선교적 교회는[31] 이후 대럴 구더Darrell L. Guder, 조지 헌스버거George Hunsburger, 크레이그 반 겔더Craig Van Gelder, 알란 록스버러Alan J. Roxburgh 등을 통해 복음과 우리 문화 네트워크Gospel and Our Culture Network, GOCN에 의해 주창되고 발전되고 확장되었다.[32]

둘째, 다른 한편으로, 미시오 데이*missio Dei* 개념은 문화에 대한 강조뿐 아니라, 또한 주목할 만하게, 더 나아가 세상에 대해 강조한다. 이러한 점은 게오르그 비체돔*Georg F. Vicedom*에게서 분명하게 드러난다. 그는 1958년에 처음 독일어로 출판된 자신의 책 『하나님의 선교: 선교신학 입문』*The Mission of God: An Introduction to a Theology of Mission*에서 미시오 데이*missio Dei* 용어를 대중화하였다.[33] 선교가 삼위일체 하나님의 보내심에 근거하고 있음을 확증하면서 비체돔은 또한 다음과 같이 진술하면서 '하나님이 맺으시는 세상과의 관계'를 확고하게 강조한다.[34]

> 따라서 자신의 보내심을 통해 하나님은 세상을 지탱하고 인류를 인도하신다. 하나님은 자신이 자신의 창조세계를 자신의 돌봄으로부터 배제하지 않으시는 하나님임을 예증하신다.
> 하나님은 자신의 보내심에 항상 현존하신다. 그러므로 보내심은 심판과 은혜 안에서 활동하시는 하나님의 현존의 표현이다. 그러므로 미시오*missio*, 즉 보내심은 자신의 의무에 대한 증언이 된다. 만약 하나님이 세상에 가까이 계시지 않고 세상에 적실한 방식으로 활동하시지 않는다면, 하나님은 인류의 하나님이 되지 못하실 것이다.[35]

여기에서 세상은, 또는 하나님과 세상 사이의 관계는 하나님의 보내심에서, 즉 하나님의 선교에서 두드러지게 나타난다. 이러한 관계는 비체돔에 의해 '하나님의 대면'*God's vis-a-vis*으로 표현되었는데 이것은 하나님 자신의 창조세계로써의 세상을 가리킨다.[36] 그리고 이러한 관계는 '온 세상'과 '모든 사람'을 위한 구원의 보편성을 함의한다.[37] 비체돔은 이러한 점들을 자신의 통찰력 있는 진술을 통해 요약한다. "하나님 자신은 자신의 미시오*missio*에서 세상을 대면하신다. 그러나 자신의 보내심을 통해 세상과 자신과의 관계를 확립하신다."[38] 오직 이런 점에서 '미시오*missio*를 통해' 교회는 '하나님의 편에 완전히 놓이는' 것으로 여겨지며, 또한 "교회는 세상을 충분히 향하게 된다."[39] 이러므로 "교회는 세상 속으로 놓이며 주님에 의해 세상 속으로 보내진다."[40]

게다가, 미시오 데이*missio Dei* 개념에서 세상에 대한 이러한 강조는 세계교회협의회wcc 안에서 복음 전도에 관한 연구를 하는 두 그룹에서 분명하게 드러난다. 이들은 1960년대에 *Missionary Structure of the Congregation* 회중의 선교 구조에 관해 심층 연구를 하였다. 하나는 서유럽워킹그룹the Western European Working Group이고 다른 하나는 북미워킹그룹the North American Working Group이다. 전자의 보고서는 *The Church for Others* 타자를 위한 교회라는 제목으로 출판되었고, 후자의 보고서는 *The Church for the World* 세상을 위한 교회라는 제목으로 출판되었다.[41] 두 그룹은 각각 다른 접근법과 연구방법을 취하며 토론을 통해 서로 생각을 교환하였다. 그리하여 몇몇 특징을 공유하였는데, 특히 세상에 대해서 그러하였다.[42] 첫째, 두 그룹은 하나님과 세상과 강하게 친밀한 관계를 공유한다. 그래서 "하나님은 세상 안에 항상 활동하신다."[43] 및 "하나님의 관심 대상은 세상이다."[44]라고 진술한다. 둘째, 두 그룹은 기존의 전통적인 관계구조 '하나님-교회-세상'에 반대하면서 대안적인 정반대의 구조 '하나님-세상-교회'를 제안한다.[45] 셋째, 하나님의 선교가 하나님의 나라 또는 샬롬*shalom* 을 설립하는 것을 세상을 향한 목적으로 삼기에, 두 그룹은 하나님의 선교에 참여하는 것으로서의 우리의 선교는 '인간화' humanization 또는 '인간성의 충만함' the fullness of humanity 이 되어야 한다고 함께 확증한다. 이러한 선교의 내용에는 다음을 포함할 수 있다. '유색 인종의 해방, 산업 관계들의 인간화를 위한 관심, 농촌 발전을 위한 다양한 시도들, 사업 및 전문 윤리를 위한 탐구, 지적인 정직과 온전함을 위한 관심.'[46]

더 나아가서, 세상에 대한 이러한 강조는 요하네스 호켄다이크Johannes C.

Hoekendijk가 본래 1964년 네덜란드어로 출판하였던 교회론적 책 『흩어지는 교회』 The Church Inside Out 에서 훨씬 더 강해졌다.[47] 호켄다이크는 두 그룹 모두와 매우 긴밀하게 관련되었기 때문에 또한 이 책의 I 부에서 '사도직의 기능으로서의 교회' The Church as Function of the Apostolate 와 II 부에서 '교회와 세상의 만남' the Encounter of Church and World 을 다루면서 세상을 강조하였다.[48] 샬롬 shalom 을 복음 전도의 주요한 주제라고 여기면서 이것은 '교회화' churchification 와 동일한 것이 아니며 세 가지 측면, 즉 '케뤼그마, 코이노니아, 디아코니아' kerygma, koinonia, and diakonia 가 있다고 주장한다.[49] 그러면서 그는 '**세상**을 위한 하나님 나라' the Kingdom for the world 를 아주 분명하게 강조한다.[50] 그래서 그는 '하나님 나라 – 사도직 – 오이쿠메네 Kingdom – apostolate – oikoumene 구조'를 주창한다. 여기에서 오이쿠메네는 세상을 가리킨다. 그는 다음과 같이 진술한다.

> 하나님이 세상과 맺으시는 관계에 관하여 말하기를 원한다면, 교회는 지나가듯, 강조점 없이 언급될 수 있다. 교회론은 기독론으로부터 단하나의 단락(세상과의 **메시야적** 관계)과 종말론으로부터의 몇몇 문장들보다(**세상과의** 메시야적 관계) 그 이상이 될 수 없다. 교회는 자신을 하나님이 오이쿠메네와 맺는 관계 중의 일부로서 사용되도록 하는 범위 내에서만 교회일 뿐이다. 이러한 까닭에 교회는 오직 '에큐메니컬' ecumenical 일 뿐이다. 즉, 오이쿠메네 – 온 세상을 향해 있을 뿐이다.[51]

위에서 언급한 이 모든 요소는 1968년 웁살라에서 개최된 세계교회협의회 제4차 총회로 수렴된다. 이 총회의 주제는 "보라, 내가 만물을 새롭게 하노라"이다. 그래서 웁살라 총회는 '오늘날 세상 안에서 하나님의 선교를 수행하는 것'을 강조한다.[52] 이 점과 관련하여 데이비드 보쉬 David J. Bosch 는 다음과 같이 빌링겐 이후 미시오 데이 missio Dei 개념을 올바르게 평가한다.

빌링겐 이후 시기에 미시오 데이*missio Dei* 개념은 자신의 의미를 점차 변화시켰다. 이 개념은 교회와는 독립적으로 세상 속에서의 하나님의 숨겨진 활동들을 의미하게 되었고, 또한 이러한 활동들을 발견하고 참여하는 우리의 책임을 의미하게 되었다. 이러한 견해는 빌링겐에서, 두드러지게는 북미보고서에서 이미 싹트고 있음을 발견할 수 있다. 1960년대에 이러한 견해는 에큐메니컬 선교신학에서 공통으로 받아들여질 수 있었다.[53]

III.
미시오 데이*missio Dei* 개념의 더욱 삼위일체적인 이해를 위하여

지금까지 이 글은 빌링겐과 그 이후 미시오 데이*missio Dei* 개념을 탐구하였고, 이 개념의 가장 현저한 특징을 파악하였다. 그것은 하나님을 선교의 시초와 주체로서 여기는 것이며, 이를 통해 교회의 선교 개념을 재정의하되 세 가지 특징들을 지니도록 하였다. 그렇게 함으로써 이 논문은 여기에서의 미시오 데이*missio Dei* 개념이 처음부터 주로 미시오 에클레시아이*missio ecclesiae* 개념과의 차별 또는 날카로운 대조를 통해 접근되었음을 분명하게 발견하였다. 그리고 그러한 이유로 빌링겐과 이후의 미시오 데이*missio Dei* 개념이 비록 삼위일체 하나님을 종종 언급하더라도 충분히 삼위일체적이지 못하였음을 분명하게 발견하였다. 그리고 이 논문은 미시오 데이*missio Dei* 개념이 이후 한편으로는 문화에 대한 강조로, 다른 한편으로는 세상에 대한 강조로 나아감을 또한 발견하였다.

이 때문에 미시오 데이*missio Dei* 개념을 재구성하기 위해서는 삼위일체론이 선교에 대해 지니는 함의들을 더 충분하게 고려하는 것이 필수적이다. 그렇다면 우리는 어떻게 해야 하는가? 몇몇 한계 때문에 이 논문은 이러한 문제를 본격적으로 다루지 않으며 그를 위해서는 그 문제만을 집중적으로 다룬 논문이 따로 필요할 것이다. 대신에 이 논문은 그를 위한 몇몇 지침들을 제안하고자 한다.

무엇보다도, 위에서 언급한 이해가 우리에게 두 가지 교훈을 분명히 주는 바와 같이, 우리는 미시오 데이*missio Dei* 개념에 아주 다르게 접근할 필요가 있다. 즉, 이 개념에 일차적으로 미시오 에클레시아이*missio ecclesiae* 개념과의 연관성으로부터가 아니라 프로세시오 데이*processio Dei* 개념과의 연관성에서, 즉 삼위일체 하나님의 발출/출원과의 연관성 차원에서 접근해야 한다. 이 개념을 미시오 에클레시아이*missio ecclesiae* 개념과의 연관성에서 접근하는 한, 우리는 이전의 이해가 가진 동일한 문제점을 노출할 수 있다. 최근의 예는 이러한 점을 확증한다. 한국 신학자인 윤철호는 이 개념을 더 깊게 및 넓게 발전시키기 위하여 한 논문에서 '미시오 데이 트리니타티스'*missio Dei Trinitatis*, 즉 '삼위일체 하나님의 선교'를 제안한다. 그러나 그는 여전히 이 개념을 '미시오 에클레시아이'*missio ecclesiae*와의 연관성 속에서 접근한다.[54] 이러한 까닭에 자신의 의도와는 정반대로 그는 위에서 언급한 이해들의 전철을 밟는다. 빌링겐 대회의 미시오 데이*missio Dei* 개념을 분석하면서 그는 "하나님의 선교는 세상 한가운데에서 일어난다."라는 점을 또한 강조한다. 그리고 그는 심지어 그러한 개념을 더 확장하여 나아가서 공적 신학의 관점으로부터 '공적 선교'public mission와 '디아코니아 선교'diakonia mission를 제안한다. 그런 다음에 그는 하나님의 선교에 참여하는 교회는 "탈식민주의적 의심의 해석

학을 전유해야 하고" 또한 "간 문화적-토착적 공적 선교 해석학을 발전시켜야 한다."라고 제안한다.[55]

둘째, 우리는 다음의 사실에 주목할 필요가 있다. 즉, 초대교회 이후로 미시오*missio* 또는 미시오 데이*missio Dei* 개념은 일차적으로 프로세시오*processio* 또는 프로세시오 데이*processio Dei*와의 연관성 속에서 이해됐음에 주목할 필요가 있다. 전자는 삼위일체 하나님이 세상을 향해 나아가는 외적인 운동을 가리키지만, 후자는 삼위일체 하나님 자신 안에서의 내적인 운동을 가리킨다. 이러한 점을 보여주는 가장 대표적인 예는 아우구스티누스이다.[56] 아우구스티누스는 미시오*missio*로부터 시작하고 그 이후에 프로세시오*processio*를 다룬다. 반면에 토마스 아퀴나스는 프로세시오*processio*로부터 시작하고 그 이후에 미시오*missio*를 다룬다. 그러나 아우구스티누스와 아퀴나스 모두에게 미시오*missio*와 프로세시오*processio*는 서로 밀접하게 관련되어 있다.[57] 더 구체적으로 말하면 아우구스티누스에게 미시오*missio*와 프로세시오*processio* 사이의 친밀한 관계는 다음과 같다.

> 아우구스티누스의 미시오*missio* 개념은 성자의 목적, 즉 하나님과 인간 사이의 구원론적 중재인 목적을 중심으로 한다. 그는 보냄을 받음이라는 단순한 미시오*missio* 개념으로부터 출발하여, 시간 속에서 가시적으로 현현됨이라는 미시오*missio* 개념을 거치고, 또한 성자의 목적과 관련하여 보냄을 받음이라는 미시오*missio* 개념에 도달하고, 최종적으로 프로세시오*processio*를 계시함이라는 미시오*missio* 개념으로 마친다.[58]

이러한 점은 우리가 프로세시오*processio*를 다루지 않고서는 미시오*missio*를 더 충분히 다룰 수 없음을, 그리고 그 정반대도 그러함을 분명하게 알려준다.

만약 이러한 두 지침을 염두에 둔다면, 미시오 데이*missio Dei* 개념은 훨씬 더 풍성하고 많은 열매를 맺을 것이며, 이를 통해 우리는 오늘날 선교 분야에서의 돌파구를 만들 수 있을 것이다. 그러므로 삼위일체론이 선교에 대해 지니는 몇몇 구체적인 함의들에 관한 더 깊은 연구가 가까운 미래에 선교학 분야에서 이루어질 필요가 있으며, 또한 신학 전체 분야에서 이루어질 필요가 있다.

1   백충현, "'미시오 데이'(*missio Dei*) 개념에 대한 비판적 분석: 삼위일체적 이해를 위한 제언,"『미션네
    트워크』9집 (2021. 12), 67-90. 이 논문은 다음의 영어 논문을 한국어로 번역한 것으로 2021년 12월
    4일(토)에 "선교하는 교회에서 선교적 교회로" 주제로 개최된 주안대학원대학교 개교 10주년 기념
    국제학술대회에서도 발표되었다. Chung-Hyun Baik, "A Critical Analysis of the Concept of Missio
    Dei: Suggestions for a Trinitarian Understanding," *Neue Zeitschrift für Systematische Theologie und
    Religionsphilosophie* vol. 63 Issue. 3 (September 2021), 329-40.

2   Norman Goodall, ed., *Missions under the Cross* (London: Edinburgh House Press, 1953), 190.

3   위의 책, 189.

4   위의 책.

5   위의 책.

6   위의 책, 190-91.

7   위의 책, 191-92.

8   위의 책, 189.

9   위의 책, 189.

10 위의 책, 189-90.

11 위의 책, 10.

12 위의 책, 189-90.

13 위의 책, 190.

14 John G. Flett, *The Witness of God: The Trinity, Missio Dei, Karl Barth, and the Nature of Christian
    Community* (Grand Rapids: Eerdmans, 2010), 131. 이후 *The Witness of God*으로 표기함.

15 Karl Hartenstein, "Wozu nötigt die Finanzlage der Mission," *Evangelische Missions-Magazin* 79
    (1934), 217-29. 다음에서 재인용함. John Flett, *The Witness of God*, 131.

16 Mee-Hyun Chung, "Missio Dei? - The Meaning of Karl Barth's Theology for Missio Dei," *Korean
    Journal of Systematic Theology* vol. 29 (June 2011), 67-98; Mee-Hyun Chung, "Convergences and
    Divergences between Karl Barth and Karl Hartenstein," *Korean Journal of Systematic Theology* vol. 33
    (September 2012), 349-86.

17 Karl Hartenstein, *Was hat die Theologie Karl Barths der Mission zu sagen?* (München: Kaiser Verlag,
    1928). 다음에서 재인용함. John Flett, *The Witness of God*, 125.

18 John Flett, *The Witness of God*, 125-27.

19 Paul L. Lehmann, "The Missionary Obligation of the Church," *Theology Today* vol. 9 .no. 1 (April
    1952), 20-38. 이 논문은 빌링겐 대회 준비를 위한 북미보고서의 축약된 형태이다.

20 위의 글, 20-24.

21 위의 글, 22.

22 위의 글, 35.

23 위의 글, 22.

24 위의 글, 23.

25 위의 글, 24; H. Richard Niebuhr, "The Doctrine of the Trinity and the Unity of the Church," *Theol-
    ogy Today* vol. III no. 3 (October 1946), 371-84.

26 위의 글, 22.

27 위의 글, 30-31.

28 위의 글, 34.

29 John Flett, *The Witness of God*, 141.

30 위의 책, 142.

31 J. E. Lesslie Newbigin, *Foolishness to the Greeks: The Gospel and Western Culture* (Grand Rapids: William B. Eerdmans Publishing Company, 1988).

32 Darrell L. Guder, ed., *Missional Church: A Vision for the Sending of the Church in North America* (Grand Rapids: William B. Eerdmans Publishing Company, 1998); George Hunsburger and Craig Van Gelder, eds., *The Church Between Gospel and Culture: The Emerging Mission in North America* (Grand Rapids: William B. Eerdmans Publishing Company, 1996); Craig Van Gelder and Dwight J. Zscheile, *The Missional Church in Perspective: Mapping Trends and Shaping the Conversation* (Grand Rapids: Baker, 2011).

33 Georg F. Vicedom, *The Mission of God: An Introduction to a Theology of Mission*, trans. Gilbert A. Thiele and Dennis Hilgendorf (Saint Louis: Concordia Publishing House, 1965). 이 책은 다음의 독일어 책을 번역한 것이다. *Missio Dei: Einführung in eine Theologie der Mission* (München: Chr. Kaiser Verlag, 1958).

34 위의 책, 9.

35 위의 책, 10.

36 위의 책, 15.

37 위의 책, 33, 37, 58.

38 위의 책, 88.

39 위의 책, 89.

40 위의 책, 97.

41 World Council of Churches, *The Church for Others and the Church for the World* (Geneva: WCC Publications, 1967).

42 위의 책, 57-58.

43 위의 책, 15.

44 위의 책, 15.

45 위의 책, 16-17, 69-70.

46 위의 책, 15, 77-78.

47 Johannes C. Hoekendijk, *The Church Inside Out*, trans. Isaac C. Rottenberg (Philadelphia: The Westminster Press, 1966). 본래의 네덜란드어 책은 1964년에 출판되었다.

48 위의 책, 9.

49 위의 책, 25.

50 위의 책, 32.

51 위의 책, 40.

52 World Council of Churches, *The Uppsala Report 1968* (Geneva: WCC Publications, 1968), 21.

53 David J. Bosch, *Witness to the World: The Christian Mission in Theological Perspective* (Atlanta: John Knox Press, 1980), 179-80.

54 Chul-Ho Youn, "Missio Dei Trinitatis and Missio Ecclesiae: A Public Theological Perspective," *International Review of Mission* vol. 107 no. 1 (June 2018), 225-39.

55 위의 글, 227-28; 239.

56 Baik Chung-Hyun, *The Holy Trinity - God for God and God for Us: Seven Positions on the Immanent-Economic Trinity Relation in Contemporary Trinitarian Theology* (Princeton Theological Monograph Series 145) (Eugene: Pickwick Publications, 2011), 50-54.

57 위의 책, 50.

58 위의 책, 53-54.

06장

레슬리 뉴비긴의 선교적 삼위일체론

이 글은[1] 레슬리 뉴비긴의 선교적 삼위일체론을 다룬다. 20세기 중후반 이후로 오늘날까지 현대 삼위일체 신학은 전성기를 구가하고 있다.[2] 이에 관해서 1952년 독일 빌링겐에서 개최된 국제선교협의회 International Missionary Council, IMC 에서 '미시오 데이' *missio Dei* , 즉 '하나님의 선교' the mission of God 개념이 공식적으로 표명되면서 삼위일체론이 언급된 이후로 꾸준히 논의되어 오고 있다. 그리고 이 개념의 영향을 받아 '선교적 교회론' missional church 이 오늘날 국내외적으로 활발하게 논의되어 오고 있다.[3]

이와 같은 신학적 흐름에서 핵심적인 역할을 했던 신학자 중의 하나가 레슬리 뉴비긴 James Edward Lesslie Newbigin, 1909-1998 이다. 뉴비긴은 케임브리지대학교 웨스트민스터 칼리지에서 신학을 공부하고 스코틀랜드 장로교회에서 안수를 받았으며, 이후 35년간 인도에서 선교사역을 하였고 세계교회협의회 World Council of Churches, WCC 와 국제선교협의회 IMC 에서 많은 활동을 하였다.

은퇴 이후 영국으로 귀국해서는 교회가 직면한 많은 시대적 문제들과 씨름하면서 활동하였다. 뉴비긴은 이렇게 선교와 목회 위주로 다양한 활동을 활발하게 하면서 자신의 신학적인 입장을 여러 저작을 통해 드러내었다.[4]

이러한 뉴비긴은 한국에서도 많이 소개되고 논의되고 있는데, 최근까지 그의 저서가 많이 번역되었고[5] 또한, 그의 신학에 관한 연구가 계속 나오고 있다.[6] 그동안 뉴비긴의 신학 발전, 선교적 교회론, 종교 간 대화, 공적 신학, 공공 선교 등에 관한 연구가 진행되었다. 그런데 뉴비긴의 신학의 토대와 핵심이라고 여겨지는 그의 삼위일체론에 관한 연구는 아주 빈약하다. 국내에서는 2019년에 출판된 윤서태의 "레슬리 뉴비긴의 삼위일체적 선교신학"이 있을 뿐이며 국외적으로도 그리 많지 않은 편이다.[7]

그러기에 이 글은 뉴비긴의 삼위일체론을 집중적으로 연구하고자 한다. 먼저, 뉴비긴의 삼위일체적 신학에 관한 선행연구를 살펴본다. 그런 다음에 뉴비긴의 삼위일체론을 '선교적, 교회적, 복음적 삼위일체론'과 '원초적 실재로서의 관계적 삼위일체론'으로 정리한다. 그러면서 뉴비긴의 관계적 삼위일체의 모습을 구체적으로 살펴보고 또한 뉴비긴의 삼위일체론이 '미시오 데이'에 관한 논의의 흐름에서 어떤 위치였는지를 살펴본다. 이러한 작업은 '미시오 데이'와 '선교적 교회론'에 관한 정확한 파악에 도움을 줄 뿐만 아니라, 뉴비긴의 신학을 한국 신학과 교회에 소개 및 적용하는 데에 귀중한 도움을 제공할 것이다.

I.
뉴비긴의 삼위일체적 신학에 관한 선행연구들

　뉴비긴의 신학을 분석하고 그 특성을 규명하고자 시도하는 논문들은 많이 있다. 국내에서의 대표적인 논문을 예로 들면, 허성식은 뉴비긴의 신학을 다섯 가지 논쟁들을 통해서 조명한다. 즉, 남인도교회연합과 관련하여 영국성공회와의 논쟁, 교회성장론과의 논쟁, 새로운 에큐메니컬 신학과의 논쟁, 교회의 공공성에 대한 논쟁을 통해 그의 신학을 정리한다.[8] 이 연구는 다양한 쟁점들에 관한 논쟁들을 통해 뉴비긴의 신학의 여러 측면을 부분적으로 알 수 있도록 하지만, 그의 신학 전체를 아우르는 관점을 파악하기에는 충분하지 못하다고 보인다.

　국내 선행연구의 또 다른 예로 송인설은 뉴비긴의 신학을 분석하면서 그의 신학이 에큐메니컬 복음주의에서 급진적 복음주의로 발전하였다고 주장한다. 송인설은 데이비드 베빙턴David W. Bebbingon의 4변형Quadrilateral, 즉 복음주의 신학의 4가지 특징들인 '회심주의conversionism, 성서주의biblicism, 행동주의activism, 십자가 중심주의crucicentrism'[9]의 기준에 따라 뉴비긴의 신학이 복음주의라고 규정한다. 그런 다음에 송인설은 데이비드 보쉬David J. Bosch의 복음주의의 7가지 유형들, 즉 '신앙고백적confessional 복음주의, 경건주의적pietist 복음주의, 근본주의적fundamental 복음주의, 오순절Pentecostal 복음주의, 신복음주의conservative or neo-evangelical, 에큐메니칼ecumenical 복음주의, 급진적radical 복음주의'[10] 중에서 뉴비긴의 신학이 '에큐메니칼 복음주의'에서 '급진적 복음주의'로 발전하였다고 규정한다. 송인설의 연구는 뉴비긴의 신학 전체를 분석하고 그 특성을 규명하는 작업이긴 하지만, 그의 신학의 결과적 모습에 주목하였을뿐 그의 신학의 근원적 토대와 원리까지는 파악하지 못하였다.

그러므로, 이 글에서는 뉴비긴의 신학적 입장을 그 근원적 토대와 원리까지 파악하고자 시도한 몇몇 선행 연구들을 살펴보고자 한다. 이러한 연구들을 전체적으로 고려하면 뉴비긴의 신학의 토대와 원리에서 삼위일체론이 매우 본질적인 요소임을 알 수 있다.

첫째, 마이클 고힌Michael W. Goheen은 뉴비긴의 신학을 '선교적 교회론'missionary ecclesiology으로 규정하고 그에게서 중요한 변천이 두 번 있었다고 주장한다. 첫 번째는 '기독교왕국적 교회 이해'a Christendom understanding of the church로부터 '선교적 교회 이해'a missionary understanding of the church로의 변천이다. 두 번째는 '그리스도 중심적 교회론'a Christocentric ecclesiology에서 '삼위일체적 교회론'a Trinitarian ecclesiology으로의 변천이다.[11] 이러한 분석을 통해 고힌은 뉴비긴의 신학에서 삼위일체론이 매우 중요한 역할을 차지하고 있다고 주장한다.

둘째, 아담 다즈Adam Dodds는 뉴비긴의 신학을 '삼위일체적 선교학'trinitarian missiology으로 규정하고 이것의 신학적 기초가 삼위일체론의 '관계적 존재론'a relational ontology이며, 또한 이를 바탕으로 뉴비긴이 '관계적 인간론'a relational anthropology과 '모든 삶의 상호관계성'the inter-relatedness of all life이 전개되고 있음을 분석한다.[12] 여기에서도 마찬가지로 다즈는 삼위일체론이 뉴비긴의 신학 전체를 꿰뚫는 중요한 관점이라고 여긴다.

셋째, 대런 사리스키Darren Sarisky는 뉴비긴이 삼위일체의 관점에서 교회와 선교의 개념을 재구성하고 있음에 주목하여 그의 '미시오 데이' 개념의 의미를 집중적으로 분석한다.[13] 사리스키에 따르면, 뉴비긴에 있어서 선교는 교회의 본질적인 요소이며 이것은 삼위일체의 선교mission, 즉 파송sending에 근거한다고 분석한다. 그러기에 뉴비긴의 신학에서 삼위일체론이 매우 핵심적인 위치에 있음을 우리는 알 수 있다.

넷째, 오순절 신학자인 아모스 영Amos Yong은 뉴비긴의 신학이 '삼위일체적 신학'triniatian theology임을 인정하면서도 여기에서 멈추지 말고 더 나아가 성령론적 신학과 선교학이 더 발전되어야 한다고 주장한다.[14] 이러한 주장은 영 자신의 신학적 생각이 반영된 것이기는 하지만, 그런데도 영은 뉴비긴의 신학이 삼위일체적이라는 점에서는 분명한 입장을 견지하고 있다고 보인다.

다섯째, 윤서태는 뉴비긴의 초기 신학을 '그리스도 중심의 선교적 교회론'으로 규정하고 후기 신학을 '삼위일체 중심의 선교신학'이라고 규정한다. 뉴비긴이 초기 신학에서 후기 신학으로 변화한 주된 이유는 1960년대 이전에는 교회의 연합과 일치가 중요한 쟁점이었지만 1960년대 이후에는 탈식민지화와 더불어 타 종교와 다원주의 문제들이 대두되었기 때문이라고 윤서태는 분석한다.[15]

위와 같은 연구들을 고려하면, 뉴비긴의 신학은 삼위일체적 신학이라고 말할 수 있고 그의 신학의 변천, 전개, 발전에서 삼위일체론이 중요한 역할을 한다고 말할 수 있다. 그리기에 뉴비긴의 신학에서 삼위일체론을 연구하는 것은 그의 신학 전체에 대한 파악을 위해서도 매우 중요한 작업임이 분명하다.

II.
선교적, 교회적, 복음적 삼위일체론

뉴비긴은 많은 저작을 남겼는데 그중에서도 삼위일체론을 집중적으로 다룬 저작들이 있다. 바로 1963년에 출판된 *The Relevance of Trinitarian Doctrine for Today's Mission* 오늘날의 선교에 대한 삼위일체적 교리의 적실성이 있다.[16] 이것은 국제선교협의회IMC가 세계교회협의회WCC와 1961년에 통합되어 세계선교와전도위원회Commission on World Mission and Evangelism, CWME가 되는 즈음에 저술한 연구용 팸플릿이 출판된 것이다. 이 책은 다음 해인 1964년도에 미국판으로 *Trinitarian Faith and Today's Mission* 삼위일체적 신앙과 오늘날의 선교라는 제목으로 출판되었다.[17] 이 미국판은 1988년에 내용은 그대로이되 제목이 *Trinitarian Doctrine for Today's Mission* 오늘날의 선교를 위한 삼위일체론으로 약간 바뀌어 영국에서 출판되었고, 또한 바뀐 제목과 내용 그대로 2006년에 미국에서 재인쇄되었다.[18] 바로 이 책이 한국에서 2015년에 최형근에 의해 『레슬리 뉴비긴의 삼위일체적 선교』로 번역되었다.[19] 또한, 위의 책의 핵심적 내용을 뉴비긴이 은퇴 후 영국 셸리오크칼리지Selly Oak College에서 가르치면서 발전시켰는데, 이것이 1978년에 *The Open Secret: an Introduction to the Theology of Mission* 드러난 비밀: 선교신학 입문으로 출판되었다. 이 책은 2012년에 한국어로 『오픈 시크릿』으로 번역되어 출판되었다.[20]

그의 저서들에서 유추할 수 있는 것은, 뉴비긴의 삼위일체론은 근본적으로 선교에 관한 관심으로부터, 즉 교회의 선교에 관한 관심으로부터, 그리고 더 나아가 교회의 선교의 내용인 복음에 관한 관심으로부터 나온 것임을 알 수 있다. 다시 말해서, 뉴비긴의 삼위일체론은 선교, 교회, 복음에 대한 근본적인 관심과 지향으로부터 나온 것이며, 그래서 기본적으로 선교적, 교회적, 복음적 삼위일체론임을 알 수 있다. 이러한 점을 다음의 뉴비긴의 글에서 잘 확인할 수 있다.

예수님이 갈릴리에서 하나님의 나라를 전파하러 오신 그 '**복음**의 시작'막 1:1에서부터 지금까지 선교의 관심사는 다름 아닌 바로 이것이다. 온 인류와 피조세계를 다스리는 예수님의 아버지의 주권적인 통치, 곧 하나님의 나라다. 이제까지 나는 **선교**에 관해 세 가지 방식으로 이야기했다. 그것은 하나님 나라의 선포이고, 하나님 나라의 현존이며, 하나님 나라의 선행先行이다. **교회**는 만물을 다스리는 하나님의 통치를 선포함으로써 예수님의 아버지가 진정 만유의 지배자라고 믿는 신앙을 행동으로 옮기게 되는 것이다. **교회**는 모든 인류를 향해 교회가 예수님의 죽음과 부활의 생명에 연합하여 얻게 된 그 생명 속에 감춰진 하나님 나라의 현존의 비밀에 동참하자고 초대함으로써, 기꺼이 십자가를 진 예수님의 그 사랑을 행동으로 옮기는 것이다. 그리고 종종 계획하지 않은, 알거나 이해하지도 못하는 길로 성령이 이끄는 대로 순종하며 따라감으로써, 교회는 하나님 나라의 맛보기인 성령의 임재에 의해 주어진 소망으로 행동으로 옮기는 것이다.[21]

위의 내용에 따르면, 복음을 전하는 교회의 선교는 삼중적이다. 즉, "하나님 나라의 선포이고, 하나님 나라의 현존이며, 하나님 나라의 선행先行이다." 뉴비긴은 이를 더 구체적으로 다음과 같이 표현한다. 첫째는 '성부 하나님의 나라를 선포하는 일'로써 '행동하는 믿음으로서의 선교'이며,[22] 둘째는 '성자 하나님의 삶에 동참하는 일'로써 '행동하는 사랑으로서의 선교'이며,[23] 셋째는 '성령 하나님의 증언을 전하는 일'로써 '행동하는 소망으로서의 선교'이다.[24]

이처럼 그의 이해는 복음을 전하는 교회의 선교에 대한 삼중적 이해 자체가 성부 하나님과 성자 하나님과 성령 하나님과 모두 관계된다는 점에서 삼위일체적이다. 그런데 뉴비긴은 더 나아가서 이러한 선교에 대한 삼중적인 이해는 근원적으로 '하나님의 삼위일체적인 본성'에 근거하고 있다고 말한다.

교회의 선교에 대한 이 삼중적인 이해는 하나님의 삼위일체적인 본성에 뿌리박고 있다. 이 가운데 어느 하나를 따로 떼어 선교관의 실마리로 삼으면 왜곡된 이해를 낳기 마련이다.[25]

III.
원초적 실재로서의 관계적 삼위일체론

그렇다면, 뉴비긴이 선교와 관련하여 제시하는 견해는 궁극적으로 삼위일체 하나님에 대한 이해, 즉 그의 삼위일체론에 근거하고 있다고 말할 수 있다. 삼위일체 하나님에 대한 뉴비긴의 이해가 그동안의 삼위일체적 선교에 관한 논의들에 전제되어 있거나 배경이 되어 왔다고 할 수 있지만, 본격적으로 명시적으로 표현된 것은 훨씬 이후의 일이다.

뉴비긴은 1994년과 1995년에 홀리 트리니티 브롬턴 Holy Trinity Brompton 신학교의 초청으로 두 번의 강연을 하는데, 각각 *Discovering Truth in a Changing World* 변화하는 세상에서 진리 발견하기[26]와 *Living Hope in a Changing World* 변화하는 세상 가운데 살아 숨쉬는 소망[27]으로 출판되었다. 이 두 번의 강연들을 폴 웨스턴 Paul Weston 이 하나로 묶어 편집하여 *Faith in a Changing World* 변화하는 세상에서의 믿음 으로 출판하였고, 이것이 한국어로 『변화하는 세상 변함없는 복음』으로 번역되어 출판되었다.[28]

이 책에서 뉴비긴은 하나님을 다른 무엇이 아닌 삼위일체로 이해하는 것이 매우 중요하다고 주장한다. 하나님을 단지 '하늘에 있는 단일체' a single monad 나 초인적인 존재'로서가 아니라 '오직 사랑의 교제 the communion of love ─

영원히 주어지고 영원히 누리는 사랑의 교제 – 로만' 묘사해야 한다고 주장한다. 더 나아가서 뉴비긴은 삼위일체가 바로 세계 만물의 배후에 있는 '원초적 실재' the primal reality 라고 강조한다.[29]

> 우리는 지금 짝사랑이 아니라 영원히 주어지고 영원히 누리는 사랑, 곧 사랑의 교제에 관해 말하는 것이다. 존재하는 모든 것 뒤에 있는 **이 원초적 실재**는 바로 하나님의 삶 속에 있는 사랑과 기쁨의 교제이다.[30]

> 반면에 삼위일체 하나님의 교리는 인생의 궁극적 의미에 대해 전혀 다른 그림을 제공해준다. 이는 만물의 기원이자 최종 목적지인 **그 원초적 실재**가 삼위일체의 존재, 즉 사랑과 축복의 교제임을 의미한다.[31]

> 그러나 삼위일체 하나님을 아는 지식은 그런[적자생존의 이야기] 관념과 상충하고, 만물의 뿌리이자 만물이 수렴되는 **그 원초적 실재**가 서로 누리는 사랑의 교제, 성 삼위의 축복이라고 단언한다.[32]

위에서 알 수 있는 바와 같이, 뉴비긴은 삼위일체를 세계 만물의 '원초적 실재'로 이해하며 또한 이러한 실재의 본질이 '사랑과 기쁨의 교제'라고 여긴다. 그러기에 뉴비긴은 이러한 관점에서 세계와 인간을 이해하는 것이 필요하며 유익하다고 주장한다. 이러한 관점은 현대 삼위일체 신학에서 주로 사용하는 용어로는 '관계적 존재론' relational ontology 이라고 할 수 있다. 교제 communion 라는 말이 그리스어로 코이노니아 koinonia 로서 사귐, 친교, 연합, 일치 등의 관계성을 전제하거나 의미하기 때문이다. 따라서 뉴비긴은 '관계적 존재론'의 관점에서 세계를 이해하고 또한 인간을 이해한다고 볼 수 있다.[33]

첫째, 관계적 존재론의 관점에서의 세계는 뉴비긴의 표현에 따르면 '어떤 자의적인 뜻의 산물이 아니라 하나님의 존재에 다름 아닌 사랑의 교제에서 흘러나오는 것'으로 '그 엄청난 사랑을 반영할 수 있는 세계'이다.[34] 이런 관점으로 세계를 이해할 때 세계의 여러 문제에 대한 해결책이 온전히 제시될 수 있다고 뉴비긴은 주장한다. 그래서 뉴비긴은 '삼위일체 교리는 하나의 수수께끼가 아니라 해결책'이라고 표현하였다.[35]

예를 들어, 뉴비긴은 3-4세기 고전 세계의 세계관으로 풀 수 없었던 두 가지 이분법적 문제들이 삼위일체론을 통해 해결되었다고 설명한다. 즉, 플라톤처럼 물질세계와 영적 세계를 이원론적으로 나누는 것의 문제, 그리고 인간에게 강조되는 기술, 용기, 지성, 재주 등의 미덕과 인간에게 불가피하게 주어지는 운명을 이원론적으로 나누는 것의 문제에 대해 당시 교회는 삼위일체 하나님 교리의 견지에서 해답을 제시할 수 있었고 그래서 이를 기반으로 새로운 문명을 세울 수 있었다고 뉴비긴은 설명한다.[36]

둘째, 관계적 존재론의 관점에서 볼 때 인간에게 있는 하나님의 형상 imago Dei은 단지 이성과 추론 능력이나 피조물을 다스리는 능력인 것만은 아니라고 뉴비긴은 주장한다. 오히려 더 중요한 것은 '태초부터 창조세계 속에 남자와 여자를 묶어주는 사랑, 즉 하나님의 사랑을 반영하는 그 사랑이 내장되어 있음'이라고 주장한다. 그리고 이것은 '하나님이 우리와 함께 나누고 우리도 창조세계에서 반영하고 구현하기를 기대하는 그분의 사랑'이라고 뉴비긴은 말한다.[37]

뉴비긴은 인간에 대한 이러한 이해가 오늘날의 왜곡된 인간론의 문제를 파악하고 해결하는 데 적절하다고 여긴다. 예를 들어, 뉴비긴은 "오늘날 우리 사회에 몸담은 사람들은 그들의 인생을 적자생존의 이야기, 곧 강자가 약자를 이기는 이야기로 이해한다는 사실을 부인할 수 없다. 이런 관념이 우리의 마음속 깊이 뿌리박혀 있다."라고 말하는데, 이런 문제를 제대로 온전히 극복할 수 있는 것은 삼위일체 하나님에 대한 이해와 이런 관점에서

접근하는 인간 이해라고 주장한다.[38]

그렇다면 '사랑과 기쁨의 교제'로서의 삼위일체의 모습들을 구체적으로 살펴보자. 첫째, 뉴비긴에게 성부 하나님은 세계 만물을 창조하시고 지탱하시며 다스리시는 분이시다. 이러한 성부 하나님의 가장 중요한 특징은 통치이다. 예수 그리스도가 선포한 복음의 내용으로서의 하나님의 나라는 곧 성부 하나님의 통치와 주권과 다스림을 가리킨다.

둘째, 뉴비긴에게 예수 그리스도는 성부 하나님과의 관계에서 말과 행동을 통해 아주 친밀한 관계를 드러내는 아들로서 성자 하나님이다. 뉴비긴에 따르면, 예수는 하나님 아버지를 아람어로 '아바' *Abba* 라고 부름으로써, 즉 아주 친밀한 부자 관계를 드러냄으로써 자신이 아들임을 드러낸다. 그리고 예수는 자신의 말에서 '아멘' *Amen* 을 자주 반복함으로써 하나님 아버지에 대한 전적인 신뢰를 드러낸다. 또한, 예수는 공생애에서의 많은 행동을 통해 하나님 아버지의 통치와 다스림을 드러낸다. 그러한 많은 행동 중에서 가장 중요한 특징은 바로 성부에 대한 성자의 순종이며 십자가 고난이다. 이것이야말로 예수가 하나님 아버지의 아들로서 보여주는 가장 특징적인 행동이며, 하나님 아버지는 그러한 아들을 부활의 승리로 이끌어주신다.[39]

셋째, 뉴비긴에게 성령은 하나님 아버지의 영이면서 예수의 영으로서 예수에 대해서 증언할 뿐만 아니라, 우리가 예수 그리스도와 연합하도록 하여 하나님을 아버지라 부를 수 있도록 한다. 더 나아가서 성령은 고통 중에서 신음하는 모든 피조물을 새롭게 하시는 새 창조의 맛보기이며 보증이시다.[40]

위에서 언급되고 설명되는 삼위일체의 구체적인 모습들을 뉴비긴은 다음과 같이 간결하게 종합하여 정리한다.

우리가 하나님을 삼위일체로 이해할 때에만 이런 진리들을 이해할 수 있다. 우리가 하나님을 거론할 때는 아버지요 만물의 창조자이자 지탱자이며, 종종 감춰져 있긴 하지만 섭리를 통해 역사상의 모든 사건을 다스리는 분을 가리킨다. 그리고 하나님을 거론할 때, 우리는 세계의 공적 역사의 특정한 시기에 특정한 장소에서 인간이 되신 그 아들에 관해, 우리를 그리스도와 연합시키는 성령에 관해 말한다. 성령은 우리를 아들과 아버지와 하나가 되게 하심으로써 우리의 신앙을 역사적인 사건에 뿌리박게 하면서도 우리의 영과 하나님 사이에 지속적이고 살아있는 교제가 있도록 한다.[41]

삼위일체의 구체적인 모습들에 관한 위와 같은 논의에서 뉴비긴은 성부와 성자와 성령 사이에 친밀한 사랑의 교제 관계가 있다고 여긴다. 그뿐만 아니라, 그러한 사랑의 교제 관계가 인간을 비롯한 창조세계로 연결되고 확장된다고 여긴다. 이런 점에서 뉴비긴의 '원초적 실재'로서의 삼위일체론은 삼위일체 하나님에 관해서 알려줄 뿐만 아니라, 인간을 비롯한 창조세계 전체에 관해서 알려준다. 그러므로, 뉴비긴에게 있어서 삼위일체론은 단지 신론에서 그치는 것이 아니라 인간론이나 창조론으로 연결되고 확대되며 하나의 세계관을 형성한다고 볼 수 있다.

뉴비긴의 삼위일체론에서 주목할 만한 특징 중의 하나는 그의 삼위일체론이 주로 경륜적 삼위일체와 관련되어 있다는 점이다. 경륜적 삼위일체와 내재적 삼위일체 간의 관계라는 관점에서 보면, 뉴비긴의 삼위일체론에서는 특이할 정도로 내재적 삼위일체에 관한 언급이 거의 없다. 성부, 성자, 성령 사이의 관계라고 할지라도 주로 하나님의 대외적인 경륜적 사역에서 드러난 삼위 사이의 친밀한 관계이다. 그 이유는 뉴비긴이 선교적, 교회적, 복음적 삼위일체론의 관점에서 삼위일체론을 전개하고 발전시켰기 때문이라고 보인다. 그런데 이러한 점은 한편으로는 장점이면서도 또 다른 한편으로는 신학적인 약점이 될 수 있다. 오늘날의 삼위일체신학의 논의에서 보자면 경륜적 삼위일체와 내재적 삼위일체는 서로 구별되면서도 불가분리적으로 연결되어 균형적인 관계를 이루어야 할 필요가 있기 때문이다.[42]

　뉴비긴의 삼위일체론이 그의 활동 후기에 위와 같이 구체화하였지만, 바로 이러한 특징을 본래 암시적으로 이미 지니고 있었기 때문에 뉴비긴은 1950년대 이후 전개된 '미시오 데이' 개념과 관련하여 나름대로 공헌을 할 수 있었다. 1952년 독일 빌링겐에서 개최된 국제선교협의회IMC에서 '미시오 데이'missio Dei, 즉 '하나님의 선교'the mission of God 개념이 공식적으로 표명되면서 삼위일체론이 언급되었다. 그러나 빌링겐 대회 이후 세계교회협의회WCC의 주된 흐름에서는 '미시오 데이'를 언급하면서 기존의 주된 선교패러다임인 '교회의 선교', 즉 '미시오 에클레시아이'missio ecclesiae를 비판하였다. 이런 비판과 함께 '미시오 데이'의 주창자들은 교회보다는 세상과 문화를 더욱 강조하였다. 이런 흐름의 가장 주요한 대표자들로는 요하네스 호켄다이크Johannes C. Hoekendijk, 콘래드 레이저Konrad Raiser, M. M. 토마스M. M. Thomas 등이 있었다.[43] 특히, 호켄다이크는 1964년에 출판된 그의 책 『흩어지는 교회』The Church Inside Out에서 샬롬shalom과 인간화humanization를 복음 전도의 주요한 주제로 여겼다. 이러한 흐름은 1968년 웁살라에서 개최된 제4차 세계교회협의회 총회로 연결되었다.

　뉴비긴 자신은 '미시오 데이' 개념이 삼위일체적으로 전개되는 것에 공감하고 동의하면서도 이 개념이 여전히 교회의 선교 및 복음 전도와 직접적으로 연관되어야 함을 일관되게 주장하였다. 호켄다이크 등이 '미시오 데이'를 강조하면서 교회를 거의 약화하거나 주변화시킨 것에 대해서는 적극적으로 반대하였다. '교회의 선교'라고 하더라도 기존의 기독교 왕국의 확장 또는 교파/교단 이식으로써의 '교회의 선교'를 극복하되, 선교적, 교회적, 복음적 삼위일체론의 관점에서 교회의 선교와 복음 전도를 상실하지는 말아야 한다고 주장하였다. 이런 점에서 뉴비긴의 '미시오 데이' 개념은 기존의 '교회의 선교'의 흐름과 새로운 급진적인 '미시오 데이'의 흐름 사이의 중도적이고 상보적인 입장을 견지하였다고 분석할 수 있다. 그러기에 뉴비긴은 은퇴 이후 영국으로 귀국해서 영국 교회가 당면한 선교적 및 교회적 문제들을 더 적합하게 다룰 수 있었고 많은 영향을 끼칠 수 있었다. 그의 입장이 이후 영국과 북미에서 문화를 적극적으로 고려하면서도 교회를 중요하게 여기는 '선교적 교회론'missional church으로 수월하게 연결될 수 있었다고 보인다.[44]

지금까지 이 글은 20세기 중후반 이후로 오늘날까지 전성기를 맞이한 현대 삼위일체 신학과 연관하여, 활발하게 논의되고 있는 '미시오 데이', 즉 '하나님의 선교' 개념과 이것의 영향을 받은 '선교적 교회론'의 신학적 흐름에서 핵심적인 역할을 했던 신학자 중의 하나인 레슬리 뉴비긴의 삼위일체론을 연구하였다.

이를 위해 먼저 뉴비긴의 삼위일체적 신학에 관한 선행연구들을 살펴보았다. 이를 통해 뉴비긴의 신학이 삼위일체적 신학임을 알 수 있고 또한 그의 신학의 변천, 전개, 발전에서 삼위일체론이 중요한 역할을 하였음을 알 수 있다. 그러기에 뉴비긴의 신학에서 삼위일체론을 연구하는 것은 그의 신학 전체에 대한 파악을 위해서도 매우 중요한 작업임이 분명하다.

그런 다음에 뉴비긴의 삼위일체론을 '선교적, 교회적, 복음적 삼위일체론'과 '원초적 실재로서의 관계적 삼위일체론'으로 정리하였다. 그러면서 뉴비긴의 관계적 삼위일체의 모습들을 구체적으로 살펴보면서 그의 삼위일체론의 특징들을 정리하였다. 그리고 뉴비긴의 삼위일체론이 '미시오 데이'에 관한 논의의 흐름에서 어떤 위치였는지를 살펴보았다. 이러한 작업은 '미시오 데이'와 '선교적 교회론'에 관한 정확한 파악에 도움을 줄 뿐만 아

니라, 뉴비긴의 신학을 한국 신학과 교회에 소개 및 적용하는 데에 귀중한
도움을 제공할 것이다.

1 백충현, "레슬리 뉴비긴의 삼위일체론에 관한 연구,"『한국조직신학논총』66집 (2022. 3), 83-110.

2 백충현, "내재적-경륜적 삼위일체 관계에 관한 현대 신학의 논의 분석: 존재론, 인식론, 그리고 신비,"『한국조직신학논총』24집 (2009. 9), 91.

3 Chung-Hyun Baik, "A Critical Analysis of the Concept of Missio Dei: Suggestions for a Trinitarian Understanding," Neue Zeitschrift für Systematische Theologie und Religionsphilosophie vol. 63 Issue. 3 (September 2021), 329-40. 이 논문은 다음과 같이 한글로 번역되어 온라인으로 출판되었다. 백충현, "'미시오 데이'(missio Dei) 개념에 대한 비판적 분석: 삼위일체적 이해를 위한 제언,"『미션네트워크』9집 (2021. 12), 67-90.

4 레슬리 뉴비긴의 삶과 활동에 관해서는 그의 자서전을 참조하라. Lesslie Newbigin, Unfinished Agen-da: An Autobiography (Grand Rapids: Wm. B. Eerdmans Publishing Co., 1997). 이 책은 다음과 같이 번역되었다. 홍병룡 역,『아직 끝나지 않은 길』(서울: 복있는사람, 2011). 또한, 레슬리 뉴비긴에 관한 전기로는 다음의 책을 참조하라. Geoffrey Wainwright, Lesslie Newbigin: A Theological Life (New York: Oxford University Press, 2000).

5 국내에서는 약 20여 권의 저서들이 번역되었는데 대표적으로 다음과 같다. 허성식 역,『다원주의 사회에서의 복음』(서울: IVP, 1998); 홍병룡 역,『요한복음 강해』(서울: IVP, 2001); 김기현 역,『포스트모던 시대의 진리』(서울: IVP, 2005); 홍병룡 역,『헬라인에게는 미련한 것이요』(서울: IVP, 2005); 이혜림 역,『변화하는 세상 가운데 살아 숨 쉬는 소망』(서울: 서로사랑, 2006); 김기현 역,『복음, 공공의 진리를 말하다』(서울: SFC출판부, 2008); 홍병룡 역,『아직 끝나지 않은 길』(서울: 복있는사람, 2011); 홍병룡 역,『오픈 시크릿』(서울: 복있는사람, 2012); 박삼종 역,『타당한 확신』(서울: SFC출판부, 2013); 홍병룡 역,『변화하는 세상 변함없는 복음』(서울: 아바서원, 2014); 최형근 역,『레슬리 뉴비긴의 삼위일체적 선교』(인천: 바울, 2015).

6 국내에서 나온 논문들은 다음과 같다. 최형근, "레슬리 뉴비긴의 선교적 교회론,"『신학과 선교』31권 (2005), 1-14; 조영태, "레슬리 뉴비긴의 교회론을 통한 한국의 선교적 교회론 연구,"『복음과 선교』10권 (2008), 141-72; 허성식, "Lesslie Newbigin's Debate with Post-Christendom: Public versus Privatized,"『선교와 신학』35권 (2015. 2), 233-67; 허성식, "The Missional Implications of Lesslie Newbigin's Shift of Emphasis from Interreligious Dialogues to Religious Pluralism Debates,"『장신논단』47-3권 (2015. 9), 181-202; 송인설, "레슬리 뉴비긴의 신학 발전 - 에큐메니컬 복음 주의에서 급진적 복음주의로,"『선교와 신학』42권 (2017. 6), 245-76; 이경재, "신앙의 '공적 진리' 주장에 대한 비판적 고찰: 레슬리 뉴비긴을 중심으로,"『가톨릭철학』29권 (2017), 241-67; 허성식, "레슬리 뉴비긴의 선교적 논쟁이 가지는 선교신학적 함의,"『장신논단』50-2권 (2018. 6), 209-29; 윤서태, "레슬리 뉴비긴의 삼위일체적 선교신학,"『선교신학』54권 (2019), 173-208; 주상락, "포스트 코로나 시대 공공선교학의 가능성: 뉴비긴, 그리고 오케슨 중심으로,"『대학과 선교』47권 (2021), 105-32.

7 윤서태, "레슬리 뉴비긴의 삼위일체적 선교신학,"『선교신학』54권 (2019), 173-208; Michael W. Goheen, "'As the Father Has Sent Me, I Am Sending You': Lesslie Newbigin's Missionary Ecclesiology," International Review of Mission vol. 91 no. 362 (July 2002), 354-69; Adam Dodds, "Newbigin's Trinitarian Missiology: The Doctrine of the Trinity as Good News for Western Culture," International Review of Mission vol. 99 no. 1 (April 2010), 69-85; Darren Sarisky, "The Meaning of the missio Dei: Reflections on Lesslie Newbigin's Proposal That Mission Is of the Essence of the Church," Missiology vol. 42. no. 3 (July 2014), 257-70; Amos Yong, "Pluralism, Secularism and Pentecost: Newbigin-ings for Missio Trinitatis in a New Century" in The Gospel and Pluralism Today: Reassessing Lesslie Newbigin in the 21st Century, eds. Scott W. Sunquist and Amos Yong (Downers Grove: IVP Academic, 2015), 147-70.

8 허성식, "레슬리 뉴비긴의 선교적 논쟁이 가지는 선교신학적 함의," 212-22.

9 송인설, "레슬리 뉴비긴의 신학 발전 - 에큐메니컬 복음주의에서 급진적 복음주의로," 253.

10 위의 글, 254.

11 Michael W. Goheen, "'As the Father Has Sent Me, I Am Sending You': Lesslie Newbigin's Missionary Ecclesiology," 355-56.

12 Adam Dodds, "Newbigin's Trinitarian Missiology: The Doctrine of the Trinity as Good News for Western Culture," 69.

13 Darren Sarisky, "The Meaning of the missio Dei: Reflections on Lesslie Newbigin's Proposal That Mission Is of the Essence of the Church," 258-61.

14 Amos Yong, "Pluralism, Secularism and Pentecost: Newbigin-ings for Missio Trinitatis in a New Century" in *The Gospel and Pluralism Today: Reassessing Lesslie Newbigin in the 21st Century*, eds., Scott W. Sunquist and Amos Yong (Downers Grove: IVP Academic, 2015), 147.

15 윤서태, "레슬리 뉴비긴의 삼위일체적 선교신학," 188-90, 203.

16 Lesslie Newbigin, *The Revelance of Trinitarian Doctrine for Today's Mission* (London: Edinburgh House Press, 1963).

17 Lesslie Newbigin, *Trinitarian Faith and Today's Mission* (Richmond: John Knox Press, 1964).

18 Lesslie Newbigin, *Trinitarian Doctrine for Today's Mission* (Carlisle: Paternoster Press, 1998); *Trinitarian Doctrine for Today's Mission* (Eugene: Wipf & Stock Publishers, 2006).

19 Lesslie Newbigin, *Trinitarian Doctrine for Today's Mission*, 최형근 역, 『레슬리 뉴비긴의 삼위일체적 선교』 (인천: 바울, 2015).

20 Lesslie Newbigin, *The Open Secret: an Introduction to the Theology of Mission*, 홍병룡 역, 『오픈 시크릿』 (서울: 복있는사람, 2012).

21 위의 책, 123-24. 강조는 필자의 것임.

22 위의 책, 65.

23 위의 책, 83.

24 위의 책, 109.

25 위의 책, 123-24.

26 Lesslie Newbigin, *Discovering Truth in a Changing World* (London: Alpha International, 2003).

27 Lesslie Newbigin, *Living Hope in a Changing World* (London: Alpha International, 2003). 한국어 역본은 다음과 같다. 이혜림 역, 『변화하는 세상 가운데 살아 숨쉬는 소망』 (서울: 서로사랑, 2006).

28 Lesslie Newbigin, *Faith in a Changing World*, ed. Paul Weston (London: Alpha International, 2012). 한국어 역본은 다음과 같다. 홍병룡 역, 『변화하는 세상 변함없는 복음』 (서울: 아바서원, 2014).

29 Lesslie Newbigin, 『변화하는 세상 변함없는 복음』, 44.

30 위의 책. 필자의 강조임.

31 위의 책, 48. 필자의 강조임.

32 위의 책, 49. 필자의 강조임.

33 관계적 삼위일체 또는 관계적 존재론에 관해서는 다음을 참조하라. 안택윤, "관계적 삼위일체와 포스트모던 하나님의 나라," 『한국조직신학논총』 14 (2005. 9), 73-104; 이세형, "'관계적 존재론'에 기초한 라쿠나의 삼위일체론," 『한국조직신학논총』 23집 (2009. 6), 69-97.

34 Lesslie Newbigin, 『변화하는 세상 변함없는 복음』, 44.

35 위의 책, 45.

36 위의 책, 46-47.

37 위의 책, 49.

38 위의 책, 49.

39 위의 책, 66.

40 위의 책, 78, 85-86.

41 위의 책, 74.

42 백충현. "내재적-경륜적 삼위일체 관계에 관한 현대 신학의 논의 분석: 존재론, 인식론, 그리고 신비," 97-102.

43 허성식, "레슬리 뉴비긴의 선교적 논쟁이 가지는 선교신학적 함의," 218.

44   백충현, "'미시오 데이'(*missio Dei*) 개념에 대한 비판적 분석: 삼위일체적 이해를 위한 제언," 77-78.

07장

크리스토퍼 라이트의
하나님의 선교(the Mission of God)

이 글은[1] 크리스토퍼 라이트의 하나님의 선교the mission of God 개념을 다룬다. '하나님의 선교'the mission of God라는 용어는 오늘날 선교, 교회, 신학 등에서 많이 사용되고 있다. 이 용어는 본래 라틴어 표현인 '미시오 데이'*missio Dei*를 영어로 번역한 것이다. 국제선교협의회the International Missionary Council가 1952년 독일 빌링겐에서 개최되었을 때 이 개념이 공식적으로 표명되었다. 그 이후로 세계교회협의회the World Council of Churches를 비롯한 에큐메니컬ecumenical 진영에서 활발하게 논의되고 또한 토론되었다. 대체로 에큐메니컬 진영에서는 '하나님의 선교'를 기존의 선교 패러다임인 '교회의 선교'the mission of church에 대한 비판으로 사용하기에, 선교에서 교회보다는 세상과 문화를 더욱 강조하는 패러다임을 의미한다.[2] 이러한 '하나님의 선교' 개념은 한국에서도 일찍부터 소개되고 다양하게 논의되었다.[3]

그런데 오늘날에는 이 용어가 에큐메니컬 진영에서만이 아니라 소위에반젤리컬evangelical이라고 하는 복음주의 진영에서도 사용되고 있다. 그 대표적인 예를 로잔 운동Lausanne Movement의 크리스토퍼 라이트Christopher J. H. Wright, 1947-현재에게서 찾아볼 수 있다. 다만, 라이트는 라틴어 표현인 '미시오 데이'missio Dei보다는 영어 표현인 '하나님의 선교'the mission of God를 선호한다. 문자적인 의미로는 양자가 상호교환적으로 사용될 수 있지만, 라이트의 경우에는 영어 표현을 선호하며, 그에 따라 이 논문에서 필자 역시 영어 표현을 사용하고자 한다.

라이트는 존 스토트John R. W. Stott, 1921-2011를 뒤이어 로잔 운동의 신학을 대표하는 신학자로, 많은 그의 저서들이 한국어로 번역되어 소개되었다.[4] 그만큼 로잔 운동과 라이트가 한국교회와 선교에 끼친 영향은 적지 않다. 또한, 로잔 운동의 선교와 신학에 관해 그동안 선교학 분야의 학자들에 의해 많은 연구가 진행되었다.[5] 라이트의 전공이 구약학인데, 그에 맞게 라이트는 구약을 비롯하여 성경 전체를 근거로 '하나님의 선교'를 열심히 주창한다. 이러한 점은 그의 대표적 저서들인 『하나님의 선교』[6]와 『하나님 백성의 선교』[7]에 잘 드러나 있다.

이 글은 로잔 운동의 라이트의 '하나님의 선교'the mission of God 개념을 연구하고자 한다. 이를 위하여 먼저 로잔 운동에서의 선교mission 개념을 주제로 살펴볼 것이다. 다음으로, 선교에 관한 스토트의 입장을 정리, 분석하고, 이를 바탕으로 스토트와 비교하여 라이트의 입장을 살펴볼 것이다. 이를 위하여 스토트가 저술하고 라이트가 개정 및 증보한 책 『선교란 무엇인가: 선교, 전도, 대화, 구원, 회심 – 총체적 선교를 위한 5가지 핵심』[8]을 집중적으로 살펴볼 것이다. 그러면서 라이트의 대표적 저서들인 『하나님의 선교』와 『하나님 백성의 선교』를 참고할 것이다.

이러한 연구를 통해 이 글은 다음과 같은 점을 확인하고 주장할 것이다. 로잔 운동에서의 선교 개념은 기본적으로 복음 전도와 사회 정의가 모두 필요하다고 여기는 통전적 선교 또는 통합적 선교를 추구하면서도 복음 전도의 우위성primacy, 우선성priority, 긴급성urgency을 강조한다. 그런데 복음주의 진영에 있어서도, 시간이 지나면서 시대적 상황에 대한 민감성과 적실성을 고려하는 가운데, 에큐메니컬 진영에서 그러했듯 교회-복음-세상의 순서가 복음-교회-세상의 순서를 거쳐 복음-세상-교회의 순서로 변화해나가고 있다.

　그 가운데, 라이트는 선교가 하나님의 본성에서 나온다는 것과 우리가 세상 속으로 보냄을 받았다는 것을 강조하면서 복음의 중심성을 바탕으로 복음 전도와 사회적 행동 사이의 통합적 관계를 주장한다. 그런 다음 성경 전체의 거대 서사에서 하나님의 선교 이야기를 탐색하며 또한 그 안에 참여하는 우리의 선교를 이야기한다. 이러한 선교적 해석학을 통해 '하나님의 선교'는 세계관을 형성하고 변화시키면서 삶의 모든 영역에서 우리가 누구이며 어떤 목적을 위하여 존재하는지를 밝혀준다. 또한, 그 세계관 형성과 변화의 내용은 심지어 자기 비판적이며 체제전복적인 작업까지 포함한다.

　이러한 연구를 통해 '하나님의 선교' 개념은 해외 선교이든 국내 선교이든 캠퍼스선교이든 직장선교이든 세상 속으로 보냄을 받은 모두가 각자 자신이 누구이며 또한 어떤 목적과 계획에 참여하여 사는지에 대해 많은 함의를 제시할 것이며, 또한 교회의 선교와 실천에 귀중한 통찰들을 제공할 것이다.

　다만, 이 글에서는 라이트의 '하나님의 선교' 개념을 집중적으로 다루고자 하는데, 원래 이를 본격적으로 논하기 위해서는 이 개념의 신론, 기독론, 그리고 성령론적 내용의 근거가 되는 그의 삼위일체론을 고찰할 필요가 있다. 하지만 여러 한계상 그것은 또 다른 작업으로 남겨두고자 한다.

I.

로잔 운동에서의 선교 개념

로잔 운동은 빌리 그래함Billy Graham 과 존 스토트John Stott 의 주도로 시작되었다. 1950년대와 1960년대 및 1970년대 초반 에큐메니컬 진영에서 선교 개념은 교회보다는 세상과 문화를 강조하다가 선교의 주된 목적을 인간화humanization에 두는 쪽으로 많이 기울었다. 대표적인 예들로 1968년 스웨덴 웁살라에서 '보라, 내가 만물을 새롭게 하리라'Behold, I Make All Things New 는 주제로 개최된 제4차 세계교회협의회WCC 총회와 1973년 방콕에서 '오늘의 구원'Salvation Today 이라는 주제로 개최된 세계선교와전도위원회Commission on World Mission and Evangelism 가 있다.

그러나 복음주의 진영에서는 이러한 흐름에 대한 반발과 비판이 이어졌다. 대표적인 예로 복음주의 진영에서는 1966년 베를린에서 세계복음화대회World Congress on Evangelism 를 개최하였고 독일의 복음주의 선교신학자 페터 바이어하우스Peter P. J. Beyerhaus, 1929-2020를 중심으로 1970년 '프랑크푸르트 선언문'The Frankfurt Declaration 을 발표하였다.[9]

이러한 배경에서 세계복음화국제대회The International Congress on World Evangelism 가 개최되었다. 1차 로잔대회는 1974년 스위스 로잔에서, 2차 로잔대회는 1989년 필리핀 마닐라에서, 그리고 3차 로잔대회는 2010년 남아프리카공화국 케이프타운에서 개최되었다. 각 대회는 매우 중요한 성명을 발표하였는데 1차 대회는 로잔 언약Lausanne Covenant 을, 2차 대회는 마닐라 성명서Manila Manifesto 를, 3차 대회는 케이프타운 서약Cape Town Commitment 를 발표하였다. 이를 통해 로잔 운동은 세계교회의 선교뿐만 아니라 한국교회의 선교에도 많은 영향을 끼쳐 왔다.

최형근은 로잔 운동이 한국교회에 미친 영향을 다음과 같이 집약적으로 정리한다.

> 한국교회와 로잔 운동의 관계는 제1차 로잔 운동부터 시작되었으나, 한국선교운동의 태동기인 1970-1980년대의 한국교회는 로잔 운동의 확산에 크게 이바지하지 못하고 다만 로잔 언약의 소개를 통해서 문서로 로잔 운동을 알렸다. 1989년 제2차 로잔대회 이후 한국로잔위원회가 설립되면서 한국교회에 로잔 신학과 로잔 정신을 확산하기 시작하여 2010년 제3차 로잔대회 이후 다양한 국내외 활동들과 목회자 컨퍼런스 그리고 청년지도자를 위한 선교적 플랫폼을 제공하며 그 영향력을 확산하고 있다.[10]

이러한 로잔 운동이 추구하는 선교는 무엇인가? 이와 관련하여 가장 주목할 점은 로잔 운동의 표어slogan이다. 이것은 1974년 작성된 로잔 언약의 한 구절로 만들어졌는데, 바로 '온 교회가 온 복음을 온 세상에 전하는 것' the whole church taking the whole gospel to the whole world이다.[11] 이것을 바탕으로 로잔 운동은 '통전적 선교'holistic mission 또는 '통합적 선교'integral mission를 추구한다. 이 두 용어는 선교와 관련하여 복음 전도와 사회 정의가 모두 필요하다고 여기는 개념이다.[12]

그런데 이 두 용어의 한글 번역 자체에 많은 혼선이 있기에 번역상의 용어를 정리할 필요가 있다. 먼저, 로잔 운동 홈페이지 자체에서는 holistic mission을 통전적 선교로, intergral mission을 총체적 선교로 번역한다.[13] 김승호와 같은 학자들은 holistic mission을 총체적 선교로, intergral mission을 통전적 선교로 번역하면서 전자를 복음주의 진영의 선교를 가리키는 것으로, 그리고 후자를 에큐메니컬 진영의 선교를 가리키는 것으로 구별한다.[14] 반면에 박보경과 같은 학자들은 holistic mission을 통전적 선교로, integral mission을 총체적 선교로 번역한다.[15] 또한, 스토트가 저술하고 라이트가 개정 및 증보한 책 『선교란 무엇인가』의 한글 번역에서는 holistic mission을 총체적 선교로, integral mission을 통합적 선교로 번역하고 있다.[16] 이처럼 번역 용어상 많은 혼선이 있기에 이 논문에서는 holistic mission을 통전적 선교로, integral mission을 통합적 선교로 번역하여 사용하고자 한다.

위와 같은 번역상의 혼선을 제외하면, 이 두 용어는 선교와 관련하여 복음 전도와 사회 정의가 모두 필요하다고 여기는 개념이다. 그러면서도 로잔 운동의 선교는 기본적으로 복음 전도에 우위성primacy과 우선성priority과 긴급성urgency을 두어 강조한다. 이러한 강조점에는 로잔 운동을 처음부터 주도하면서 제1차 로잔대회의 로잔 언약과 제2차 로잔대회의 마닐라 성명서 초안을 작성하였던 스토트의 신학적 영향력이 반영되어 있다. 조종남과 같은 학자는 이러한 특징이 로잔 운동의 처음부터 현재까지 일관되게 지속하고 있다고 주장한다. 로잔 운동이 대표하는 복음주의 진영의 선교에서는 복음 전도가 약화될 수도, 간과될 수도 없음을 주장하기 때문이다.[17]

그런데 로잔 운동에서의 선교 개념이 시간의 흐름에 따라, 여러 차례의 대회를 거치면서 조금씩 변화되어 오고 있음에 주목하는 학자들이 여럿 있다. 대표적으로 박보경은 다음과 같이 분석한다.

> 케이프타운 서약문에는 로잔 선언문과 마닐라 선언문에서는 발견되지 않았던 선교의 포괄적 이해가 명백하다. 과거 전도의 우선성을 강조하였던 로잔의 입장이 분명하게 변화된 것이다. 이러한 선언문의 변화는 그동안 로잔 진영 안에서 지속적으로 긴장의 핵심이 되어왔던 전도와 사회적 책임으로서의 교회의 임무 중에서 전도에 우선성이 있다는 로

잔의 입장이 거부되고, 이 둘이 상호 동일한 무게를 가진다는 급진적 제자도의 입장을 반영한 결과였다고 할 수 있다. … 요약하면, 케이프 타운에서 열린 로잔 3차 대회는 로잔 진영이 '전도의 우선성'으로부터 총체적 선교로 [통합적 선교로] 전환하고 있음을 보여주고 있다고 평가된다. 이러한 변화는 2004년부터 나타나기 시작했는데, 로잔 진영 안에 있는 교회의 사회적 책임을 강조하는 그룹들이 시대가 지나면서 그 목소리가 점차 강화됨으로써 이러한 변화가 명백해졌다고 하겠다.[18]

이와 같은 박보경의 분석에 최형근도 동의하면서 복음과 교회와 세상 사이의 순서에 주목하여 예리하게 분석한다. 즉, 제1차 로잔대회의 로잔 언약에 바탕을 둔 로잔 운동의 표어에서는 그 순서가 교회-복음-세상으로 제시되었다면, 제2차 로잔대회의 마닐라 성명서는 복음-교회-세상의 순서로 바뀌었고, 제3차 로잔대회의 케이프타운 서약에서는 복음-세상-교회의 순서로 변화되었다.[19] 제1-2차와 제3차 사이의 중요한 차이는 교회와 세상의 순서가 바뀌었다는 점이다.

이와 같은 변화에 대해 안승오는 에큐메니컬 신학이 로잔 운동에 영향을 끼친 결과라고 분석한다. 즉, '세상에 대한 긍정적 견해, 폭넓어진 선교의 대상과 과제, 선교에 있어서 사회적 책임의 강화, 약화된 선교의 핵심 사역, 약화된 복음 전도의 긴급성과 헌신'과 같은 에큐메니컬 신학의 5가지 특징들이 로잔 운동에 영향을 끼친 결과라고 여긴다.[20]

반면에 박보경은 이 변화는 로잔 운동이 그동안 사회적 책임을 충분히 강조하지 않은 것에 대한 반성이라고 분석한다. 박보경은 "에큐메니컬 단체들의 외부적 압력보다는 변화된 세계 상황에 대한 로잔 진영의 보다 심도 있는 인식과 자기반성에 의한 신학적 변화에 근거한다."고 여긴다.[21] 마찬

가지로 최형근은 이러한 변화가 제3차 로잔대회의 주제와의 연관성에 기인하되, 이것은 더 근본적으로는 변화하는 시대적 상황에의 민감성과 적실성에 기인한다고 분석한다.

> 이 순서 배경은 [케이프타운] 대회의 주제인 '화해'와 연관성을 갖고 있다고 볼 수 있다. … 이번 대회에서 이 순서를 택한 것은 복음과 문화 간의 '도전적 상관성[적실성]'challenging relevance 을 더욱 강조하는 인상을 준다. 전통적으로 복음주의 선교학이 복음과 교회 간의 관계에 더욱 초점을 두었던 데 반하여, 이번 대회의 주제인 '화해'는 하나님의 세상에 대한 '사랑'에 초점을 두었다고 볼 수 있다. 그렇다고 그 관계성 가운데 교회가 배제되는 것은 아니다.
>
> … 로잔 신학과 비전은 불변하는 복음에 기초해 있으며, 변화하는 상황에 민감하게 대처하기 위해 새로운 선교적 의제들을 다루어 나가면서 보다 타당한 선교전략을 세우기 위한 논의의 근거를 형성한다.[22]

위에서 살펴보았듯이, 로잔 운동에서의 선교 개념은 기본적으로 복음 전도와 사회 정의를 모두 필요하다고 여기는 통전적 선교 또는 통합적 선교를 추구하면서도 복음 전도의 우위성, 우선성, 긴급성을 강조한다. 그런데 시간이 지나면서 시대적 상황에 대한 민감성과 적실성을 고려하면서 교회-복음-세상의 순서가 복음-교회-세상의 순서를 거쳐 복음-세상-교회의 순서로 변화하고 있다고 볼 수 있다.

이러한 점은 로잔 운동에서도 세상이 점점 더 중요해지고 세상에 관한 관심이 더 광범위하고 다양하게 전개됨을 알려준다. 물론 이러한 전개가 복음의 우위성이나 우선성을 전제로 한다는 특징은 여전히 유지되는 점에 주목할 필요가 있다.

II.

라이트의 '하나님의 선교'

위에서는 로잔 운동에서의 선교 개념을 파악하였기에 이제 라이트의 '하나님의 선교' 개념을 구체적으로 살펴보고자 하는데, 그에 앞서 스토트의 선교 개념을 검토하고자 한다. 왜냐하면, 라이트의 선교 개념에 가장 많은 직접적인 영향을 끼친 이가 스토트이기 때문이다.

스토트의 선교 개념이 가장 분명하게 드러나 있는 글은 1975년에 출판된 『현대기독교 선교』라는 책이다.[23] 이 책은 출판된 지 40년이 되는 2015년에 스토트의 신학의 발전적 계승자인 라이트에 의해 개정 및 증보되어 『선교란 무엇인가: 선교, 전도, 대화, 구원, 회심 – 총체적 선교를 위한 5가지 핵심』이라는 책으로 출판되었다.[24] 이 책은 5가지 핵심 주제 각각에 대해 스토트의 입장을 현대적으로 다듬어 제시하고, 그런 다음 라이트가 스토트의 입장을 설명하면서 라이트 자신의 견해를 개진하는 방식으로 구성되어 있다.

이 책에서 스토트는 선교와 관련하여 먼저 두 극단적인 입장들을, 즉 선교를 말로 하는 선포 중심의 전도로만 보는 전통적인 입장과 에큐메니컬 진영에서 '미시오 데이'를 통해 선교를 사회적 조화로서의 샬롬의 성취로 여기는 견해를 모두 비판한다. 그런 다음에 복음 전도와 사회적 책임의 관계에 관한 더욱 성경적이고 균형적인 입장을 모색한다.[25]

그러면서도 스토트는, 미묘한 차이는 있지만 에큐메니컬 진영의 '미시오 데이'에서 강조하는 두 가지 중요한 통찰을 받아들이고 인정하는 것처럼 보인다. 스토트 자신이 1968년 웁살라에서 개최된 제4차 세계교회협의회 총회에 고문으로 참석하였기에 그러한 통찰들을 충분히 파악할 수 있었다.

첫째는 '선교가 일차적으로 교회의 본성이 아닌 하나님의 본성에서 나오는 것'이기에 하나님을 '보내시는 하나님'으로 여기는 것이다. 그래서 '최초의 선교'the primal mission는 하나님의 선교로써, 하나님께서 예언자들과 예수님과 성령을 보내셨고 또한 우리를 보내시는 것이다. 이러한 하나님은 '원심적'centrifugal이다.[26] 둘째는 선교는 세상 속으로 보냄받는 것으로 "세상 속으로 깊숙이, 대가를 지불하며 침투할 것을 요구한다."라는 것이다.[27] 즉, 스토트는 선교가 하나님의 본성으로부터 나오는 것이며 선교는 세상 속으로 보냄을 받는 것이라는 점을 받아들인다.

위와 같이 논의한 다음, 스토트는 전도와 사회적 행동/관심 사이의 관계를 본격적으로 다루면서 두 가지 견해를 비판한다. 첫째는 사회적 행동을 전도의 수단means으로 보는 것이며, 둘째는 사회적 행동을 전도의 표명manifestation으로 보는 것이다.[28] 이 두 견해를 모두 비판한 다음에 스토트는 전도와 사회적 행동/관심은 서로 '동반자'partner 관계라고 주장하면서 다음과 같이 설명한다.

> 동반자는 서로 연결되어 있지만 서로 독립되어 있기도 하다. 각각 홀
> 로 다른 하나와 나란히 독립적으로 서 있다. 하나가 다른 하나의 수단
> 도 아니며, 다른 하나의 표현도 아니다. 각각 그 자체로 하나의 목적이
> 다. 둘 다 거짓 없는 사랑의 표현이다. 전도와 긍휼 사역은 하나님의 선
> 교에서 한 세트다.[29]

이렇게 스토트는 양자 사이에 동반자적 관계가 있음을 주장한다. 그러면서도 스토트는 복음 전도의 우위성, 우선성, 긴박성을 강조한다. 이러한 관계를 라이트는 통전적 선교holistic mission라고 부르는데, 『선교란 무엇인가』라는 책에서는 이를 가리켜 총체적 선교holistic mission라고 표현하고 있다.[30]

라이트는 스토트처럼 선교가 하나님의 속성에서 나오는 것이며 하나님은 보내시는 분으로서 원심적 속성을 지니시는 분임을 받아들인다. 그러나 더 나아가서 라이트는 보냄의 '목적, 목표, 계획', 즉, 하나님께서 세상 및 창조세계 전체에 대해 가지시는 '이 궁극적이고 보편적인 목적'this ultimate, universal purpose을 아주 중요하게 여긴다. 그리고 이러한 목적은 '성경 전체 내러티브'the whole Bible narrative를 통해서 드러난다고 주장한다.[31]

세상 및 창조세계 전체에 대한 하나님의 목적의 포괄성은 우리가 세상 속으로 보냄을 받아 행하는 모든 것을 아우르는 포괄성이다. 이러한 포괄성으로 인해 라이트의 선교 개념은 훨씬 더 광범위해지고 다양해진다고 할 수 있다. 또한, 라이트는 그러한 관점에서 성경을 읽고 이해해야 한다고 이야기하는데, 이것이 바로 그가 제안하는 '선교적 해석학'missional hermeneutics이다.[32] 즉, 라이트의 선교 개념 또는 '하나님의 선교' 개념은 세상 전체를 포함하는 포괄성과 연결되어 있으며, 또한 그러한 관점으로 성경을 해석하고 세상을 바라보는 해석학적 틀과 연결되어 있다.

이러한 점들을 고려하면, 라이트에게 복음 전도와 사회적 행동은 함께 가는 것이다belong together.[33] 왜냐하면, 하나의 포괄성 안에 복음이 제시하는 하나님의 목적과 세상을 위한 사회적 행동이 모두 아우러지기 때문이다. 이것을 라이트는 통전적holistic이라는 표현보다는 통합적intergral 또는 integrated이라는 표현으로 설명한다.

> 통합된 선교integrated mission는 세상에서 하나님의 목적을 이루기 위해 그리스도인이 그리스도께 순종하는 모든 영역을 하나로 묶는다. 그래서 전도와 사회적 행동은 서로 필수적이다. 선교라는 전체 생명 안에서, 서로 다르지만 필요한 기능이다.[34]

라이트가 보기에는 통전적 선교holistic mission라는 표현보다는 통합적 선교integral mission라는 표현이 복음 전도와 사회적 행동 양자 사이를 더 긴밀하게 아우른다고 생각한다. 이런 점에서 제3차 로잔대회의 케이프타운 서약을 기초한 라이트는 "2010년 케이프타운에서 제3차 로잔대회가 열렸을 때, '총체적 선교[즉, 통전적 선교]'라는 어구는 이미 '통합적 선교' integral mission에 어느 정도 추월당하고 있었다."라고 밝힌다.[35]

그런데 라이트는 여기에서 더 나아가서 "통합integration 이란 그 안에서, 혹은 그것을 중심으로 모든 것이 통합되는 무언가를 요구한다."라고 말하면서 복음 전도와 사회적 행동을 통합하여 주는 통합의 중심이 복음 자체에 있다고 강조한다. 이것이 바로 **'복음의 중심성'** the centrality of the gospel 이라고 주장하면서 '복음 자체가 성경적으로 타당한 모든 선교의 근원이며 내용이며 권위'라고 진술한다.[36] 그리고 라이트는 케이프타운 서약의 문단을 인용하며 다음과 같이 통합적 선교의 내용을 정리한다.

> 성경은 하나님이 창조세계 자체를 구속하고자 하신다고 선포한다. 통합적 선교integral mission란, 복음이 예수 그리스도의 십자가와 부활을 통해 각 개인에게, 그리고 사회에, 그리고 창조세계에 하나님이 주시는 좋은 소식이라는 성경의 진리를 분별하고 선포하고 살아내는 것이다. 개인과 사회와 창조세계는 다 죄로 인해 깨지고 고통당하고 있으며, 이 셋 다 하나님의 구속하시는 사랑과 선교의 대상이다. 또 셋 다 하나님 백성의 포괄적인 선교의 일부가 되어야 한다.[37]

지금까지 논의한 내용은 또한 라이트의 대표적 저서인 『하나님의 선교』와 『하나님 백성의 선교』에 매우 상세하게 제시되어 있다. 『하나님의 선교』에서 라이트는 선교는 우리가 하는 어떤 것이 아니라 하나님이 하시는 것임을 강조하면서, 성경의 거대서사를 통해 하나님의 선교 이야기를 탐색한다. "성경은 하나님의 창조세계 전체를 위해 하나님 나라에 관여하는 하나님의 백성을 통한 하나님의 선교 이야기다."[38] 그러기에 이것이 라이트에게 성경에 대한 '선교적 해석학' missional hermeneutics 이 된다.[39]

성경의 거대서사를 통해 하나님의 선교 이야기를 찾아가는 선교적 해석학은 우리가 누구이며 우리는 무엇을 해야 하는지를 분명하게 보여준다. 이런 점에서 '하나님의 선교'는 또한 우리의 세계관을 형성하며 기존의 세계관에 영향을 미치고 또한 그 세계관을 변화시킨다. 이에 따라 우리 자신의 잘못들을 교정해주며 더 나아가서 사회를 변혁시킨다. 이것은 서구 기독교 문화에 대한 자기 비판적 태도까지 포함한다.

> 성경 전체가 하나님의 선교에 대한 일관된 계시라는 점을 파악할 때, 이것을 거대 서사가 지닌 강력한 목적을 여는 열쇠로 볼 때, 우리는 세계관 전체가 이러한 비전에 의해 영향을 받는다는 것을 알게 된다. … 창조부터 새 창조까지 펼쳐지는 원대한 우주적 이야기, 그리고 그 사이에 있는 모든 것에 관한 이야기다.
>
> … 그렇게 하나님의 선교를 모든 실상, 모든 창조, 모든 역사, 우리 앞에 놓인 모든 것의 핵심으로 이해할 때, 철저하고 완전한 하나님 중심의 독특한 세계관이 생겨난다. … 하나님의 선교를 모든 존재의 중심으로 놓는 이 세계관은 몹시 체제전복적이며, 거대한 틀 안에서 우리 자신의 위치를 불편하게 상대화시켜 버린다. 그것은 분명 자기중심적 강박 관념에 사로잡혀 있는 많은 서구 문화(유감스럽게도 심지어 서구 기독교 문화까지도 포함해서)에 대한 대단히 건강한 교정책이다. 그것은 자신의 작은 세계가 제공하는 안락한 자아도취에 빠져들기를 좋아하는 우리에게 큰 그림에 눈을 뜨라고 끊임없이 강요한다.[40]

그리고 『하나님 백성의 선교』에서 라이트는 '하나님의 선교'가 우리가 누구인지를 알려주며, 또한 우리의 존재의 목적과 이유, 즉 우리가 무엇을 위해 여기에 있는지를 알려주는 해석학적 열쇠가 된다고 설명한다.[41] 그런 다음에 라이트는 해당 책의 Ⅱ부 2-14장에서 '하나님의 선교'의 관점에서 '우리'의 존재 목적에 대한 13가지 대답을 다음과 같이 제시한다.

1. 자신이 속한 그 이야기를 아는 백성
2. 창조세계를 돌보는 백성
3. 열방에 복이 되는 백성
4. 하나님의 도를 행하는 백성
5. 구속의 삶을 살도록 구속받은 백성
6. 세상을 향해 하나님을 대표하는 백성
7. 다른 사람들을 하나님께로 끌어들이는 백성
8. 살아 계신 한 분 하나님과 구세주를 아는 백성
9. 살아 계신 하나님을 증거하는 백성
10. 그리스도의 복음을 선포하는 백성
11. 보내고 보냄받는 백성
12. 공적 관장에서 살아가는 백성
13. 찬송하고 기도하는 백성[42]

그렇다면, '하나님의 선교'는 이제 우리에게 이 세계관이 보여주는 대로 삶의 모든 영역에서 하나님의 선교에 참여하면서 살아가도록 초대하고 안내한다.

위에서 논의하였듯이 이 글은 로잔 운동의 라이트의 '하나님의 선교' 개념을 연구하면서 이 개념의 모습과 특징을 살펴보았다. 이 논문 안에서는 본격적으로 시도하지는 않았지만, 앞으로 라이트의 '하나님의 선교' 개념을 에큐메니컬 진영에서의 '미시오 데이'*missio Dei* 개념과 비교 및 대조하면 양자의 공통점과 차이점이 더욱 확연하게 드러날 것이다. 이를 통해 더 통합적이고 총체적인 선교 개념을 구성해나갈 수 있으리라 기대된다. 다만, 이러한 연구는 또 다른 작업에서 세밀하고 충분하게 진행될 필요가 있다.

이 글에서는 먼저 로잔 운동에서의 선교mission 개념에 관해 살펴보았다. 로잔 운동에서의 선교 개념은 기본적으로 복음 전도와 사회 정의를 모두 필요하다고 여기는 통전적 선교 또는 통합적 선교를 추구하면서도 복음 전도의 우위성, 우선성, 긴급성을 강조한다. 그런데 시간이 지나면서 시대적 상황에 대한 민감성과 적실성을 고려하면서 교회-복음-세상의 순서가 복음-교회-세상의 순서를 거쳐 복음-세상-교회의 순서로 변화해나가고 있다. 즉, 로잔 운동에서도 세상이 점점 더 중요해지고 세상에 관한 관심이 더 광범위하고 다양하게 전개되는 것처럼 보인다. 물론 이러한 전개가 복음의 우위성이나 우선성을 전제로 한다는 특징은 여전히 유지되는 점에 주목할 필요가 있다.

다음으로 이 글에서는 선교에 관한 스토트의 입장을 정리, 분석하고, 이를 바탕으로 스토트와 비교하여 라이트의 입장을 정리, 분석하였다. 이를 위하여 스토트가 저술하고 라이트가 개정 및 증보한 책『선교란 무엇인가』를 집중적으로 살펴보았다. 또한, 라이트의 대표적 저서들인『하나님의 선교』와『하나님 백성의 선교』를 살펴보았다.

라이트는 선교가 하나님의 본성에서 나온다는 것과 우리가 세상 속으로 보냄을 받았다는 것을 강조하면서 복음의 중심성을 바탕으로 복음 전도와 사회적 행동 사이의 통합적 관계를 주장한다. 그런 다음 성경 전체의 거대서사에서 하나님의 선교 이야기를 탐색하며 또한 그 안에 참여하는 우리의 선교를 이야기한다. 이러한 선교적 해석학을 통해서 '하나님의 선교'는 세계관을 형성하고 변화시키면서 삶의 모든 영역에서 우리가 누구이며 어떤 목적을 위하여 존재하는지를 밝혀주며, 또한 그 세계관 형성과 변화는 심지어 자기 비판적이며 체제전복적인 작업까지도 포함한다.

이러한 점을 고려하면 라이트에게 선교의 개념은 매우 종합적이고 폭넓은 함의들을 지니고 있음을 알 수 있다. 그러기에 라이트의 선교 개념은 더욱 유연하고 더욱 다층적이라고 할 수 있다. 이런 점에서 에큐메니컬 진영에서의 '미시오 데이' 개념과 만나 대화할 수 있으며 이전보다는 훨씬 더 많은 접촉점과 공통점을 발견할 수 있으리라 기대된다.

핵심적으로 보자면, 라이트의 '하나님의 선교' 개념은 해외 선교이든 국내 선교이든 캠퍼스 선교이든 직장 선교이든 세상 속으로 보냄을 받은 모두가 각자 자신이 누구이며 또한 어떤 목적과 계획에 참여하여 사는지에 대한 많은 함의점을 제시할 것이며, 또한 교회의 선교와 실천에 귀중한 통찰들을 제공할 것이라 기대된다. 예를 들면, 캠퍼스 선교에서는 학생들의 인성, 인생, 세계관, 삶의 목적과 계획과 비전 등에 관하여 교육하는 것도 중요한 과제인데, 이러한 과제에 대해 라이트의 '하나님의 선교' 개념은 하나의 새로운 종합적인 모형을 제공할 수 있으리라 기대된다.

오늘날 교회의 선교가 국내이든 해외이든 여러 가지로 막혀 있는 것처럼 보인다. 이러한 선교의 위기의 시대에 '하나님의 선교' 개념이 한국교회에 좋은 도전과 자극과 통찰을 주리라 기대가 된다. 물론 그 구체적인 적용에서는 로잔 운동에서의 '하나님의 선교' 개념만이 아니라 에큐메니컬 진영에서의 '미시오 데이' 개념의 함의점까지 충분히 고려하면서 한국교회의 상황과 오늘날의 시대적 상황에 맞춰서 종합적으로 검토할 필요가 있다. 이와 같은 선교에 관한 신학적 작업이 한국교회와 한국교회의 선교를 새롭게 갱신하며 새로운 방향을 모색하는 데에 많은 도움이 되기를 기대한다.

1   백충현, "로잔 운동에서 크리스토퍼 라이트의 '하나님의 선교'(the Mission of God)'에 관한 연구," 『신학사상』196집 (2022년 봄), 167-91.

2   Chung-Hyun Baik, "A Critical Analysis of the Concept of Missio Dei: Suggestions for a Trinitarian Understanding," *Neue Zeitschrift für Systematische Theologie und Religionsphilosophie 63-3* (September 2021), 329-40; 백충현, "'미시오 데이(*missio Dei*)' 개념에 대한 비판적 분석: 삼위일체적 이해를 위한 제언," 『미션네트워크』 9 (2021), 67-90.

3   심일섭, "'하나님의 선교' 신학과 한국의 교회문제," 『신학사상』 14 (1976), 524-39; 김명혁, "'하나님의 선교' 이후의 선교 신학 동향," 『신학사상』 14 (1976), 539-44; 변선환, "Missio Dei 이후의 선교신학," 『신학사상』 14 (1976), 545-54.

4   한국어로 번역된 대표적인 책들은 다음과 같다. Christopher J. H. Wright, *The Mission of God: Unlocking the Bible's Grand Narrative* (Downers Grove: IVP Academic, 2006); 정옥배, 한화룡 역, 『하나님의 선교』(서울: IVP, 2010); *Mission of God's People: A Biblical Theology of the Church's Mission* (Grand Rapids: Zondervan, 2010); 한화룡 역, 『하나님 백성의 선교』(서울: IVP, 2012); *Let the Gospels Preach the Gospel: Sermons around the Cross* (Carlisle: Langham Preaching Resources, 2017); 박세혁 역, 『크리스토퍼 라이트의 십자가』(서울: CUP, 2019); Christopher J. H. Wright, *Knowing the God the Father Through the Old Testament* (Downers Grove: IVP Academic, 2007); 홍종락 역, 『구약의 빛 아래서 하나님을 아는 지식』(서울: 성서유니온, 2010); *Knowing Jesus through the Old Testament* (New York: HarperCollins, 1990); 홍종락 역, 『구약의 빛 아래서 그리스도를 아는 지식』(서울: 성서유니온, 2010); *Knowing the Holy Spirit through the Old Testament* (Downers Grove: IVP Academic, 2006); 홍종락 역, 『구약의 빛 아래서 성령님을 아는 지식』(서울: 성서유니온, 2010). 마지막 책 세 권은 라이트의 3부작으로 다음과 같이 하나로 통합되어 한글로 출판되기도 하였다. *Knowing God - The Trilogy: Knowing Jesus, God the Father, and the Holy Spirit through the Old Testament* (Carlisle: Langham Global Library, 2017); 홍종락 역, 『구약에 나타난 예수, 성령, 하나님』(서울: 성서유니온, 2018).

5   대표적인 연구논문으로는 다음과 같다. 김승호, "복음 전도의 우선순위를 둔 총체적 선교의 필요성에 대한 고찰 - 로잔 운동과 현대 복음주의를 중심으로," 『ACTS 신학저널』 38 (2018), 327-53; 김은수, "로잔 운동에 나타난 복음주의 선교학," 『사회과학논총』 15 (1999), 183-205; 박보경, "로잔 운동에 나타난 전도와 사회적 책임의 관계," 『복음과 선교』 22-2 (2013), 9-43; 박보경, "르네 파딜라(Rene Padilla)의 총체적 선교 연구," 『복음과 선교』 46-2 (2019), 199-231; 배춘섭, "성경적 상황화를 위한 Missio Dei의 재고(再考)," 『개혁논총』 51 (2020), 247-86; 안승오, "로잔 운동에 나타난 에큐메니컬 선교신학의 영향," 『복음과 선교』 39 (2017), 119-50; 안승오, "세계 선교를 위한 로잔 운동의 기여방향," 『ACTS 신학저널』 35 (2018), 165-95; 조종남, "로잔 세계 복음화 운동의 선교신학 - 그리스도인의 사회참여에 관하여," 『신학과 선교』 13 (1988), 5-31; 최재성, "복음 전도에 있어서 성령의 역할 복음 전도에 대한 로잔언약의 정의를 중심으로," 『신학과 선교』 40 (2012), 157-81; 최형근, "로잔 운동에 나타난 공공신학의 선교학적 함의," 『ACTS 신학저널』 38 (2018), 355-90; 최형근, "로잔 운동이 한국교회에 미친 영향에 관한 연구," 『ACTS 신학저널』 46 (2020), 387-423; 최형근, "제3차 로잔대회 케이프타운 서약의 특징과 의의," 『복음과 선교』 22 (2013), 113-50; 홍기영, "로잔세계복음화운동과 선교신학적 고찰(상) - 로잔언약, 마닐라선언, 케이프타운헌신을 중심으로," 『복음과 선교』 22-2 (2013), 151-94; 제해종, "로잔 운동과 공적 신학을 통해 고찰한 교회의 사회참여 모델," 『신학사상』 186 (2019년 가을), 231-66.

6   Christopher J. H. Wright, *The Mission of God: Unlocking the Bible's Grand Narrative* (Downers Grove: IVP Academic, 2006). 이 책의 한글 번역은 다음과 같다. 정옥배, 한화룡 역, 『하나님의 선교』(서울: IVP, 2010).

7   Christopher J. H. Wright, *The Mission of God's People: A Biblical Theology of the Church's Mission* (Grand Rapids: Zondervan, 2010). 이 책의 한글 번역은 다음과 같다. 한화룡 역, 『하나님 백성의 선교』(서울: IVP, 2012).

8   John R. W. Stott and Christopher J. H. Wright, *Christian Mission in the Modern World*, Revised and Expanded ed., (Downers Grove: IVP, 2015). 이 책의 한글 번역은 다음과 같다. 김명희 역, 『선교란 무엇인가: 선교, 전도, 대화, 구원, 회심 - 총체적 선교를 위한 5가지 핵심』(서울: IVP, 2018). 이후로 『선교란 무엇인가』로 표기함.

9   김승호, "복음 전도의 우선순위를 둔 총체적 선교의 필요성에 대한 고찰 - 로잔 운동과 현대 복음주의를 중심으로," 『ACTS 신학저널』 38 (2018), 334.

10 최형근, "로잔 운동이 한국교회에 미친 영향에 관한 연구," 『ACTS 신학저널』 46 (2020), 388.

11 https://lausanne.org/content/covenant/lausanne-covenant, [2022. 2. 25. 접속].

12 1-3차 로잔대회 이외에 로잔 운동 내의 다른 회의들에서의 선교 개념에 관한 논의는 다음을 참조하라. 박보경, "로잔 운동에 나타난 전도와 사회적 책임의 관계," 9-43.

13 https://lausanne.org/our-legacy, [2022. 2. 25. 접속].

14 김승호, "복음 전도의 우선순위를 둔 총체적 선교의 필요성에 대한 고찰 - 로잔 운동과 현대 복음주의를 중심으로," 『ACTS 신학저널』 38 (2018), 327-53.

15 박보경, "로잔 운동에 나타난 전도와 사회적 책임의 관계," 9-43.

16 John R. W. Stott, Christopher J. H. Wright, 『선교란 무엇인가』 (서울: IVP, 2018).

17 조종남, "로잔 세계 복음화 운동의 선교신학 - 그리스도인의 사회참여에 관하여," 5-31.

18 박보경, "로잔 운동에 나타난 전도와 사회적 책임의 관계," 35 그리고 37. [ ]는 필자가 추가한 것임.

19 최형근, "제3차 로잔대회 케이프타운 서약의 특징과 의의," 117, 120.

20 안승오, "로잔 운동에 나타난 에큐메니컬 선교신학의 영향," 145.

21 박보경, "로잔 운동에 나타난 전도와 사회적 책임의 관계," 38.

22 위의 논문, 120-21, 143. [ ]는 필자가 추가한 것임.

23 John R. W. Stott, Christian Mission in the Modern World (Downers Grove: IVP, 1975). 이 책의 한글 번역은 다음과 같다. 김명혁 역, 『현대기독교 선교』 (서울: 성광문화사, 1981).

24 John R. W. Stott and Christopher J. H. Wright, 『선교란 무엇인가』.

25 위의 책, 18-22.

26 위의 책, 23-24.

27 위의 책, 28-29.

28 위의 책, 29-31.

29 위의 책, 31.

30 위의 책, 56.

31 위의 책, 44.

32 위의 책, 46; 라이트의 '선교적 해석학'과 '거대서사'에 관해서는 다음을 참조하라. 강아람, "내러티브 신학을 통한 21세기의 선교적 대응," 『선교와 신학』 49 (2019), 145-76.

33 위의 책, 49.

34 위의 책, 57.

35 위의 책, 56.

36 위의 책, 58-59.

37 위의 책, 63.

38 Christopher J. H. Wright, 『하나님의 선교』 (서울: IVP, 2010), 24.

39 위의 책, 61.

40 위의 책, 671-72.

41 Christopher J. H. Wright, 『하나님 백성의 선교』 (서울: IVP, 2012), 9, 19.

42 위의 책, 7, 31-393.

IV

—

삼위일체와 평화

제 4 부

08장

백충현, "삼위일체와 평화: '정의로운 평화'에 관한 삼위일체 신학적 고찰 – 세계교회협의회의 『정의로운 평화 동행』을 중심으로," 『신학사상』 200집 (2023년 봄), 147-70.

08장

삼위일체적 정의로운 평화

이 글은[1] 삼위일체적 정의로운 평화의 개념을 탐구한다. 평화는 인류의 역사에서 가장 중요한 주제이다. 그리고 평화는 교회의 역사에서도 가장 중요한 주제이며, 또한 수많은 침략과 전쟁을 겪었으며 오랫동안 남북으로 분단되어 온 한반도에서도 가장 중요한 주제이다. 하나의 예로 철학자 임마누엘 칸트도 평화를 주제로 책을 저술하였다.[2] 모든 인류가 평화의 삶을 희구할 정도로 현실의 삶 자체가 전쟁과 분열로 점철되어 있다. 현재 세계는 러시아의 침략으로 인한 우크라이나 전쟁으로 경제를 비롯한 온 세계의 삶이 흔들리는 상태이기에 평화에 대한 염원이 더욱 간절히 요청되고 있다.

평화에 관한 논의에서는 그동안 성전holy war, 정의로운 전쟁/정당 전쟁 just war,[3] 평화주의pacifism 등의 입장이 제시되었다.[4] 각각의 입장은 시대적 및 역사적 상황에 따라 약간씩 변형되어 나타났으며, 또한 각각의 상황에서 나름의 역할을 감당했다. 그런데 최근에는 정의로운 평화just peace에 관한 논의가 증대되고 있다. 이러한 논의는 평화를 강조하면서도 평화주의의 한계에 갇히지 않고 정의를 바탕으로 이루어지는 평화에 관해 다룬다.[5]

　20세기 후반 이후로 세계교회협의회 World Council of Churches, WCC 를 중심으로 '정의로운 평화' just peace 개념이 제시되어 논의되고 있다. 구체적으로 이 개념은 2011년 5월 17일부터 25일까지 자메이카 킹스턴에서 개최된 국제 에큐메니컬[6] 평화회의 International Ecumenical Peace Convocation, IEPC 에서 「정의로운 평화에 대한 에큐메니컬 선언」 An Ecumenical Call to Just Peace 을 통해 분명하게 발표되었다.[7] 이 문서에 대한 해설서로서 성서적, 신학적, 윤리적 성찰이 담긴 『정의로운 평화 동행』 Just Peace Companion 이 함께 출판되었다.[8] 그런 다음 이 문서는 2013년 10월 30일부터 11월 8일까지 한국 부산에서 개최된 세계교회협의회 제10차 총회에 제출되었으며, 또한 부산 총회에서는 이 내용이 반영된 「정의로운 평화의 길에 관한 성명서」 Statement on the Way of Just Peace 를 채택하였다.[9]

　이 글은 세계교회협의회의 「정의로운 평화에 대한 에큐메니컬 선언」에서 분명하게 드러난 '정의로운 평화' 개념을 다루되 삼위일체 신학적 관점에서 고찰하고자 한다. 이를 위해 이 문서의 해설서인 『정의로운 평화 동행』에서 나타난 삼위일체 하나님에 대한 이해를 분석하고 비판하고자 한다. 이를 통해 이 글은 '정의로운 평화' 개념은 삼위일체 신학적 관점에서 잘 이해될 수 있지만, 그런데도 『정의로운 평화 동행』에서 '정의로운 평화' 개념과 삼위일체 신학 사이의 연관성이 충분히 전개되지 못하고 있음을 주장한다.

　이 글의 이러한 작업은 '정의로운 평화' 개념을 삼위일체 신학적 관점으로 더 충분히 전개하도록 도전을 줄 수 있을 뿐만 아니라, 한국 사회와 한국교회에서 평화 또는 평화통일에 관한 담론을 한층 더 넓고 다양하고 풍성하게 만들어 줄 것이라고 기대한다. 그리고 이 글의 작업을 통해 앞으로 삼위일체 신학적으로 더 충분하게 전개되고 발전되는 '정의로운 평화'의 신학이 제시되어 세계 사회와 교회를 섬길 수 있기를 기대한다.

Ⅰ.
'정의로운 평화' 개념의 등장

'정의로운 평화' 개념은 20세기 후반 이후로 세계교회협의회를 중심으로 제시되고 논의되고 있는데 2011년 국제 에큐메니컬 평화회의에서 발표한 「정의로운 평화에 대한 에큐메니컬 선언」에서 분명하게 드러났고, 또한 이 문서의 해설서인 『정의로운 평화 동행』에서 상세하게 설명되었다. '정의로운 평화'에 관한 세계교회협의회에서의 논의들의 역사와 흐름에 관해서는 장윤재와[10] 김상덕에 의해 비교적 상세하게 다루어졌다.[11]

『정의로운 평화 동행』에 따르면, '정의로운 평화' 개념이 에큐메니컬 사고에서 처음 등장하기 시작한 것은 1941년 미국 그리스도교회 연방 협의회 Federal Council of Churches of Christ 가 설립한 정의롭고 지속가능한 평화위원회 Commission on a Just and Durable Peace 에서였다. 1985년에는 미국 그리스도연합교회 United Church of Christ 가 제15차 총회에서 자신들의 교회가 정의로운 평화교회임을 선언하는 성명서를 채택하였는데 여기에서 '정의로운 평화' 개념을 다루었다.[12]

안교성에 따르면, '정의로운 평화' 개념은 이미 1970년대부터 등장하였다. "왓슨 Jimmy R. Watson 에 의하면, 정의로운 평화라는 용어를 가장 먼저 사용한 학자는 스택하우스 Max Stackhouse, 1971년 이고, 가장 먼저 공식문서로 다룬

교회는 스코틀랜드[장로]교회 1975년 이다."[13] 영국에서는 1970년대 후반에 '정의로운 평화' 작업이 있었는데 이 작업에는 런던 그룹, 에든버러 그룹, 벨파스트 그룹이라는 세 그룹이 참여하였고, *A Just Peace: A Theological Exploration* 정의로운 평화: 하나의 신학적 탐구을 출판하였다.[14]

독일에서 '정의로운 평화' 개념을 발전시킨 이는 볼프강 후버 Wolfgang Huber 이다. 김성수에 따르면, 후버는 1990년대 초반부터 '정의로운 평화' *gerechter Friede* 의 윤리를 발전시켰다.[15] 그러나 후버 자신이 처음 사용한 개념은 아니다. 캐나다 밴쿠버에서 개최된 제6차 세계교회협의회 총회와 1989년 독일 드레스덴에서 개최된 에큐메니컬 총회에서의 '정의로운 평화' 개념이 "자신의 평화 윤리적 사고와 일치함을 확인한 후버는 이것을 적극적으로 수용, 발전시켰다."[16] 후버의 공헌에 관하여 김성수는 다음과 같이 정리한다.

> EKD[독일개신교회]의 공적 책임 위원회 *Kammer für öffentliche Verantwortung* 의 회원 1973-1994으로 활동하던 그는 이 위원회가 1994년 발간한 평화 문서인 『평화를 향한 발걸음』*Schritte auf dem Weg des Friedens* 에서 '정의로운 평화'의 기본 윤곽을 설명했고, 그가 EKD의 의장으로 선출된 후 2007년 발간한 평화 백서인 『하나님의 평화로부터의 삶 – 정의로운 평화의 보호』*Aus Gottes Frieden leben – für gerechten Frieden sorgen* 를 통해 이 개념의 특징을 이론적으로 체계화시켰다. 후버의 구상은 이후 독일 교회가 지향하는 기본 노선으로 자리 잡았다.[17]

『정의로운 평화 동행』에 따르면, 세계교회협의회 안에서 정의 및 평화는 지속적인 관심 주제이었는데 1983년 캐나다 밴쿠버에서 개최된 제6차 세계교회협의회 총회에서 정의와 평화를 아주 긴밀하게 다루었다. 여기에서 정의·평화·창조질서보전위원회 Justice, Peace and Integrity of Creation, JPIC 가 시작되었고 1990년 대한민국 서울에서 세계대회를 개최하였다.[18] 1989년 독일 드레스덴에서 개최된 에큐메니컬 총회는 정의로운 평화의 원칙의 신학을 발전시켜야 한다고 제안하였다.[19] 1994년 남아프리카공화국 요하네스버그에서 개최된 세계교회협의회 중앙위원회는 폭력 극복을 위한 프로그램을 만들고 그 목적을 '정의로운 평화의 문화'를 추구하는 것이라고 밝혔다. 1998년 짐바브웨 하라레에서 개최된 제8차 세계교회협의회 총회는 폭력 극복 10년Decade to Overcome Violence, DOV 프로그램을 요청하였고 이후 해당 프로그램은 2001년부터 2010년까지 '화해와 평화를 추구하는 교회'의 기치 아래 진행되었다. 이 프로그램이 종료된 이후인 2011년 자메이카 킹스턴에서 '하나님께는 영광, 땅에는 평화'라는 주제로 개최된 국제 에큐메니컬 평화회의는 「정의로운 평화에 대한 에큐메니컬 선언」을 발표하였다. 또한, 세계교회협의회는 2011년에 이 문서의 해설서인 『정의로운 평화 동행』을 출판하였다.[20] 그리고 2013년 대한민국 부산에서 '생명의 하나님, 정의와 평화로 우리를 인도하소서' God of Life, Lead Us to Justice and Peace 라는 주제로 개최된 세계교회협의회 제10차 총회에 이 문서를 제출하였다. 부산 총회는 이 문서의 내용이 반영된 「정의로운 평화의 길에 관한 성명서」를 채택하였다.[21]

II.
'정의로운 평화' 입장의 의미

「정의로운 평화에 대한 에큐메니컬 선언」은 평화 없는 정의는 불가능하며 정의 없는 평화 또한 불가능하다고 전제하고 양자는 '분리할 수 없는 동반자'임을 주장한다. 그리고 이러한 점을 추구하는 비전으로써 '정의로운 평화'는 '윤리적 실천의 근본적인 변화'를 의미한다고 주장한다.[22] 『정의로운 평화 동행』에 따르면, '정의로운 평화' 입장이 정의와 평화를 모두 추구한다고 해서 단지 '평화주의'와 '정당 전쟁' 이론을 화해시키려는 노력으로만 끝나지 않고 그것을 넘어선다고 말한다.[23] '정의로운 평화' 입장은 '신학과 기독교 윤리에서 근본적인 패러다임의 변화'를 의미하며 더 나아가 기존의 견해들인 '평화주의와 정당 전쟁론 사이의 오랜 논쟁을 넘어서는 것'을 의미한다고 주장한다.[24] 정당 전쟁론의 현대적인 입장으로는 라인홀드 니버의 기독교 현실주의Christian realism 가 있고, 평화주의에는 절대적 평화주의absolute pacifism 와 역사적 평화주의historical pacifism 가 있다.

'정의로운 평화' 입장은 평화주의와 정당 전쟁론이 "모두 역사적으로 발전하면서 변화된 역사적 상황에 대응했다."라고 말하면서 각각의 역사적 역할과 사명을 인정한다. 그러면서도 "두 전통 모두 자주 오해되고 잘못 전달되어, 진정한 기독교적 평화 전통으로써 그 타당성을 의심받았다."라고 지적하면서[25] 각각에 대해 다음과 같이 말한다.

> 역사적으로 주류 교회가 전쟁에 적극적으로 참여한 것을 고려할 때 – 십자군운동, 스페인의 국토회복운동, 폭력적인 남미침략, 16-17세기의 종교전쟁 – 정당 전쟁 전통은 전쟁과 정복행위, 적에 대한 고의적 살인에 대한 교회적·도덕적 정당성을 제공하는 것으로 (잘못) 전달되었다. 기독교 평화주의의 추종자들은 무력 사용을 통해 정의를 회복하는 노력에 참여하는 것을 거부하고 무저항의 태도로 물러서기 때문에, 철저하게 악한 세상에서 정의의 요구를 충분히 해결하지 못하는 것으로 (잘못) 비쳤다.[26]

그러기에 '정의로운 평화' 입장은 평화주의와 정당 전쟁론 모두 '정의와 평화를 증진하라는 기독교적인 소명을 현대적인 표현방식으로 응답하기를' 요청한다.[27]

그러므로 정당 전쟁론은 '너무 많은 전쟁을 장려하고 옹호하는 데 부당하게 사용'되지 말아야 하며, 평화주의는 '공적인 책임을 회피하는 데 대한 변명이 되거나 도시의 평화를 추구하라는 성서의 말씀을 저버리는 모습을' 보이지 말아야 한다. 따라서 "정의로운 평화를 위한 열정적인 노력은 우리에게 평화주의와 정당 전쟁의 진부한 범주를 초월하라고 요청하고 있다."[28] 이와 같은 '정의로운 평화' 입장에 대해 김상덕은 다음과 같이 종합적인 평가를 제시한다.

> 「정의로운 평화에 대한 에큐메니컬 선언」은 세계교회가 기독교 내부의 논쟁을 마무리하고 국제사회를 향하여 평화교회로서의 새로운 정체성과 실천의 방향을 공식적으로 알렸다는 의미가 있다. '정의로운 평화'는 이런 WCC의 새로운 방향성을 상징적으로 담고 있는 개념인 셈이다. 그러나 그것이 오랜 논쟁 자체를 멈추게 했다는 것은 아니다. 오히려 이 선언의 내용은 상당 부분 '역사적 평화교회'의 입장을 수용한 것으로 볼 수 있다. 나아가 과거 절대적 평화교회와 다른 점은 평화를 개인적이고 신앙고백적인 것으로 접근하지 않고 사회 구조적인 맥락에서 실천해야 하는 현실적인 문제로 접근한다는 것이다. 또한, 과거에는 기독교가 주체가 되어 전쟁과 평화의 문제를 고민하고 실행했다면 정의로운 평화는 교회가 시민사회의 일원으로서 다른 시민단체 및 종교들과 연대 문제를 다룬다는 점도 주목할 만하다.[29]

III.

'정의로운 평화'에 관한 삼위일체 신학적 분석과 비판

『정의로운 평화 동행』은 '정의로운 평화'의 비전의 성서적 및 신학적 근거는 구약성서의 샬롬*shalom*에 있으며, 또한 신약성서의 에이레네*eirene*에 있다고 여긴다. 샬롬에는 "온전함, 건전함, 행복, 평화"의 의미도 있지만 "정의*misphat* [미스파트], 의*tsedeq* [체데크], 또는 공의*tsedeqah* [체데카], 자비/공감*hesed* [헤세드], 진실함*emet* [에메트]"의 의미도 포함되어 있다고 이해한다. 그러기에 샬롬에는 평화와 정의가 함께 공존하는데, 여기에서 정의는 "공정한 심판과 정직을 의미하며 고통당하는 자에게 올바르고 정당한 것을 주고 공동체 내에서 올바른 관계를 수립하고 유지하는 것을 뜻한다."라고 이해한다.[30]

그러므로 '정의로운 평화'의 모습으로서의 샬롬의 핵심은 올바른 관계이다. '정의로운 평화'는 단지 "갈등과 전쟁이 없는 상태일 뿐만 아니라 하나님, 인류, 만물과의 모든 관계가 올바르게 설정되는 행복하고 조화로운 상태이다."[31] 이것의 핵심과 본질은 바로 '친교'*communion*이다. 이 단어는 라틴어로 코무니오*communio*이고 그리스어로는 코이노니아*koinonia*이며, 이 단어는 한국어로는 연합, 교제, 사귐 등으로 번역되기도 한다. 샬롬의 온전한 관계에는 세 가지 관계, 즉 하나님 자신 안에서의 관계, 하나님과 세계와의 관계, 그리고 하나님과 인간과의 관계가 있다. '정의로운 평화'는 이 모든 관계의 올바르고 조화로운 상태를 가리킨다.

반면에 『정의로운 평화 동행』에 따르면 온전한 관계의 상태로서의 샬롬의 반대는 폭력인데, 그 핵심은 관계를 깨트리는 것이다. "폭력은 타인의 생명을 위협할 뿐만 아니라 공동체와 창조세계에서 생명을 유지하는 관계를 파괴하는 악이 드러난 것이다." 그리고 폭력은 "하나님과의 공동체 안에서,

인간 서로와의 공동체 안에서, 창조세계와의 공동체 안에서 살아가라는 요구들에 대해 응답하지 못하는 죄악스러운 의도적 인간 행동의 결과이다."[32] 그러므로 폭력이 있는 곳에는 관계가 깨지고 평화가 상실된다. 거꾸로 말하자면 평화를 회복하고 누리기 위해서는 온전한 관계가 회복되고 세워져야 한다.

이제 '정의로운 평화'가 추구하는 세 가지 관계를 하나씩 살펴보자. 첫째, 하나님 자신 안에서의 관계는 『정의로운 평화 동행』에 따르면 '삼위일체 곧 성부, 성자, 성령의 친교communion', 더 구체적으로는 '삼위일체 하나님의 세 위격 사이의 사랑, 정의, 평화의 친교communion'이다. 창조주 성부 하나님은 세계의 구원을 위하여 성자인 자신의 독생자를 보냈으며 또한 해방자이며 생명의 시여자인 성령을 보내셨다. 이러한 삼위일체는 하나님을 정적으로가 아니라 역동적으로 이해하는 것으로서 창조와 구원과 성화를 '신적 친교 안에 있는 사랑의 위대한 운동'the great movement of love within the divine communion 으로 이해한다.[33]

> 이런 기초를 통해 우리는 이스라엘을 노예 상태에서 해방한 그 [성부] 하나님이 [성자] 예수 그리스도를 통해 인간의 형상으로 세상에 오셨고, 그 이후 계속 이 세상에 살면서 세상을 폭력에서 자유롭게 하며, 충만한 생명 — 모든 종교를 가진 사람과 만물 전체를 위해 — 으로 이끄는 [성령] 하나님과 동일한 분이라는 것을 이해하게 된다.[34]

이렇게 삼위일체를 성부와 성자와 성령의 친교communion로 파악하는 이해는 하나님에 대한 정적인 이해가 아니라 역동적인 이해임이 분명하다. 그러나 이러한 친교가 어떠한 것인지에 관해서는 성부와 성자와 성령 사이에서의 사랑과 정의와 평화의 관계라고 밝히는 것에 그치고 있다. 다시 말해,

세 위격 사이의 내적 관계에 대해서, 더 나아가 세 위격 안에서 사랑과 정의와 평화가 어떻게 내적으로 이루어지고 형성되는지는 다루지 않는다. 그 대신 세 위격 사이의 외적인 관계에 대해서, 즉 세계와 경륜적으로 맺는 관계에 대해서 주로 다룬다.

삼위일체에 관한 이들의 이해는, 이들이 내재적 삼위일체the immanent Trinity에 관한 관심보다는 경륜적 삼위일체the economic Trinity에 관한 관심에 더 많이 경도되어 있다는 사실을 방증한다. 다시 말해, 이들은 세 위격 사이의 친교communion 안에서의 사랑에 대해 내적으로 더 깊이 다루기보다는 그러한 사랑이 외적으로 어떻게 드러나는지만 주목한다는 것이다. 물론, 경륜적 삼위일체에 관한 관심은 한편으로는 삼위일체 하나님과 세계와의 역동적인 관계를 밀접하게 보여줄 수 있는 장점은 있으나, 다른 한편으로는 세계와 관계를 맺는 삼위일체 하나님 자신 안에서의 역동적인 관계 및 삼위일체 하나님 자신으로부터 유래하는 자유로운 은혜를 드러내기에는 어려움이 있다.[35]

내재적 삼위일체보다는 경륜적 삼위일체에 더 많은 관심을 보이는 것이 현대 신학의 주된 경향이기는 하다. 그렇더라도 경륜적 삼위일체의 근거와 토대가 견고하게 마련되지 않는다면 경륜적 삼위일체에 관한 관심이 쉽게 허물어질 수 있다. 세상의 여러 문제를 다루기 위해 먼저 경륜적 삼위일체에 더 많은 관심을 가질 수는 있지만, 그를 더 깊이 다루기 위해서는 경륜적 삼위일체와 내재적 삼위일체와의 관계에 관한 논의 및 내재적 삼위일체에 관한 논의가 필수적으로 이루어져야 한다.

둘째, 하나님과 세계와의 관계는 『정의로운 평화 동행』에 따르면 '사랑의 관계'라고 할 수 있다. 세계를 향한 삼위일체 하나님의 사랑이 있기 때문이다. 성부는 세계를 창조하시는 창조주이시며, 성자는 성부로부터 보냄을 받아 세계를 구원하시는 구원자이시며, 성령은 세계에 생명을 주시고 자유롭게 하시며 충만하게 하시는 완성자이시다. "삼위일체의 세 위격 사이 사랑의 관계는 부서진 세계를 유지하고 변화시키고 거룩하게 만드신다."[36] 이 것은 삼위일체 하나님과 세계 사이의 관계가 아주 밀접함을 드러낸다. 그래서 『정의로운 평화 동행』은 "삼위일체적 관점에서 볼 때 하나님과 창조세계는 서로 무한히 멀리 떨어져 있지 않다. 오히려 양자는 서로 매우 깊은 관계를 맺고 있다."라고 규정한다.[37]

삼위일체 하나님과 세계와의 이러한 관계는 하나님이 세계를 창조하신 후에 세계로부터 멀리 떨어져 존재한다고 주장하는 이신론deism은 전혀 아니다. 이를 가리켜 단순히 전통적인 용어인 유신론theism으로 표현할 수는 있지만 현대 신학에서 더 자주 사용되는 용어로 표현하자면 범재신론 또는 만유재신론panentheism이라고 할 수 있다. 물론 같은 범재신론 안에도 다양한 입장들의 스펙트럼이 존재한다. 과정신학의 범재신론도 있고, 과학신학자 이안 바버처럼 과정신학을 될 수 있는 대로 수용하면서도 약간의 우려를 제기하는 범재신론도 있으며, 또한 과학신학자 존 폴킹혼처럼 과정신학과는 어느 정도 거리를 두고자 하는 범재신론도 있다.[38] 이렇듯, 하나님과 세계와의 관계에 대한 여러 신학적 논의가 존재하고 있다.

그런데 『정의로운 평화 동행』은 삼위일체 하나님과 세계와의 관계의 특성에 관해 더 면밀하게 다루고 있지 않다. 하나님과 세계 사이의 긴밀한 관계를 제시하기 위해서는 이러한 관계가 구체적으로 어떠한 것인지 더 많이 논의될 필요가 있다. 그러한 논의나 고민 없이 삼위일체와 세계와의 경륜적인 관계만 기초로 하여 '정의로운 평화' 개념을 제시하고 전개하고 있는 그들의 주장은 아주 단순하고 소박해 보인다. 이들을 위해 제안하자면, 삼위일체와 세계와의 관계를 더 깊이 다루었던 대표적인 신학자들로는 볼프하르트 판넨베르크,[39] 콜린 건튼,[40] 앨리스터 맥그래스[41] 등이 있는데, '정의로운 평화' 개념이 삼위일체 신학적 관점에서 더 탄탄한 기초를 마련하고자 한다면 현대 삼위일체 신학에서 삼위일체와 세계와의 관계를 다루는 신학적 논의들을 바탕으로 그 관계의 특성에 관해 더 면밀하게 다룰 필요가 있다.

셋째, 하나님과 인간과의 관계에 관해서는 『정의로운 평화 동행』에 따르면 인간이 하나님의 형상the image of God으로 창조되었다는 점에서 양자 사이에 구체적인 연관성이 드러난다. "인간은 하나님과의 공동체 안에서 및 인간 서로와의 공동체 안에서 삶을 나누도록 하나님의 형상으로 창조되었다."[42] 그러기에 인간은 하나님과의 관계에서 신적 친교divine communion에 참여할 수 있다. 특히, 인간은 그리스도 안에서 '이 신적 친교에 **참여하는**'participate in this divine communion 관계를 맺는다. 이를 통해 성부 하나님은 성자 예수 그리스도를 통해 및 성령의 권능 안에서 평화와 정의의 통치를 수립한다.[43]

이러한 관계는 교회를 통해 더 집중적으로 드러나는데 교회는 삼위일체신학의 관점으로 이해될 수 있다. 교회는 '하나님의 백성'the people of God이며 '그리스도의 몸'the body of Christ이고 '성령의 전'the temple of the Holy Spirit이기 때문이다. 그리고 교회의 근본적인 모습은 삼위일체 하나님의 본질적인 모습에 근원을 두는 '친교'communion이기 때문이다. 이러한 모습이 반영되는 하나의 예는 교회의 성찬으로서 삼위일체와 밀접하게 관련되어 있다. 성찬은 성부 하나님이 그리스도와 성령을 통해 세상과 어떻게 화해하시는지를 기억하고 재현하기 때문이다.[44]

『정의로운 평화 동행』은 삼위일체와 교회와의 관계, 삼위일체와 인간과의 관계, 또는 삼위일체와 사회와의 관계에 대해 더 면밀하게 다루지 않는다. 이는 『정의로운 평화 동행』 자체가 현실 세계의 문제들을 다루고자 하는 데에 더욱 많은 관심이 있는 것 때문으로 보이며, 그러한 관심은 지극히 당연하다. 하지만, 그러한 관심에서 시작하여 현실에서의 문제들을 해결하고자 한다면 삼위일체에 관해, 또한 삼위일체와 교회, 인간, 사회 각각과의 관계에 관해 더 상세한 논의가 필요하다. 『정의로운 평화 동행』은 이러한 논의 없이 단지 교회가 '정의로운 평화'와 관련하여 당위적으로 어떤 모습이어야 하는지를 기술하고 있을 뿐이다.

> 성령이 거하고 행동하는 장소인 교회는 본질적으로 예언자적 특성을 갖는다. 교회는 세상을 위한 하나님의 뜻을 분별하여 선포하고, 그 뜻이 어떻게 구체적인 행동을 통해 드러나는지 보여주는 특별한 소명을 가진다. 그에 따라 교회는 불의에 대항하여 말하고, 평화를 주장하고, 억압당하는 사람과 연대하고, 피해자들과 동행하도록 요청받는다.[45]

삼위일체와 교회 또는 사회와의 관계에 관한 주제를 삼위일체 신학적 관점에서 상세하게 다루었던 대표적인 신학자들로는 미로슬라프 볼프,[46] 레오나르도 보프[47] 등이 있다. '정의로운 평화' 개념이 삼위일체 신학적 관점에서 교회, 인간, 사회와의 관계에서 더 탄탄한 기초를 마련하고자 한다면 이러한 신학자들의 논의들을 참고하여 이 관계의 특성을 더 면밀하게 다룰 필요가 있다고 보인다.

위에서 살펴보았듯이 '정의로운 평화' 개념이 가진 비전의 토대가 되는 샬롬의 온전한 관계란 곧 하나님 자신 안에서의 관계, 하나님과 세계와의 관계, 하나님과 인간과의 관계인데, 이러한 관계의 핵심과 본질은 바로 친교communion이며 연합과 교제와 사귐이다. 2013년 부산에서 개최된 세계교회협의회 제10차 총회에서 채택한 「정의로운 평화의 길에 관한 성명서」에는 '정의로운 평화' 개념이 반영되어 있으며 이를 삼위일체 신학과 관련하여 다음과 같이 정리하여 고백하였다.

> 다 함께 우리는 [성부] 하나님을, 즉 모든 생명의 창조주를 믿습니다.
> … 다 함께 우리는 [성자] 예수 그리스도를, 즉 평화의 왕을 믿습니다.

… 다 함께 우리는 성령을, 즉 모든 생명의 시여자 및 지탱자를 믿습니다. … 삼위일체 하나님 the Triune God께서 시간의 종말에 모든 창조세계를 완전하게 하시고 완성하실 것임을 성령이 우리에게 확신시켜 줍니다. 여기에서 우리는 정의와 평화를 약속 및 선물로서 – 즉 미래를 위한 소망과 현재 여기에서의 선물로서 인식합니다. …

다 함께 우리는 교회가 일치로 부름받음을 믿습니다. 그러므로 우리는 교회들이 정의롭고 평화로운 공동체들이어야 함을, 즉 다른 교회들과 화해된 공동체들이어야 함을 인정합니다. 우리는 하나님의 평화에 토대를 두고 그리스도의 화해 사역을 통해 힘을 얻습니다. 그러기에 우리는 '가정과 교회와 사회에서 및 국제적 차원에서의 정치적, 사회적, 경제적 구조들에서 화해 및 정의로운 평화의 행위자들이' 될 수 있습니다.[48]

위에서 언급하였듯이 평화는 인류의 역사에서 및 교회의 역사에서 가장 중요한 주제이다. 또한, 수많은 침략과 전쟁을 겪었고 오랫동안 남북으로 분단되어 온 한반도에서도 가장 중요한 주제이다. 현재 세계는 러시아의 침략으로 인한 우크라이나 전쟁으로 경제를 비롯한 온 세계의 삶이 흔들리고 있다. 그러기에 평화에 대한 염원이 더욱 간절히 요청되는 때이다.

이 글에서는 세계교회협의회의 「정의로운 평화에 대한 에큐메니컬 선언」에서 분명하게 드러난 '정의로운 평화' 개념을 다루되 삼위일체 신학적 관점에서 분석하고 비판하였다. 이를 위해 이 문서의 해설서인 『정의로운 평화 동행』이 '정의로운 평화' 개념과 관련하여 삼위일체 하나님을 어떻게 이해하고 있는지를 중점적으로 고찰하였다. 이러한 작업을 통해 본 논문은 '정의로운 평화' 개념이 삼위일체 신학적 관점에서 잘 이해될 수 있지만, 그런데도 『정의로운 평화 동행』에서 '정의로운 평화' 개념과 삼위일체 신학 사이의 연관성이 충분히 전개되지 못하고 있음에 주목하였다.

구체적으로 『정의로운 평화 동행』에서 '정의로운 평화'의 비전의 모습으로서 샬롬의 핵심은 곧 올바른 관계이다. 삼위일체 하나님과 세계와 인간 사이의 모든 관계가 올바르게 형성되는 온전하고 조화로운 상태이며 이것의 핵심과 본질은 친교이며 연합과 교제와 사귐이다. 샬롬의 온전한 관계에는 세 가지 관계, 즉 삼위일체 하나님 자신 안에서의 관계, 삼위일체 하나님과 세계와의 관계, 그리고 삼위일체 하나님과 인간 또는 교회와의 관계가 있다.

하지만 『정의로운 평화 동행』에서는 첫째와 관련하여 삼위일체의 위격 사이의 내적인 관계에 대해서, 즉 세 위격 안에서 사랑과 정의와 평화가 어떻게 내적으로 이루어지고 형성되는지에 대해서 자세히 다루지 않는다. 그대신 세 위격의 외적인 경륜적 관계에 대해서 주로 다룬다. 둘째와 관련하여 『정의로운 평화 동행』은 삼위일체 하나님과 세계와의 관계는 사랑의 관계이지만 이러한 관계의 특성에 관해서는 더 면밀하게 다루지는 않고 아주 단순하고 소박한 진술만 제시한다. 그리고 셋째와 관련하여 『정의로운 평화 동행』은 삼위일체와 교회와의 관계, 삼위일체와 인간과의 관계, 또는 삼위일체와 사회와의 관계에 대해 더 면밀하게 다루지는 않는다. 다만 교회가 '정의로운 평화'와 관련하여 당위적으로 어떤 모습이어야 하는지를 기술할 뿐이다. 그러기에 '정의로운 평화' 개념을 더욱 탄탄하게 제시하기 위해서는 삼위일체에 관한 더 폭넓고 더 깊은 논의와 탐구가 필요하다고 보인다. 그럴 때 '정의로운 평화'가 성서적으로 및 신학적으로 탄탄할 뿐만 아니라 현실 세계의 문제를 다루는 데에 있어서 더욱더 적실하다고 보인다.

『정의로운 평화 동행』에서 '정의로운 평화' 개념과 삼위일체 신학 사이의 연관성이 충분히 전개되지 못하고 있음을 살펴보았지만, 그런데도 '정의로운 평화' 개념은 기존의 전통적인 입장들, 즉 성전, 정의로운 전쟁/정당 전쟁, 평화주의 등의 입장들을 넘어설 가능성을 보여준다.[49] 그러기에 이 글에서의 작업은 '정의로운 평화' 개념을 삼위일체 신학적 관점으로 더 충분히 전개하도록 도전을 줄 수 있을 뿐만 아니라, 한국 사회 및 한국교회에서의 평화 또는 평화통일에 관한 담론을 한층 더 넓고 다양하고 풍성하게 만들어 줄 것이라고 기대한다. 그리고 이 글의 작업을 통해 앞으로 삼위일체 신학적으로 더 충분하게 전개되고 발전되는 '정의로운 평화'의 신학이 제시되어 세계 사회와 교회를 섬길 수 있기를 기대한다.

1 백충현, "삼위일체와 평화: '정의로운 평화'에 관한 삼위일체 신학적 고찰 - 세계교회협의회의 『정의로운 평화 동행』을 중심으로," 『신학사상』 200집 (2023년 봄), 147-70.

2 Immanuel Kant, *Zum ewigen Frieden: Ein philosophischer Entwurf*, 이한구 역, 『영원한 평화를 위하여』 (서울: 서광사, 1992).

3 이 글에서는 just war에 대한 번역어로 '정의로운 전쟁'이라는 표현을 사용하지만, 이 글이 인용하는 논문이나 책에서 '정당 전쟁'으로 번역되어 있다면 인용문 그대로 사용하고 또한 글의 문맥상 필요하다면 '정당 전쟁'이라는 표현을 사용한다.

4 박도현, 『정의로운 전쟁과 평화주의』 (서울: 예영커뮤니케이션, 2010); "정의로운 전쟁론에 대한 소고 - 라인홀드 니버의 기독교 현실주의를 중심으로," 『기독교사회윤리』 52권 (2022. 4), 177-203; 안지훈, "정의로운 전쟁이론의 현대적 계승과 발전 - 롤즈의 『만민법』을 중심으로," 『평화연구』 29-2권 (2021. 10), 71-104; 최양석, "전쟁과 폭력 - 정의로운 전쟁은 가능한가?," 『가톨릭철학』 7권 (2005), 449-70; John H. Yoder, *The Original Revolution: Essays on Christian Pacifism*, 김기현, 전남식 역, 『근원적 혁명 - 기독교 평화주의에 대한 에세이』 (대전: 대장간, 2011); John H. Yoder, *Nonviolence, A Brief History*, 채충원 역, 『비폭력 평화주의의 역사 - 예수와 비폭력 해방』 (대전: 대장간, 2015).

5 Daniel Philpott, *Just and Unjust Peace: An Ethic of Political Reconciliation* (Oxford: Oxford University Press, 2012). 한국에서 정의로운 평화에 관한 논의는 일찍이 1985년 『기독교사상』에서 다루어진 적이 있다. 오충일, "정의로운 평화를 위한 한국교회의 과제," 『기독교사상』 320권 (1985. 2), 60-70; 코시 마태, "군축과 정의로운 평화의 모색," 『기독교사상』 320권 (1985. 2), 71-77. 그렇지만 한국에서의 본격적인 논의는 최근래부터이다. 강원돈, "정의로운 평화와 '민에 의한 통일': 심원 안병무 선생의 통일이론," 『신학사상』 155권 (2011년 겨울), 141-71; 박성철, "니콜라스 월터스 토프의 정의론에 관한 연구," 『성경과 신학』 87권 (2018. 10), 165-92; 김성수, "인권과 평화를 위한 교회의 책임 - 볼프강 후버의 정의로운 평화의 윤리 연구," 『기독교사회윤리』 44권 (2019. 7), 199-221; 김상덕, "정의로운 평화(Just Peace) 개념의 이론적 고찰 - 세계교회협의회(WCC) 논의를 중심으로," 『한국기독교신학논총』 124권 (2022. 4), 169-202; 김상덕, "제2장 정의로운 평화," 서보혁, 강혁민 역, 『평화개념 연구』 (서울: 모시는사람들, 2022), 51-82. 『평화개념 연구』는 평화에 관한 9가지 개념들을 연구하는데, 즉 적극적 평화, 정의로운 평화, 안정적 평화, 양질의 평화, 포스트자유주의 평화, 해방적 평화, 일상적 평화, 경합적 평화, 통일평화를 다룬다.

6 이 글에서는 ecumenical을 '에큐메니컬'로 표기한다.

7 https://www.oikoumene.org/resources/documents/ecumenical-call-to-just-peace, [2023. 1. 30. 접속].

8 World Council of Churches, *Just Peace Companion* (Geneva: WCC Publications, 2011). 이 책의 한국어 번역판은 다음과 같다. 기독교평화센터 편역, 『정의로운 평화 동행』 (서울: 대한기독교서회, 2011). 이후 『정의로운 평화 동행』으로 표기함. 본 논문에서는 이 책의 번역을 될 수 있는 대로 그대로 사용하지만, 내용을 더 분명히 드러낼 수 있다면 필자 자신의 직접적인 번역을 사용한다.

9 https://www.oikoumene.org/resources/documents/statement-on-the-way-of-just-peace, [2023. 1. 30. 접속].

10 장윤재, "WCC 평화 신학의 이해와 비판," 『신학사상』 167권 (2014년 겨울), 145-82.

11 김상덕, "정의로운 평화(Just Peace) 개념의 이론적 고찰 - 세계교회협의회(WCC) 논의를 중심으로," 『한국기독교신학논총』 124권 (2022. 4), 169-202. 이 논문은 이후 다음과 같이 출판되었다. 김상덕, "제2장 정의로운 평화," 서보혁, 강혁민 역, 『평화개념 연구』 (서울: 모시는사람들, 2022), 51-82.

12 『정의로운 평화 동행』, 29.

13 안교성, "한국기독교의 평화 담론의 유형과 발전에 관한 연구 - 동북아시아의 지역적 맥락을 중심으로," 『장신논단』 49-1 (2017. 3), 213. 스코틀랜드에서는 1970년대 후반에 '정의로운 평화' 작업이 있었다.

14 Peter Matheson, *A Just Peace: A Theological Exploration* (New York: Friendship Press, 1981). 이 책은 본래 북아일랜드에서 1979년 *Profile of Love: Towards a Theology of the Just Peace* 라는 제목으로 출판되었다.

15 김성수, "인권과 평화를 위한 교회의 책임 - 볼프강 후버의 정의로운 평화의 윤리 연구," 202.

IV. 삼위일체와 평화

8장. 삼위일체적 정의로운 평화 **167**

16 위의 책, 206-207.

17 위의 책, 207. [ ]는 필자가 추가한 것임.

18 『정의로운 평화 동행』, 64-65.

19 위의 책, 29.

20 위의 책, 65-67.

21 https://www.oikoumene.org/resources/documents/statement-on-the-way-of-just-peace, [2023. 1. 30. 접속].

22 『정의로운 평화 동행』, 13-14.

23 위의 책, 59,

24 위의 책, 101.

25 위의 책, 103-104.

26 위의 책, 104.

27 위의 책, 104.

28 위의 책, 109-11.

29 김상덕, "정의로운 평화(Just Peace) 개념의 이론적 고찰," 179.

30 『정의로운 평화 동행』, 30. [ ]는 필자가 추가한 것임.

31 위의 책, 33.

32 위의 책, 50.

33 위의 책, 35-36.

34 위의 책, 36. [ ]는 필자가 추가한 것임.

35 내재적 삼위일체(the immanent Trinity)와 경륜적 삼위일체(the economic Trinity) 사이의 관계에 관한 현대 삼위일체 신학에서의 논의들에 관해서는 다음의 책을 참조하라. 백충현, 『내재적 삼위일체와 경륜적 삼위일체 - 현대 삼위일체 신학에 대한 신학·철학의 융합적 분석』(서울: 새물결플러스, 2015). 이 책은 박사학위 논문을 출판한 다음의 영어책을 한국어로 번역한 것이다. Chung-Hyun Baik, *The Holy Trinity - God for God and God for Us: Seven Positions on the Immanent-Economic Trinity Relation in Contemporary Trinitatian Theology* (Eugene: Pickwick Publications, 2011).

36 『정의로운 평화 동행』, 63.

37 위의 책, 36.

38 이안 바버와 존 폴킹혼 등의 입장에 관해서는 다음의 책들을 참조하라. 윤철호, 김효석 책임편집, 『기포드 강연을 중심으로 신학과 과학의 만남』(서울: 새물결플러스, 2021); 『빅 히스토리 관점에서 본 기포드 강연 - 신학과 과학의 만남 2』(서울: 새물결플러스, 2022).

39 이용주, "자연과학과 신학의 대화에 대한 신학적·비판적 접근 - 폴킹혼의 비판적 실재론을 중심으로," 『한국기독교신학논총』 70 (2017. 7), 157-85.

40 Colin E. Gunton, *The Triune Creator: A Historical and Systematic Study* (Grand Rapids: Wm. B. Eerdmans Publishing Company, 1998).

41 Alister E. McGrath, *Re-Imagining Nature: The Promise of a Christian Natural Theology* (Oxford: Wiley Blackwell, 2017).

42 『정의로운 평화 동행』, 45.

43 위의 책, 36-37.

44 위의 책, 37.

45 위의 책, 38.

46 Miroslav Volf, *After Our Likeness: The Church as the Image of the Trinity*, 황은영 역, 『삼위일체와 교회 - 하나님의 형상으로서 교회에 대한 가톨릭·동방정교회·개신교적 이해를 찾아서』(서울: 새물결플러

스, 2012).

Leonardo Boff, *Trinity and Society*, 이세형 역, 『삼위일체와 사회』(서울: 대한기독교서회, 2011).

https://www.oikoumene.org/resources/documents/statement-on-the-way-of-just-peace, [2023. 1. 20. 접속]. [ ]는 필자가 추가한 것임.

김상덕, "정의로운 평화(Just Peace) 개념의 이론적 고찰," 192; 김명배, "한국교회 통일운동의 역사와 그 신학·사상적 배경에 관한 연구," 『기독교사회윤리』 27권 (2013. 12), 159-95.

V

—

삼위일체와 과학

제 5 부

09장

백충현, "종교/신학과 과학과의 풍성한 만남에 기여하는 기포드 강좌의 시도들 – 바버, 미즐리, 브룩 & 칸토어를 중심으로," 『대학과 선교』 45집 (2020. 9), 293-316. 이 논문은 일부 수정되어 다음의 책에 실려 있다. 윤철호, 김효석 책임편집, 『신학과 과학의 만남 – 기포드 강연을 중심으로』(서울: 새물결플러스, 2021), 113-28.

10장

백충현, "기포드강좌에서의 '자연'의 재구성을 위한 시도들 – 바버, 미즐리, 브룩 & 칸토어를 중심으로," 『대학과 선교』 49집 (2021. 9), 7-29. 이 논문은 일부 수정되어 다음의 책에 실려 있다. 윤철호, 김효석 책임편집, 『신학과 과학의 만남 2 – 빅 히스토리 관점에서 본 기포드 강연』(서울: 새물결플러스, 2022), 73-94.

11장

백충현, "기포드강좌에서의 새로운 자연관이 신학에 미치는 함의 연구 – 바버, 미즐리, 브룩 & 칸토어를 중심으로," 『신학과 사회』 36권 3호 (2022. 8), 97-120. 이 논문은 일부 수정되어 다음의 책에 실려 있다. 윤철호, 김효석 책임편집, 『신학과 과학의 만남 3 – 21세기 기독교 자연신학』(서울: 새물결플러스, 2023), 43-63.

12장

백충현, "삼위일체와 과학 – 존 폴킹혼의 과학신학에서의 하나님 및 세계 이해," 『신학과 사회』 37권 2호 (2023. 5), 111-36.

09장

신학과 과학의 풍성한 만남

이 글은[1] 오늘날 아주 활발하고 풍성하게 진행되고 있는 '종교와 과학' 또는 '신학과 과학'에 관한 논의를 다룬다. 이러한 논의는 또한 기존의 신학적 논의에 직간접적으로 다양하게 영향을 미치고 있다. 이와 같은 의미 있는 변화를 일으킨 데에는 여러 요인이 있지만, 그 중 중요한 하나의 요인은 바로 기포드 강좌The Gifford Lectures이다. 아담 기포드 경Lord Adam Gifford, 1820-1887이 스코틀랜드의 네 대학, 즉 에든버러Edinburgh, 글래스고Glasgow, 세인트앤드루스St. Andrews, 애버딘Aberdeen 대학교에 기증한 유산으로부터의 후원으로 1888년 첫 번째 강좌가 개최되었고, 그 이후로 거의 매년 개최되어 현재까지 250명 이상의 학자들이 강연하였다.[2]

그런데 주목할 점은 100년 이상 지속하여 온 이 강좌의 목적이 "가장 넓은 의미의 자연신학natural theology, 즉 하나님에 관한 지식the knowledge of God"에 대한 연구를 증진하고 확산시키는 것"이라는 사실이다.[3] 여기에서 가장 넓은 의미의 '자연신학'natural theology은 신학계에서 흔히 사용되고 있는 협소한 의미의 '자연신학'natural theology과는 같지 않다. 오히려 전자는 후자보다 훨씬 더 폭넓은 개념이다. 이 강좌의 목적과 관련하여 래리 위담Larry Witham은 기포드 강좌가 "과학science에 관한 활발하고 지속적인 토론을 고무시켰으며, 또한 '하나님 또는 무한자God or the Infinite에 대한 인간의 개념에 관한 모든 질문'을 고무시켰다."라고 평가한다. 이 강좌를 담당한 학자들의 과제는 '하나님에 관한 질문을 엄밀하게 자연과학으로써'question on God 'as a strictly natural science' 다루는 것이다. 그래서 위담은 기포드 강좌는 '자연과학natural science이 성서 종교biblical religion를 본격적으로 만났던 것'을 볼 수 있게 해주는 창문이 되었다고 정리한다.[4]

이런 점을 고려하면, 기포드 강좌가 오늘날의 '종교와 과학' 또는 '신학과 과학'에 관한 아주 활발하고 풍성한 논의를 가능하게 하였던 결정적인 요인 중의 하나임이 분명하다.[5] 이 글은 지난 130여년 동안의 모든 강연을 직접 다루지는 못한다. 다만, 종교와 과학 또는 신학과 과학과의 풍성한 만남에 이바지한 여러 중요한 시도를 선별하여 집중적으로 분석하고자 한다. 특히, 공동연구 프로젝트의 하나로 시도되는 이 논문은 이안 바버Ian G. Barbour, 메리 미즐리Mary Midgley, 그리고 존 헤들리 브룩John Hedley Brooke과 제프리 칸토어Jeffrey Cantor를 살펴보고자 한다. 이 글을 통해 우리는 종교와 과학 또는 신학과 과학에 관하여 풍성하고 다양한 통찰을 얻을 수 있을 것이며, 또한 이것은 오늘날 사람들이 양자의 관계를 새롭게 생각해볼 수 있는 귀한 도움을 제공할 것이다. 특히, 대학교 수업 현장에서는 학생들에게 새로운 시각을 열어줄 것이다.[6]

I.

이안 바버

이안 바버 Ian G. Barbour, 1923-2013 는 애버딘대학교 University of Aberdeen 에서 1989년-1990년에 〈Religion in an Age of Science〉과학 시대의 종교 라는 제목의 강연을 하였고, 1990-1991년에는 〈Ethics in an Age of Technology〉 기술 시대의 윤리 라는 제목의 강연을 하였다. 이 강연들은 각각 동일한 제목의 책으로 출판되었다.[7] 바버는 1923년 중국 베이징에서 태어났고 어린 시절을 중국, 미국, 영국에서 보냈다. 미국 스워스모어대학 Swarthmore College 에서 물리학을 전공하였고 이후 시카고대학교에서 공부하여 1950년에 물리학 전공으로 박사학위 Ph.D. 를 받았다. 또한, 1956년 예일대학교 신학대학원에서 신학사학위 Bachelor of Divinity 를 받았다. 물리학자이면서 신학자인 바버는 과학과 종교와의 대화에, 또는 과학과 신학과의 대화에 많은 관심이 있으며, 과학자들과 신학자들과의 대화에 많이 참여하였다. 칼라마주대학 Kalamazoo College 에서 물리학을 가르쳤고, 칼턴대학 Carleton College 에서 물리학과 종교학을 가르쳤으며 이후 이 대학에서 명예교수가 되었다. 종교와 과학의 대화에 관한 공헌으로 1999년 템플턴 상을 받았다.[8]

기포드 강좌의 첫 번째 강연에서 바버는 과학이 종교에 제시하는 도전을 검토하였고, 두 번째 강연에서는 기술이 윤리에 제시하는 도전을 검토하였다. 첫 번째 강연에서 바버는 종교에 도전을 제기하는 과학 시대의 다섯 가지 특징들로 ① 과학적 방법의 성공, ② 자연에 대한 새로운 시각, ③ 신학을 위한 새로운 상황특히, 인간론과 창조론, ④ 국제화 시대에서의 종교 다원주의, ⑤ 기술이 지닌 애매한 힘권력을 제시하였다.[9] 그리고 두 번째 강연에서 윤리에 도전을 제기하는 기술 시대를 검토하면서 ① 먼 시간/공간에서의 영향,

② 비용/혜택의 불공평한 분배, ③ 경제적 및 정치적 권력의 집중, ④ 조작적 태도, ⑤ 기술의 방향 재설정 필요, ⑥ 새로운 가치 우선순위들과 좋은 삶에 대한 비전의 필요를 논의하였다.[10]

바버의 가장 큰 공헌은 종교/신학과 과학과의 관계를 네 유형 즉, ① 갈등conflict, ② 독립independence, ③ 대화dialogue, ④ 통합integration 의 관계들로 정리하여 제시하였다는 점이다. 이러한 유형론적 접근은 예일 신학의 학문적 영향이라고 여길 수 있는데, 이를 통하여 바버는 종교/신학과 과학 사이에 단지 갈등이나 충돌만 있었던 것이 아니라 여러 다양한 관계들이 있음을 보여주었다. 이러한 유형론적 접근 자체가 종교/신학과 과학의 관계에 관한 논의를 아주 풍성하게 진행되도록 만들었다.[11]

바버의 유형론적 분석에 따르면, ① 갈등의 예로는 과학적 유물론과 성서적 문자주의가 있다. ② 독립의 예로는 신정통주의, 실존주의, 언어분석철학이 있다. ③ 대화의 예로는 토랜스, 판넨베르그, 라너, 트레이시 등이 있다. 그리고 ④ 통합의 예로는 자연신학natural theology, 자연의 신학a theology of nature, 조직적 종합systematic synthesis, 일례로 과정철학이 있다.[12] 대화의 유형이 학문의 영역boundary과 방법method에 관련된 것이라면, 통합의 유형은 각 학문의 내용content과 관련된 것이다. 바버 자신의 견해는 간접적인 상호작용을 의미하는 대화의 유형을 지지하는 것이다. 또한, 바버는 직접적인 상호작용을 의미하는 통합의 유형 중에서 일부 형태들을 몇몇 제한조건 아래에서 지지하는데, 구체적으로 자연의 신학에 기본적으로 동의하면서 또한 과정철학을 신중하게 사용하고자 한다. 자연신학에서처럼 과학에 과도하게 의존하는 것과 과정철학에서처럼 과학에 과도하게 의존하는 것은 자칫 종교적으로 가장 중요한 경험영역을 무시할 수 있다고 바버는 염려하기 때문이다. 이러한 유형론적 분류와 분석을 통해 바버는 종교와 과학과의 관계에 관한 논의의 전체 지형도를 제시하면서, 동시에 이를 바탕으로 양자 사이의 상호

작용을 추구하는 데에 크게 이바지하였다.

바버에 따르면, 대화의 유형에서의 주된 작업은 ⓐ 종교/과학 영역에 관한 질문boundary questions과 ⓑ 종교/과학의 방법적 유사점methodological parallels을 다루는 것이다. 첫째, 전자와 관련하여 바버는 그리스 사상과 성서 모두 세계가 질서정연하며 또한 이해될 수 있다고 여기지만, 그리스 사상이 세계의 질서가 필연적necessary이라고 여기지만, 성서는 세계의 질서가 우발적contingent이라고 여긴다. 여기에서 우발적이라는 용어는 하나님이 세계를 창조하셨다면, 그 창조된 세계가 반드시 현재의 모습일 필요는 없음을, 그러므로 인간이 세계를 더 잘 연구해야 함을 의미한다. 또한, 성서는 자연 그 자체가 신적이라고 여기지 않기에 자연의 '탈신성화'desacralization를 주장한다. 이러한 성서의 사상이 과학의 연구를 고무시켰다고 바버는 판단한다. 일례로 칼뱅의 개신교 윤리가 과학을 지지하였고, 그래서 왕립학회 가장 초기 10명의 회원 중 7명이 청교도였고 이 중 많은 이들이 성직자였다고 바버는 설명한다.[13]

둘째, 후자와 관련하여 바버는 종교 및 과학 분야들에서의 방법적 유사점에 주목한다. 여기에서 바버는 객관과 주관을 날카롭게 대조시키는 실증주의 철학, 즉 과학은 객관적objective이고 종교는 주관적subjective이라는 이분법이 의문시되었음을 강조하면서, 둘 사이의 구별은 있지만 절대적이지 않다고 주장한다. 종교의 자료는 종교 경험, 의식, 경전이지만 이것들은 개념적 해석에 매우 심히 준거하고laden 있는데, 과학의 자료들조차 이론에 준거한 것이지theory-laden 이론과 무관한 것이theory-free 아님을 강조한다. 종교의 믿음을 연구할 때에도 과학에서의 탐구 정신이 필요하다. 그러므로 종교/과학의 기본적인 구조자료-이론는 유사한 것이고, 객관적이라고 여겨지던 과학적 사실 역시도 완전한 확실성certainty이라고 볼 수 없는 것이다. 즉, 종교든 과학이든, 모든 이해는 역사적인 조건 하에서 이루어진다고 보아야 한

다.[14]

물론, 바버는 대화의 유형이 지닌 몇 가지 문제점을 지적한다. 첫째, 둘 사이의 유사점에 주목하여 차이점을 간과할 수 있다. 둘째, 종교의 독특한 특징을 최소화하여 종교를 지적인 체계로만 여김으로써 삶의 방식으로써의 종교를 왜곡할 수 있다. 그리고 종교적 믿음을 항상 신앙공동체의 삶과 개인의 변화 정황 속에서 보아야 하는데 이런 태도가 간과될 수 있다. 셋째, 방법론에 관한 논의는 과학철학자와 종교철학자에게는 더 흥미로울 수 있지만, 과학자와 신학자에게는 그러지 않을 수 있다. 그래서 바버는 방법론에 관한 논의조차 과학 공동체와 종교 공동체 안에서 제대로 다루어질 수 있음에 유의해야 한다고 주장한다.[15]

바버의 논의에서 우리가 가장 크게 주목할 점은 종교/신학과 과학 모두에서 모형model과 패러다임paradigm이 중요한 역할을 하고 있다는 점이다. 자료에서 이론으로 직접적으로 나아가지 않고, 중간에 창조적 상상력이 작동하는데 여기에서 개념적/이론적 모형이 어떤 역할을 한다. 예를 들면, 보어의 원자 모형Bohr model of the atom이 과학의 연구에서 어떤 역할을 한다. 여기에서 모형은 유비적이며 이론의 확장에 기여는 어떤 정신적 그림 또는 이미지이다. 그리고 모형은 추상적 상징체계이다. 『은유 신학』Metaphorical Theology의 저자 샐리 맥페이그를 따라서 바버는 모형이 체계적이며 상대적으로 영속적인 메타포metaphor, 즉 비유 또는 은유라고 여긴다.[16] 이런 점에서 모형은 문자적으로 여겨질 수 없고, 관찰될 수 없는 것을 상상하기 위한 제한적인 방식으로 사용된다. 모형에 관한 바버의 이러한 입장은 비판적 실재론critical realism에 근거하는데, 이것은 고전적 실재론classical realism이나 도구주의instrumentalism와 다르다.

바버는 『과학혁명의 구조』The Structure of Scientific Revolutions의 저자 토머스 쿤을 따라서 패러다임을 "개념적 및 방법론적 가정들의 집합을 구체화하는 과학적 활동의 표준적인 예들"이라고 여긴다.[17] 그래서 모든 자료는 패러다임-의존적임을 강조한다. 쿤에 의하면 패러다임은 일정 기간 반증falsification 되지 않다가 더 유망한 대안적 패러다임이 생겨날 때 대체된다. 패러다임의 기준조차 패러다임-의존적인데, 그렇다고 자의적이거나 비합리적인 것은 아니다. 이와 같은 논의에 대한 결론으로 바버는 종교/신학과 과학 사이에 많은 유사점이 존재한다는 사실에 주목하는데, 자료-이론 사이의 상호작용 또는 경험-해석 사이의 상호작용, 해석하는 공동체의 역사적 특성, 모형의 사용, 패러다임의 영향 등이라고 주장한다.

　이와 같은 논의들을 통하여 바버는 과학 시대에 종교/신학의 자리가 무엇인지를 탐구하고, 역사적 전통과 현대 과학에 모두 응답하는 기독교를 제시하고자 한다. 정확하게 표현하자면, 기독교에 대한 적합한 해석을 제시하고자 한다. 그래서 과학자인 그는 자신의 기포드 강연에서 물리학, 천문학, 진화생물학 등과 많은 대화를 시도하였다. 과연 어떤 해석이 과학 시대에 종교의 자리를 확보해주고, 전통과 현대 과학에 모두 진지하게 응답할 것인가? 이와 관련하여 바버는 자신의 논의를 바탕으로 하나님-세계 또는 신-자연 사이의 관계에 관한 여러 신학적 입장들을 정리하고 각각이 제시하는 모형들을 분석한다. ① 고전적 유신론classical theism은 군주왕-왕국 모형을 제시한다. ② 이신론deism은 시계공-시계 모형을 제시한다. ③ 신 토마스주의 신학은 장인-도구또는 이중행위 모형을 제시한다. ④ 케노시스 신학은 신의 자발적 제한과 상처 가능성을 인정하는 부모-자녀 모형을 제시한다. ⑤ 실존주의 신학은 특정한 모형은 없지만, 인격적 대화를 강조하기에 비인격적 영역과의 분리를 초래한다. ⑥ 언어 분석적 신학은 행위자-행위 모형을 제시한다. ⑦ 신의 내재성을 강조하는 신학은 세계가 하나님의 몸이라는 모형을 제시한다. ⑧ 과정사상과 과정신학은 신을 우주공동체의 창조적 참여자교사, 리더, 또는 부모로 여기는 모형을 제시한다.[18]

위와 같은 모형은 각각 나름대로 강점과 약점을 지니고 있다고 바버는 말한다. 그렇더라도 바버가 선호하는 모형은 무엇인가? 비판적 실재론에 따르면, 모든 모형은 제한적이고 부분적이기에 실재에 대한 완전한 또는 충분한 그림을 제시하지 못한다. 세계는 다양하고, 각 모형은 세계에 대한 각각 다른 측면을 더 잘 표현해낼 수 있다. 그러기에 하나의 모형만이 우월하다고 할 수는 없다. 그런데도, 바버는 다른 모형에 비해 과정사상 또는 과정신학 모형에서 약점들이 가장 적은 것처럼 보인다고 말함으로써 이 모형을 선호한다.[19]

정리하면, 바버는 종교/신학과 과학과의 관계를 네 유형으로 나누어 논의하면서 종교/신학과 과학 모두가 모형이나 패러다임에 근거하고 있으며, 상호 간의 방법론적 유사점들이 있음을 보여주었다. 이를 통하여 종교/신학과 과학 사이의 만남을 풍성하게 하였다. 그의 강연이 있은 지 30여 년이 지난 오늘날 종교/신학과 과학과의 관계에 관한 논의를 하고자 한다면, 바버의 선구적인 작업을 먼저 자세히 검토하고 계승하여 발전시킬 필요가 있다.

II.
메리 미즐리

메리 미즐리Mary Midgley, 1919-2018는 기포드 강좌에 초대되어 1990년 봄 에든버러대학교University of Edinburgh에서 〈Science and Salvation〉과학과 구원이라는 제목으로 강연을 하였고, 또한 책 역시 동일한 제목으로 출판되었다.[20] 미즐리는 런던에서 태어나 케임브리지 등에서 자라면서 고전학과 철학에 관심을 가졌다. 옥스퍼드 소머빌대학교Somerville College에서 공부하였고, 이후 레딩대학교Reading University와 뉴캐슬대학교University of Newcastle에서 철학을 가르쳤다. 미즐리는 논리실증주의와 언어철학에 의해 주도되는 당대의 철학이 일상의 삶과 문제들과는 점점 더 분리되었음을 지적하였고, 또한 철학 대신에 과학이 과학 본연의 자리를 넘어서서 삶의 의미와 지혜를 제공하려고 하고 있음을 비판하였다. 그래서 미즐리는 과학에 대해 신랄한 비판을 제기하는 '과학을 비판하는 비평가'science critic로 알려지게 되었다.[21]

　'과학과 구원'이라는 제목은 매우 도발적인 질문, 즉 "과학이 구원을 주는가?"라는 매우 도발적인 질문을 떠올리게 한다. 이 질문에 대한 미즐리의 대답은 부정적이다. 미즐리에 따르면, 인간이 학문이나 과학을 통하여 구원에 이를 수 있다는 생각이 고대로부터 오랫동안 강력하였다. 예를 들면, 17세기 근대과학이 생겨날 때 그러한 생각은 당연하였다. 자연/세계를 신의 창조물로 여기면서 자연을 연구하는 것은 신의 영광을 기념하는 방식 중의 하나이었고 이러한 기념은 또한 영혼의 마땅한 운명이며 인간 삶의 의미라고 이해되었다. 하지만, 미즐리에 따르면, 그러한 생각은 현대에서 상당히 혼란스러운 상태에 있다. 그래서 미즐리는 오늘날 아카데미아의 연구는 전혀 구원을 제시하지 못한다고 단언하며, 그러기에 삶의 의미를 간절히 추구하는 사람들이 학술지들을 이용할 것이라고는 기대할 수 없다고 말한다. 여기에서 미즐리가 사용하는 '구원'salvation이라는 용어는 인간에게 삶의 의미를 주는 것을 의미한다.[22]

　미즐리에 따르면, 19세기 말에 과학과 종교가 불가피하게 충돌하였고 과학이 종교가 틀렸음을 입증하였으며 그래서 과학이 종교를 이겼다는 생각이 오늘날 매우 널리 퍼져 있다. 이러한 충돌의 발생은 한편으로는 종교가 물리적 사실들을 확립한다고 주장함으로써 과학의 일을 하고자 하기 때문이기도 하고, 다른 한편으로는 과학이 사람들이 살아갈 수 있는 신앙faith

을 제공해주는 일을 하고자 하기 때문이기도 하다.[23] 과학이 종교를 이겼다는 생각은 객관성objectivity에 대한 잘못된 이해에 근거한다. 데카르트처럼 세계를 정신과 물질, 주체와 객체로 구분하게 되면, 인간은 순수주체로 여겨지고 물리 세계인 자연은 순수객관으로 여겨진다. 그리고 객관성에 대한 이런 생각은 과학자들이 객관적으로 되도록, 그리고 자연이 객관적이라고 믿도록 한다.[24] 그러다 보니 과학 안에서 객관성에 대한 과도한 확신적 및 무비판적 허세가 일어나고, 이로 인하여 인간과 자연 세계와의 관계에 대한 왜곡들이 초래된다고 미즐리는 주장한다. 그러나 미즐리는 인간 주체가 모든 자연 과정들 밖이나 위에 있다고 여기는 생각은 사실적이지 않다고 강조한다.

기포드 강연에서 미즐리는 우리가 심리적 요소psychological factors에 관심을 기울이도록 한다. 동기부여, 종합적인 세계-그림world-pictures, 신화, 드라마, 판타지 등과 같은 심리적 요소들이 우리의 모든 지적 활동의 상상 배경을 형성하기 때문이다.[25] 미즐리의 분석에 따르면, 지식이란 별도로 독립된 현상이 아니며 신뢰를 통해서 가능하게 되고, 우리가 신뢰하는 것에 대한 선택을 통해서 이루어진다. 근대과학의 거대한 성취조차 물리적 세계를 신뢰하고자 하는 혁명적 결정에 따라서 나온 것이지만, 또한 우리 안에 있는 능력들을 신뢰하는 것을 포함한다. 우리 안의 능력들은 회의적, 비판적, 방법론적이면서, 동시에 물리적 세계를 향해 있는 신뢰의 행위이다. 그리고 이러한 신뢰의 행위는 명시적으로 종교적인 신뢰이다. 창조주를 신뢰하기 때문에 우리는 창조물을 신뢰할 수 있다.[26]

그러므로 미즐리에 따르면 과학은 홀로 이루어지지 않는다. 우리가 아주 많은 다른 놀라운 것들, 즉, 외부세계의 존재를 믿지 않는다면, 우리의 감각과 기억과 정보제공자를 신뢰하지 않는다면, 우리는 과학의 명제를 믿을 수 없다. 다시 말해 우리가 이러한 것들을 믿는다면, 과학의 세계보다 훨씬 더 넓은 세계가 우리에게 있는 것이다. 우리가 믿어야 하는 가장 중요한 것은 다른 사람들의 존재이다. 그렇지 않다면, 그들이 우리에게 주는 증언은 무가치할 것이다. 그리고 세계는 수축할 것이다. 단지 과학의 지평으로 수축하는 것이 아니라, 현재 우리의 의식의 세계로 수축할 것이다. 과학자들이 없다면 과학은 있을 수가 없다.[27]

정리하면, 종교/신학과 과학 사이의 충돌이나 갈등에 대한 미즐리의 분석은 결국 과학이, 그것도 순수하게 객관적이라고 자처하는 과학이 실제로는 삶의 의미를 제공하는 철학 또는 종교/신학의 역할을 대신하려고 하므로 생겨남을 보여준다. 그러나 그러한 순수객관적인 과학은 존재할 수 없다. 이런 점에서 과도하게 신뢰되고 있는 무비판적인 과학에 대한 비판이 필요하며, 동시에 삶의 의미를 제공하지 못하고 있는 철학 또는 종교에 대한 재검토가 필요하다. 이러한 작업을 수행함에서 있어서 미즐리가 아주 중요하게 여기는 것은 바로 인간 자신을 제대로 이해하는 것이다. 즉, 인간이 자연과 사회와 세계 속에서 사는 것은 진공 속에서 사는 것이 아니라 어떤 상상적 심리적 세계 속에서 사는 것이다. 즉, 나름의 종합적인 세계-그림, 신화, 드라마, 판타지 속에서 사는 것이며, 이러한 배경에서 모든 지적 활동의 상상이 이루어진다. 그러기 때문에 미즐리는 종교/신학과 과학과의 논의를 한층 더 발전시키기 위해서는 바로 이러한 점에 더욱 관심을 가져야 한다고 촉구한다. 이런 점에서 미즐리의 철학적 논의는 종교/신학과 과학의 풍성한 만남에 크게 이바지하고 있다고 평가할 수 있고, 미즐리의 분석을 앞으로의 연구에서 충분히 활용하고 적용할 필요가 있다.

III.

존 헤들리 브룩 & 제프리 칸토어

존 헤들리 브룩John Hedley Brooke, 1944-현재과 제프리 칸토어 Jeffrey Cantor, 1943-현재
는 기포드 강좌에 함께 초대되어 1995-1996년에 글래스고대학교 Glasgow
University에서 〈Reconstructing Nature〉자연의 재구성이라는 제목으로 강연하였
고, 또한 동일한 제목의 책을 출판했다.[28] 브룩은 랭커스터대학교 Lancaster Uni-
versity에서 과학사를 가르쳤으며 1999년부터는 옥스퍼드대학교로 옮겨서
종교와 과학 이안램지센터 Ian Ramsey Center for Science & Religion의 소장을 역임하였
다. 또한, 학술지 *British Journal for the History of Science* 영국과학사저널의
편집장과 영국과학사학회British Society for the History of Science의 회장을 역임하였
다.[29]

칸토어는 리즈대학교University of Leeds에서 과학사를 가르쳤고, 과학과종
교국제학회 International Society for Science and Religion의 위원과 학술지 *Studies in
History and Philosophy of Science* 역사 및 과학 철학 연구의 편집위원을 역임하
였다. 과학과 종교 분야 중에서도 퀘이커교와 과학의 관계, 그리고 유대교
와 과학의 관계에 관하여 많은 관심이 있다.[30]

브룩과 칸토어는 과학사, 즉 과학의 역사를 전공하였기에 종교와 과학
의 관계에 관한 논의에서 역사적 접근의 필요성을 강조하면서도, 둘 사이의
관계에 관한 어떤 분명한 입장들을 제시하지는 않으려 한다. 즉, 거대담론
master-narrative 또는 메타담론meta-narrative을 피하고 오히려 많은 작은 이야기들
을 들려주어야 한다고 주장한다. 그래서 브룩과 칸토어는 최근의 역사적 연
구에서 채택된 여러 접근법을 정리하여 제시한다. 이들에 따르면, ① 지역
적 상황들을 고려하는 상황적 접근Contextual Approach, ② 신학이 과학 안에서

어떤 기능을 하고 있는지, 또는 과학이 신학 안에서 어떤 기능을 하고 있는지에 주목하는 기능적 접근Functional Approach, ③ 양자의 관계에 관한 주장들이 표현되는 언어에 대해 연구를 하는 언어적 접근Linguistic Approach, ④ 특정 개인들의 전기에 관심을 가지는 전기적 접근Biographical Approach, ⑤ 종교와 과학의 이론보다는 실천에 관심을 가지는 실천적 접근Practical Approach 이 있다.[31]

　　브룩과 칸토어에 따르면, 이러한 역사적 연구에서의 접근들이 주는 효과들이 있다. 첫째, 종교/신학과 과학과의 관계에 관한 논의에서 그동안 제시된 판에 박힌 틀에서 벗어날 수 있도록 돕는다. 둘째, '종교/신학' 또는 '과학' 각각의 용어를 무차별적으로 사용하지 않도록, 즉, 각각에 대한 본질주의적 입장essentialism 에 빠지지 않도록 한다. 과학이나 종교 각각에 대한 정의 자체가 매우 다양하므로, 이러한 접근은 각각의 논의가 어떤 과학 또는 어떤 종교를 가리키는지를 볼 수 있도록 하며, 또한 종교 또는 과학 각각의 다면적이고 진행 과정적인 측면들을 볼 수 있도록 한다. 셋째, 우리가 역사와 거리를 둘 수 없음을, 즉 우리가 동일한 흐름 속의 한 부분임을 알도록 돕는다.[32]

　　그런데 우리가 브룩과 칸토어의 논의에서 가장 주목할 점이 있다. 그들에 따르면, 종교/신학과 과학과의 관계에 관한 역사적 연구의 접근들을 통해 더더욱 명확해지는 점은 자연nature 이 재구성reconstruction 된다는 사실이다. 뉴턴조차도 사실은 자연을 재구성한 창의적 사상가 중의 한 사람이라고 그들은 간주한다. 그들의 분석에 따르면, 예술에서처럼 과학에서도 자연이 재구성될 때에 자연이 관념화 또는 이상화idealization 의 과정을 통하여 파악되고 이해된다고 주장한다.[33] 즉, 인간이 있는 그대로의 자연을 만나는 것이 아니라는 점을 분명히 하였다.

　　더 나아가서, 브룩과 칸토어의 논의에서 우리가 더더욱 주목할 점은 자연이 관념화 또는 이상화를 통하여 재구성되는 과정에서 종교/신학과 과학

뿐만 아니라 미학aesthetics이 어떤 역할을 한다는 사실이다. 여기서 그들이 의미하는 미학은 아름다움beauty과 고상함elegance에 대한 바람과 탐구를 가리킨다. 그들에 따르면, 미에 대한 갈망은 과학적 작업의 중심에 종종 있었다. 미에 관한 이론이 때로는 환상으로 치부되어 버려지기도 하지만, 예기치 않은 미가 드러나는 이론으로 대체될 뿐이다. 미에 대한 탐구는 항상 있었고 과학적 탐구와 이론들의 구성을 규정하여 왔다. 과학적 창의성에서 이런 심미적 요소들을 드러냄으로써 과학에 대한 무지한 또는 비공감적인 인식을 교정할 수 있다고 그들은 주장한다.[34]

정리하면, 브룩과 칸토어는 종교와 과학과의 관계에 관한 논의에서 역사적 연구에서의 여러 접근법을 제시한다. 그러면서 자연이 관념화 또는 이상화의 과정을 통해 재구성된다는 점을 분명하게 강조하며, 이 과정에서 미학이 어떤 역할을 하고 있음에 주목한다. 이러한 역사적 연구의 여러 관점에서 브룩과 칸토어는 종교/신학과 과학과의 관계에 관한 바버의 유형론에서 만약 네 유형이 서로 배타적이라면 문제점이 있다고 주장한다.[35] 브룩과 칸토어의 역사적 연구에서의 여러 접근과 특히 미학적 또는 심미적 관점에서의 접근은 종교/신학과 과학과의 관계에 관한 논의를, 그리고 자연에 대한 이해를 아주 풍성하게 하여 줄 것이기에 앞으로의 연구에서 깊이 다루어질 필요가 있다.

이 글에서는 오늘날 아주 활발하게 진행되고 있는 '종교와 과학' 또는 '신학과 과학'에 관한 논의에 큰 영향을 끼친 기포드 강좌 중에서 양자 사이의 풍성한 만남에 이바지한 중요한 시도로써 바버, 미즐리, 그리고 브룩과 칸토어의 논의를 살펴보았다. 이 글에서 다루는 학자들이 각각 다른 시기와 지역과 전공과 분야에서 활동하였기 때문에 하나의 동일한 학파에 속하거나 하나의 동일한 입장을 제시하는 것은 아니다. 그리고 이들이 기포드 강좌의 수많은 강연과 그것들을 발표한 학자를 대표하지는 않으나, 이들의 논의는 공통적으로 종교/신학과 과학의 관계에 관한 논의를 아주 풍성한 만남이 되도록 크게 이바지하였다.

첫째, 물리학자인 바버는 종교/신학과 과학과의 관계를 네 유형으로 나누어 논의하면서 과학에서의 자료들조차도 이론에 준거한 것이며 과학으로 들여다보고 있는 자연조차도 모형 또는 패러다임을 통한 것이라는 점을 드러내었다. 그러기에 17-18세기에 주요한 입장으로 제시된 뉴턴식의 기계주의적 자연관은, 즉 자연을 인간과 독립된 하나의 객관적 기계로 여기는 견해는 더 설 자리가 없다. 또한, 여기에 기반을 둔 고전적 실재론classical realism, 결정론determinism, 환원론reductionism 또한 설득력을 상실하였으며, 자연에 대한 조작적 및 착취적인 인간의 태도 또한 근원적으로 잘못된 것이다.[36] 이와 같은 전제에 기반을 두어 종교/신학과 과학 사이의 갈등이나 충돌을 주장하는 태도는 더더욱 설득력이 없는 것이다. 그러기에 갈등이나 충돌 이외의 다른 유형의 관계에 관한 논의가 필수적으로 요청되며, 이를 통하여 우리는 양자의 관계를 더 풍성하고도 다양하게 다룰 수 있다.

둘째, 철학자인 미즐리는 과학이 객관성에 대해 과도하게 확신하고 있으며 무비판적 허세가 있음을 지적하고 그 한계들을 비판한다. 주체와 객체로 순전히 구분될 수 있는 것이 아님을 강조하면서, 심리적 요소들, 즉 종합적인 세계-그림, 신화, 드라마, 판타지 등과 같은 심리적 요소들이 인간의 지적 활동의 상상 배경을 형성함을 주장한다. 이러한 점들을 분명하게 드러냄으로써 미즐리는 종교/신학과 과학과의 관계에 관한 논의를 한층 더 발전시킬 수 있었다.

셋째, 과학사 학자들인 브룩과 칸토어는 역사적 연구에서의 여러 접근을 제시함으로써 종교/신학과 과학과의 관계에 관한 연구를 다양하게 열어놓았을 뿐만 아니라, 더 나아가서 이러한 연구들을 통하여 자연이 관념화 또는 이상화의 과정을 통해 재구성되는 것임을 보여주었다. 그래서 이 과정에서는 종교/신학과 과학뿐만 아니라, 아름다움과 고상함에 대한 바람이나 탐구를 다루는 미학까지도 어느 정도로 작동하고 있음을 보여주었다. 이를 통하여 이들은 종교/신학과 과학과의 관계에 관한 연구를 한층 더 풍성하게 만들어주었다.

이와 같은 점들을 고려할 때에, 우리는 알리스터 맥그라스가 '자연을 재–상상하는 것' Re-imaging Nature [37]이 우리에게 먼저 요구되는 것이라고 말하였다는 점을 상기할 필요가 있다. 그런데, 과연 자연을 어떻게 재–상상할 것인가? 여기에 대한 대답의 방향을 찾는 작업은 지금까지 '종교와 과학' 또는 '신학과 과학'에 관하여 이루어진 논의들을 전반적으로 검토하면서 비판적으로 및 발전적으로 수용하는 것을 통해서 한 걸음 더 나아갈 수 있으리라고 기대되며, 4차 산업혁명과 같은 새로운 발전에 맞는 시각을 제시하여 줄 수 있을 것이다.[38] 그러기에 이에 관한 앞으로의 심화한 연구가 요청된다.

1 백충현, "종교/신학과 과학과의 풍성한 만남에 기여하는 기포드 강좌의 시도들- 바버, 미즐리, 브룩& 칸토어를 중심으로," 『대학과 선교』 45집 (2020. 9), 293-316. 이 논문은 2019년 대한민국 교육부와 한국연구재단의 지원을 받아 수행된 연구임(NRF 2019S1A5A2A03034618). 이 논문은 일부 수정되어 다음의 책에 실려 있다. 윤철호, 김효석 책임편집, 『신학과 과학의 만남 - 기포드 강연을 중심으로』(서울: 새물결플러스, 2021), 113-28.

2 Larry Witham, The Measure of God: History's Greatest Minds Wrestle with Reconciling Science and Religion (New York: HarperCollins Publishers, 2005), 3. 이후 The Measure of God으로 표기함.

3 "The Gifford Lectures," https://www.giffordlectures.org, [2020. 7. 10. 접속].

4 Larry Witham, The Measure of God, 1-2.

5 현재 한국에서는 기포드 강좌에 관한 연구가 연구책임자 윤철호를 중심으로 조직신학자, 철학자, 과학자 등으로 구성된 총 12명의 학자에 의하여 한국연구재단 일반공동연구 프로젝트로 2019년 7월부터 2022년 6월까지 3년간 계획으로 진행되고 있다. 이 연구를 통하여 그동안 기포드 강좌에서 다루어진 자연신학에 관한 내용이 정리되고 분석될 것이며, 또한 앞으로 21세기 자연신학을 새롭게 모색하는 데에 크게 기여할 것이라고 기대된다. 한국연구재단(NRF) 2019년도 일반공동연구지원사업"기포드 강좌 연구를 통한 21세기 자연신학의 모색: 신학-철학-과학의 학제 간 연구(An Envisionment of 21st Century Natural Theology Based on the Investigation of Gifford Lectures: An Interdisciplinary Study of Theology-Philosophy-Natural Science)."

6 주만성, "기독교 과목의 변증적 교수법," 『대학과 선교』 1권 (2000. 2), 140-79.

7 Ian G. Barbour, Religion in an Age of Science (New York: HarperCollins, 1990); Ethics in an Age of Technology (New York: HarperCollins, 1993).

8 https://www.giffordlectures.org/lecturers/ian-g-barbour, [2020. 7. 10. 접속]. 기포드 강좌의 강연들 이외에 바버의 대표적인 저서들로는 Issues in Science and Religion (1966); Science and Religion: New Perspectives on the Dialogue (1968); Myths, Models and Paradigms: The Nature of Scientific and Religious Language (1974); Technology, Environment, and Human Values (1980); Religion and Science: Historical and Contemporary Issues (1997); When Science Meets Religion (2000); Nature, Human Nature, and God (2002) 등이 있다.

9 Ian G. Barbour, Religion in an Age of Science, xiiv-xv.

10 Ian G. Barbour, Ethics in an Age of Technology, xv-xvii.

11 Daniel L. Migliore, Faith Seeking Understanding: An Introduction to Christian Theology, 신옥수, 백충현 역, 『기독교조직신학개론 - 이해를 추구하는 신앙』, 개정 3판 (서울: 새물결플러스, 2016), 208.

12 Ian G. Barbour, Religion in an Age of Science, 3-30.

13 위의 책, 16-20. 칼뱅에 관하여는 다음의 논문을 참조하라. 천사무엘, "칼빈의 성서해석과 자연과학," 『대학과 선교』 11권 (2006. 12), 241-65.

14 Ian G. Barbour, Religion in an Age of Science, 20-23.

15 위의 책, 23.

16 Sallie McFague, Metaphorical Theology: Models of God in Religious Language, 정애성 역, 『은유 신학 - 종교 언어와 하느님 모델』(서울: 다산글방, 2001).

17 Thomas S. Kuhn, The Structure of Scientific Revolutions, 김명자 역, 『과학혁명의 구조』(서울: 까치, 2013).

18 Ian G. Barbour, Religion in an Age of Science, 244.

19 위의 책, 270.

20 Mary Midgley, Science and Salvation: A Modern Myth and Its Meaning (London: Routledge, 1992).

21 https://www.giffordlectures.org/lecturers/mary-midgley, [2020. 7. 10. 접속]. 기포드 강좌의 강연 이외에 미즐리의 대표적인 저서들로는 Evolution as a Religion: Strange Hopes and Stranger Fears (1985), Heart and Mind: The Varieties of Moral Experience (1985), Science and Poetry (2002) 등이 있다.

22 Mary Midgley, Science and Salvation: A Modern Myth and Its Meaning, 1-2.

23 위의 책, 51-57.

24 위의 책, 47-50.

25 위의 책, 15, 96-97.

26 위의 책, 100-101.

27 위의 책, 108.

28 John Hedley Brooke and Jeffrey Cantor, *Reconstructing Nature: The Engagement of Science and Religion* (Oxford: Oxford University Press, 1998).

29 https://www.giffordlectures.org/lecturers/john-hedley-brooke, [2020. 7. 10. 접속]. 기포드 강좌의 강연 이외에 브룩의 주요 저서들로는 *Science & Religion: Some Historical Perspectives* (1991), *Heterodoxy in Early Modern Science and Religion* (2005) 등이 있다.

30 https://www.giffordlectures.org/lecturers/geoffrey-cantor, [2020. 7. 10. 접속]. 기포드 강좌의 강연 이외 칸토어의 주요 저서들로는 *Michael Faraday - Sandemanian and Scientist: A Study of Science and Religion in the Nineteenth Century* (1991), *Jewish Tradition and the Challenge of Darwinism* (2006) 등이 있다.

31 John Hedley Brooke and Jeffrey Cantor, *Reconstructing Nature: The Engagement of Science and Religion*, 22-34.

32 위의 책, 34-37.

33 위의 책, 5-6.

34 위의 책, 207-13.

35 위의 책, 276.

36 Ian G. Barbour, *Religion in an Age of Science*, 95-96; *Ethics in an Age of Technology*, 57-58.

37 Alister E. McGrath, *Re-Imagining Nature: The Promise of a Christian Natural Theology* (Oxford: Wiley Blackwell, 2017), 181-83.

38 송용섭, "제4차 산업혁명 시대의 융합적 교회 모델," 『대학과 선교』 36권 (2018. 4), 7-38.

10장

자연의 재구성을 위한 시도들

이 글은[1] 한국연구재단 일반공동연구로 진행되고 있는 기포드 강좌에 관한 2년차 연구로서 '자연'의 재구성을 위한 시도들을 다룬다. 지난 1년차 의 연구는 종교/신학과 과학과의 풍성한 만남에 이바지하는 작업을 이안 바버 Ian G. Barbour, 1923-2013, 메리 미즐리 Mary Midgley, 1919-2018, 존 헤들리 브룩 John Hedley Brooke, 1944-현재 & 제프리 칸토어 Geoffrey Cantor, 1943-현재를 중심으로 살펴보 았다.[2] 그리고 1년차 연구의 결과로 공동연구에 참여하는 연구원 전체가 신 학과 과학의 만남을 위한 기포드 강좌의 시도들을 알리기 위한 소개서로 『기포드 강연을 중심으로 신학과 과학의 만남』을 출판하였다.[3]

1년차 연구를 바탕으로 하되 2년차에 시도되는 연구 주제는 '자연'의 재구성을 위한 시도들이다. 그러한 시도들을 분석하면서 논리적으로 자연 스럽게 필요한 경우 1년차의 내용을 다시 소개하며 이를 토대로 논의를 더 진전시켜 나갈 수 있다. 특히, 오늘날에는 빅 히스토리가 소개되면서 '자연'

에 대한 기존의 이미지 또는 이해가 크게 변화될 것을 요청하고 있다. 빅 히스토리는 데이비드 크리스천David Christian과 밥 베인Bob Bain의 책 『빅 히스토리』Big History에서 상세하게 정리된 거대사에 관한 이야기로서 최근에 널리 소개되고 다루어지고 있다.[4] 특히, 빌 게이츠Bill Gates가 지원하는 프로젝트로서 유명하다.[5]

빅 히스토리로 표현되는 거대사 개념은 138억 년의 타임라인 안에서 8가지 임계국면을 설정하여 설명한다. 첫째는 138억 년 전의 빅뱅이고, 둘째는 135억 년 전의 별의 출현이고, 셋째는 135억 년 전의 새로운 원소의 출현이고, 넷째는 45억 년 전의 태양계와 지구의 형성이고, 다섯째는 38억 년 전의 지구상의 생명체 출현이고, 여섯째는 20만 년 전 출현한 호모 사피엔스의 집단학습 시작이며, 일곱째는 1만 1천 년 전의 농경의 시작이며, 여덟째는 250년 전의 근대 산업혁명을 가리킨다.[6] 빅 히스토리에서 다루어지는 상세한 내용은 그 자체로 과학에서의 많은 발견과 관찰에, 또는 이론에 근거한 자료에 기반을 두고 있다.

그리고 이러한 내용은 오늘날 우리에게 '자연'에 대한 기존의 이미지 또는 이해가 크게 변화될 것을 요청하고 있다. 그렇다면 '자연'에 대한 이미지 또는 이해가 어떻게 변화되어야 할 것인가? 즉, 빅 히스토리라는 거대사 안에서 어떻게 '자연'을 새롭게 이해할 것인가? 여기에 대한 답은 분명하게 보일 수도 있지만, 사실 그렇게 단순한 것은 아니다. 그러기에 1888년부터 현재까지 100년 이상 '가장 넓은 의미의 자연신학Natural Theology'[7]을 주제로 진행되고 있는 기포드 강좌에서 '자연'의 재구성을 위한 시도들을 집중적으로 살펴보고자 한다.

이 글은 종교/신학과 과학의 만남에서 시도된 '자연'의 재구성을 집중적으로 다루되 빅 히스토리 자체를 세밀하게 다루지는 않고, 다만 기포드 강좌에서 바버, 미즐리, 브룩 & 칸토어에게서 '자연'에 대한 이해 및 이미지가 어떻게 새롭게 형성되고 제안되는지를 집중적으로 다루고자 한다. 특히, 기존에 개념화된 '자연'을 탈개념화하면서 동시에 새로운 시대에 맞추어 '자연'을 재구성하는 데에 있어서 어떤 점이 중요하게 작동하는지를 집중적으로 다루고자 한다.

이러한 연구는 대학 교육에서 및 대학에서의 선교에서 '자연'에 대한 이해가 어떻게 변화되어야 하는지에 관한 많은 함의를 제공하여 줄 것이며, 이러한 함의들을 바탕으로 대학 교육 및 대학 선교가 이루어질 때 더욱 효과적인 만남이 이루어질 수 있으리라 기대한다.

I.

이안 바버: 비판적 실재론에 근거한 '자연'에 대한 모형 model / 패러다임 paradigm

물리학자이면서 동시에 신학자인 바버는 두 해 연속으로 기포드 강좌에 참여하였다. 첫 번째는 1989년-1990년에 ⟨Religion in an Age of Science⟩ 과학 시대에서의 종교 라는 제목으로, 그리고 두 번째는 1990-1991년에 ⟨Ethics in an Age of Technology⟩ 기술 시대에서의 윤리 라는 제목으로 강연을 하였다.[8] 여기에서 바버는 종교와 과학과의 관계를 네 가지 유형으로, 즉 갈등 conflict, 독립 independence, 대화 dialogue, 통합 integration 으로 정리하였는데, 이러한 작업은 이후의 종교와 과학 사이의 관계에 관한 논의에 지대한 영향을 끼쳤다.

첫 번째 강연에서 바버는 과학 시대에 과학이 종교에 던져주는 도전들에 주목하면서 과학 시대의 특징들을 다섯 가지로 정리하였다.[9] 이 중 두 번째 특징인 '자연'에 대한 새로운 시각과 관련하여 "많은 과학이 이전 세기들에서 가정된 자연 영역들domains of nature과는 철저하게 다른 특징들을 지닌 자연 영역들을 우리에게 보여준다."[10]는 점에 주목하면서 다음과 같이 구체적인 예들을 제시하며 진술한다.

> 아원자 사건들의 불확정성 및 관찰자의 관찰과정 안에의 참여와 같이 양자물리학과 상대성이론의 새로운 특징들이 함의하는 바들은 무엇인가? 천체물리학의 현재 이론들에 따르면 150억 년 전에 지구팽창을 시작하였던 최초의 폭발인 '빅뱅'의 신학적 의미는 무엇인가? 우주의 기원과 생물학적 진화에 관한 과학적 이야기들이 기독교의 창조론과 어떻게 관련되는 다윈은 무작위적 변위와 자연선택 작용의 관점으로 인간종을 포함한 새로운 종의 발전이 천천히 오랫동안 진행되는 과정을 묘사하였다. 더욱 최근에 분자생물학자들이 진화에서 및 유기체들의 발전과 기능에서 DNA의 역할에 관하여 놀라운 발견들을 이루었다. 이러한 발견들이 생명의 본질과 정신에 관하여 우리에게 말해주는 바는 무엇인가? 이러한 질문들은 II부에서 다루어진다.[11]

그러기에 바버는 자신의 책 『과학 시대의 종교』 II부에서 구체적으로 물리학, 천문학, 진화생물학에서의 이론을 다루면서 현재의 과학이론이 '자연'의 재구성에 관하여 미치는 철학적 및 신학적 함의들을 검토한다. 가장 대표적인 예로 물리학 분야에 관한 바버의 논의들을 살펴보고자 한다.

바버에 따르면, 기존의 뉴턴 물리학에 대해 20세기에 들어와 의문이 제기되었는데, 특히 자연에 대한 실재론적realistic 인식론, 결정론적deterministic 시각, 환원론적reductionistic 전망에 관하여 의문이 제기되었다. 첫째, 자연에 대한 기존의 이해에서 실재론적이란 이론이 관찰자와는 별도로 세계 그 자체로 있는 그대로를 기술한다고 여기는 입장으로, 이러한 입장에서는 수학적으로 표현되는 질량과 속도와 같은 속성들이 실제 세계의 객관적objective 특성이라고 간주한다. 둘째, 결정론적이란 운동 중인 물질의 체계의 미래가 현재 상태에 관한 정확한 지식으로부터 예측될 수 있다고 보는 입장으로, 가장 작은 입자들부터 가장 멀리 있는 행성까지 동일한 불변의 법칙들로 지배된다고 본다. 셋째, 환원론적이란 구성 입자들처럼 가장 작은 부분들의 행동이 전체의 행동을 결정한다는 견해로, 각 부분들 자체는 변하지 않으며 변화란 단지 부분들의 재배열이라고 본다. 바버에 따르면 이와 같은 이해와 시각과 전망은 자연을 단순히 법칙을 따르는 기계로써 여기는 기존의 이미지 또는 개념을 형성하였다. 그리고 이러한 이해 안에서 세계 또는 우주는 시계라는 기계장치로서 여겨졌고, 신은 시계공watch-maker으로서의 이신론적 deistic 신으로 여겨졌다.[12]

하지만 바버에 따르면 현대에 새롭게 등장한 양자물리학의 상보성과 불확정성 및 상대성이론에 의하여 여러 변화가 생겨났고, 이로 인하여 고전적 실재론classical realism은 몰락하였다. 그래서 바버는 비판적 실재론critical realism을 주창하는데, 이 입장에 따르면 이론과 모형은 원자적 실재에 대한 문자적 기술이라고 더 여겨질 수 없지만, 그렇더라도 이론과 모형은 자연의 구조를, 즉 특정한 관찰 가능한 현상을 일으키는 구조를 표현하는 선택적 및 상징적 시도로 여겨질 수 있다. 더불어 관찰자가 관찰에 참여한다는 점이 강조된다. 양자물리학에서는 파동함수의 전체적 특성과 관찰과정의 상호작용적 특성이 이러한 점을 함축하고, 또한 상대성이론에서는 시간적 속성과 공간적 속성이 개별대상들 자체의 본질적인 특질이라기보다는 관계라고 여긴다. 또한, 부분들뿐만 아니라 전체를 보아야 하므로 단순히 환원론이 될 수 없다는 점이 강조된다.[13]

바버에 따르면, 자연에 관한 이해에서의 이러한 논의들은 시간성tempo-rality, 역사성historicity, 우연chance, 법칙law, 전체성wholeness, 창발emergence에 대한 새로운 이해를 제시하여 준다. 고전적 물리학에서보다 현대의 새로운 물리학에서 시간이 더 근본적인 방식으로 실제 구조 안으로 들어온다. 양자세계에서 시간은 미리 결정된 일련의 사건들의 전개가 아니라 미리 예견되지 않은 사건들의 새로운 생성이다. 상대성이론에서 시간은 공간과 불가분리적이기에 순수한 공간적purely spatial 관계들은 없고 오직 시공간적spatiotempo-ral 관계들이 있을 뿐이다. 이러한 이해들은 절대적인 공간과 시간을 말하는 고전물리학의 세계와는 전적으로 다르다. 양자물리학과 상대성이론에서뿐만 아니라 천문학과 진화생물학에서도 변화에 대해, 그리고 진정한 새로움의 창발에 대해 강조하는데, 이로 인하여 자연의 역사성the historicity of nature 이모든 과학에서 분명하게 드러난다고 바버는 주장한다. 즉, 자연과 역사는 대조되거나 대립하는 것이 아니라 연관된 개념이 될 수 있다.[14]

그리고 바버는 하이젠베르크의 불확정성의 원리the Uncertainty Principle를 주관적 불확실성과 인간적 무지의 결과로서가 아니라 자연 안에서의 객관적 비결정성objective indeterminacy in nature을 보여주는 것이라고 해석한다. 이러한 시각은 개별 사건에 대안적인 잠재성들이 있음을 의미한다. 비평형 열역학에서 두 갈래 길 사이에서의 선택은 우연 현상chance phenomenon 인데, 우주의 초기 순간에서의 양자효과들과 진화역사에서의 무작위적 변이들을 포함하여 다른 분야에서도 우연과 법칙 사이의 조합이 존재한다. 이러한 점들은 예측되지 아니하는 새로움이 존재함을 드러내며 열린 미래의 중요성을 가리킨다.[15] 복잡한 존재체들의 활동을 그들의 구성요소들의 법칙으로 설명하려고 추구하는 환원론에 반대해서, 파울리의 배타원리the Pauli Exclusion Principle 에서처럼 바버는 더 고차원적인 유기구조 차원은 독특한 행동유형을 포함한다고 주장한다. 관찰자와 관찰대상 사이의 불가분리성은 상호의존성을 보여주는 추가적인 증거가 된다. 상대성이론에서 공간, 시간, 물질, 에너지의 통일성은 근본적인 종류의 전체성을 드러낸다. 비평형 열역학은 더 낮은 수준의 무질서로부터 더 높은 차원의 체계적 질서의 창발을 기술한다.[16]

이처럼 현대의 새로운 과학에서 제시하는 '자연'에 대한 새로운 시각은 바버가 기존의 자연에 대한 이해로부터의 탈개념화와 새로운 이해로의 재구성을 추구하도록 한다. 다만, 바버는 탈개념화 및 재구성의 작업을 활발하게 진전시키지는 않는다. 그런데도 새로운 구성적 작업을 할 수 있도록 하는 이론적 작업을 탄탄하게 제시하였다. 그것은 바로 과학의 영역에서 및 종교의 영역에서 모두 모형과 패러다임이 실제로 작동하고 있음을 적극적으로 인정하고 수용한 점이다.

과학의 영역에서 바버는 토머스 쿤Thomas Kuhn이 1962년에 출판한 『과학혁명의 구조』The Structure of Scientific Revolutions [17] 에서 제시하였던 대로 패러다임을 "개념적 및 방법론적 가정들의 집합을 구체화하는 과학적 활동의 표준적인 예들"이라고 간주한다. 자료 자체가 이론으로 나아가는 것이 아니라 그 과정에서 패러다임을 통해서 창조적 상상력이 작동한다. 그러기에 과학의 자료들조차도, 더 나아가서 과학에서 다루고자 하는 자연조차도 패러다임-의존적이고 이론-준거적theory-laden인 특성이 있다.[18] 신학의 영역에서 바버는 샐리 맥페이그Sallie McFague가 1982년에 출판한 『은유신학 – 종교 언어에서의 하나님 모형들』Metaphorical Theology: Models of God in Religious Language [19] 에서 제시하였던 대로 모형이 체계적이며 상대적으로 영속적인 메타포metaphor로서 단지 문자적인 것도 아니며 자의적인 것도 아니라 관찰대상을 상상하기 위한 하나의 방식이라고 간주한다.[20]

이러한 점들을 종합하면 바버에게는 자연조차도 모형 또는 패러다임을 통한 것이기에 자연 자체와 자연에 대한 이해는 구별될 수 있고, 더 나아가 우리가 현재 지닌 자연에 대한 이해는 그 자체로 영원불변한 것이 아니라 특정 시대에서 생성된 하나의 개념일 뿐이다. 또한, 우리가 현재 지닌 자연에 대한 이해는 자연 자체에 대한 완전하거나 충분한 이해를 제시하지 못하며 단지 어떤 측면들에서의 이해를 드러낼 뿐이다. 그러기에 시대의 변화와 과학의 발달에 따라 자연에 대한 기존의 개념은 탈개념화되어야 하며, 또한 동시에 새롭게 재구성되어야 한다.

Ⅱ.
메리 미즐리: '자연'에 대한 객관적 기계주의적 이해 비판 및 경외, 경탄, 존경의 회복

철학자인 미즐리는 1990년 봄에 기포드 강좌에 참여하여 〈Science and Salvation〉과학과 구원이라는 제목으로 강연을 하였다.[21] 미즐리는 논리실증주의와 언어철학이 당시의 철학계를 지배함으로써 철학이 삶의 문제들을 제대로 다루지 못하고 있음을, 그리고 근대 이후로 발달한 과학이 삶의 의미를 제시하려고 하는 점들을 비판적으로 지적하였다. 현대에 이르러, 특히, 과학의 발달로 인해 사람들이 과학 자체가 삶의 의미를 제시해줄 수 있다는 과도한 확신하게 되었다.[22] 이러한 과정에서 과학의 객관성에 대한 오해와 맹신이 생겨났고, 더 근본적으로는 자연에 대한 기계주의적 이해가 초래되었다. 즉, 물리 세계인 자연은 순수한 객관으로 여겨지고, 과학은 객관성이 보증된 학문으로 여겨지며, 더 나아가서 과학자들은 객관적인 태도를 견지하는 것으로 여겨진다. 그러면서 결국 자연은 객관적인 것이라고, 그러나 역설적이게도 객관적이되 기계주의적인 것이라고 여겨진다.[23] 이런 식으로 과학 안에서 자연에 대한 왜곡이 일어난다고 미즐리는 비판한다.

그러기에 과학의 객관성이라는 이름 하에 17세기부터 20세기까지 '자연'에 대한 기계주의적 시각이 자리를 잡게 되었다고 미즐리는 분석한다. 미즐리는 대표적인 예로 르네 데카르트René Descartes, 로버트 보일Robert Boyle, 그리고 프란시스 베이컨Francis Bacon을 든다. 미즐리에 따르면, 데카르트는 "자연이란 말로 나는 어떤 여신 또는 어떤 종류의 상상의 힘을 의미하지 않음을 알라. 나는 이 단어가 물질matter 그 자체를 의미한다."고 말한다. 보일은 "… 사람들이 자연Nature이라고 부르는 어떤 존재[는] … 무한한 힘을 지닌 일종의 여신으로 표상된다."고 말하면서 "사람들이 자연nature이라고 부는 것에 대해 보이는 공경은 신의 열등한 피조물들을 지배하려는 인간의 제국에 방해가 되어 왔다."고 불평하였다.[24] 그리고 베이컨은 학자들이 자연Nature을 더 깊이 꿰뚫고 들어가서 자연을 극복할 것을 요청하였고, 인간이 자연을 정복하고 제압할 수 있을 것이라고 기대하였다.[25] 17세기부터 20세기까지 자연을 물질matter 그 자체로, 더 나아가서 자연을 기계machinery로 여기며 비인격화depersonalizing/impersonalizing를 시도하였다. 특히 계몽주의 초기에 학자들은 기존의 입장들을 가혹하게 비판하였는데, 이들이 미신이라고 여겼던 것 중에 분명한 대상은 자연에 대한 이전의 관념/개념이었다. 그래서 기계주의적 입장을 지닌 과학자들은 "새롭게 순화시키려는 열심, 살균을 위한 열정, 때때로 인지적으로 세탁하려는 강박을 드러내었고, 대단위의 정결케 하려는 과정에서의 작은 역할조차도 받아들이고자 하는 의지가 뒤따랐다. 그리고 이러한 것들은 또한 과학에 대해 본질적인 것으로 여겨지게 되었다."[26]

이러한 과정에서 기계론자들은 자연에 대한 놀라움wonder을 제거하였고, 자연-숭배nature-worship와 같이 보였던 것에 대해서는 반대하는 운동을 벌였으며, 자연세계에 대한 기술에서 매력/끌림attraction과 같은 용어의 사용을 무시하였다. 심지어 요한네스 케플러Johannnes Kepler의 입장예를 들면, 조수는 달의 매력에 의해 생성된다는 표현이나 뉴턴의 만유인력의 이론theory of gravitation조차도 당시 기계론자들에 의해서는 무시되었고 공허하고 비이성적인 것으로 간주되었다.[27] 위와 같은 기계주의적 및 비인격적 '자연' 개념은 19세기와 20세기를 거치면서 실증주의적이고 객관주의적인 입장을 초래하면서 더욱 강화되었다. 즉, 과학의 객관성에 대한 과도한 이해가 만연하게 되었고, 이로 인하여 과학과 종교 사이에 갈등과 충돌이 불가피하게 되었다

미즐리는 자신의 기포드 강연을 통해 과학 안에서조차 인간 자신의 심리적 요소psychological factors가 작동하고 있음을 강조하였다. 미즐리가 언급하는 심리적 요소는 '동기부여, 종합적인 세계-그림, 신화, 드라마, 판타지 등과 같은' 것들로 인간의 지적 활동을 위한 상상의 배경을 형성한다.[28] 그러기에 미즐리에 따르면, 과학을 포함한 인간의 모든 지적 활동에는 심리적 요소들에 의해 형성되는 상상이 매우 본질적이고 중요한 핵심이 된다.[29]

이러한 입장을 견지하는 미즐리는 일찍이 1985년의 책 *Evolution as a Religion* 종교로서의 진화에서 자연과 우주에 대한 경외awe, 경탄wonder, 존경reverence이 전적으로 적합한 감정들인데, 과학자들이 그것들을 회복해야 한다고 일찍이 주장하였다. "그것들을 결여한 탐구자는 나쁜 과학자a bad scientist가 될 것이다."[30] 그리고 훨씬 나중인 2002년의 책 *Science and Poetry* 과학과 시에서는 자연과 우주에 대해 인격화personalification가 필요하며 여기에는 경탄wonder이 아주 중요한 역할을 한다고 주장한다.

물론 이러한 종류의 사고에 서의 인격화들은 문자적으로 여겨져서는 안된다. 그러나 그러한 인격화들 아래에 놓여있는 태도, 즉 존경과 경외로 가득찬 태도는 과학에 대해서나, 또한 우리가 우주와 맺는 일반적인 관계에 대해서나 모두 적합한 태도임이 확실하다.[31]

Ⅲ.

존 헤들리 브룩 & 제프리 칸토어: '자연'의 재구성에서의 미학적 요소의 중요성

과학사 전공인 브룩과 칸토어는 1995-1996년에 기포드 강좌에서 함께 〈Reconstructing Nature〉자연의 재구성이라는 제목으로 강연을 하였다.[32] 이들은 종교와 과학 사이의 관계에 관하여 역사적 연구를 취함으로써 각 상황, 기능, 언어, 인물, 실천에 따라 여러 다양한 접근들이 있었음을 드러내었다.[33] 이러한 역사적 연구를 통하여 종교와 과학 사이의 관계에 관해 획일적이거나 본질주의적인 입장에 빠지지 않으면서 양자 사이에 다양하고 풍성한 논의가 가능하도록 하였다.[34]

종교와 과학 사이의 관계에 관한 이들의 연구에서 가장 주목할만한 함의점은 자연이 다루어지거나 연구되는 과정에서 자연이 재구성reconstruction되고 있다는 점이다. 이들은 뉴턴도 자연을 연구할 때 있는 그대로의 객관적인 자연을 연구한 것이 아니라 실제로는 자연을 나름대로 재구성하면서 연구하였음을 보여주었다. 그래서 이들은 뉴턴을 다음과 같이 평가한다. "뉴턴은 자연을 재구성하였고 그들의 재구성에서 아름다움beauty를 보았던 다수의 창조적 사상가들 중의 한 명이다."[35] 이들에 따르면, 뉴턴은 자연을 기술할 때에 자연을 이상화하거나 나름대로 관념화하고 있다.[36] 뉴턴을 비롯한 과학자들과 모든 인간들은 객관적으로 있다고 여겨지는 자연을 만나는 것이 아니라 각자 나름대로 이상화 또는 관념화의 과정을 거쳐서 상상 속에서 재구성되고 있는 자연을 만나는 것임을 이들은 명확하게 드러내었다.

이러한 점에서 자연에 대한 연구에서 상상의 역할이 매우 중요하고, 그래서 더 많은 상상이 자극될 수 있도록 할 필요가 있다고 이들은 주장한다.

이러한 점에서 이들은 조지 캠벨의 『수사학의 철학』*The Philosophy of Rhetoric*, 1776 에서의 논의에 주목한다.

> 다른 누구보다도 캠벨은 종교적인 논증들을 가장 설득적인 방식으로 제시하는 것의 중요성을 강조하였다. … 캠벨에 따르면, 말이든 글이든 소통은 이성적 기능에 호소할 뿐만 아니라, 또한 '상상을 즐겁게 하고 … 열정을 움직이고, 또는 의지에 영향을 끼쳐야' 한다. 그것들은 '이성의 시녀들'이라고 캠벨은 주장하였다. 비록 수사학이 연역적 논증들에서는 아무런 역할을 하지 않더라도, 모든 다른 형태의 담론들에서 수사학은 회중에게 확신을 일으키기 위하여 필수적으로 요청된다. 설교자의 일이 회중을 기쁘게 하고 움직이고 가르치는 것이기 때문에 만약 회중의 지성에만 호소한다면 아무런 영향을 끼치지 못할 것이다. 그 대신에 설교자는 유비와 비유를 사용함으로써 회중의 상상을 흥미롭게 함으로써 회중의 관심을 얻을 수 있을 것이라고 캠벨은 주장하였다.[37]

　브룩과 칸토어는 캠벨의 논의에 근거하여 상상을 충족시켜주는 네 가지 주요 특질들로 생기vivacity, 아름다움beauty, 숭고sublimity, 참신함novelty을 언급한다. 이들은 이 네 가지 중에서도 특히 아름다움과 숭고에 많은 관심을 보인다. 아름다움은 설계, 질서, 정합성, 조화, 일치, 대칭과 같은 개념들과 밀접하게 연결되어 있고, 이러한 것들은 상상을 기쁘게 하며 정신에 위안을 준다고 여겨진다. 그리고 18세기와 19세기 초의 많은 작가들이 아름다움과 숭고를 구별하였는데, 이들에 따르면 정신이 위안을 받을 때에 아름다움에 대한 인식이 발생하지만, 숭고는 공포에 근거하며 정신을 긴장의 상태에 놓이게 한다. 그래서 이 당시의 자연신학자들은 경탄wonder, 경외awe, 존경reverence를 가장 많이 불러일으키는 자연 세계의 그러한 측면들을 환기시킴으

로써 숭고를 광범위하게 사용한다.[38]

　　더 나아가서, 브룩과 칸토어는 이렇게 자연이 이상화 또는 관념화를 통해 재구성되는 과정에서 미학aesthetics이 중요한 역할을 하고 있음을 강조한다.[39]

　　여기서 그들이 의미하는 미학은 아름다움beauty과 고상함elegance에 대한 바램과 탐구를 가리킨다. 그들에 따르면, 미에 대한 갈망은 과학적 작업의 중심에 종종 있어 왔다. 미에 관한 이론이 때로는 환상으로 치부되어 버려지기도 하지만, 예기치 않은 미가 드러나는 이론으로 대체될 뿐이다. 미에 대한 탐구는 항상 있었고 과학적 탐구와 이론들의 구성을 규정하여 왔다. 과학적 창의성에서 이런 심미적 요소들을 드러냄으로써 과학에 대한 무지한 또는 비공감적 인식들을 교정할 수 있다고 그들은 주장한다.[40]

　　브룩과 칸토어에 따르면, 미학의 중요한 역할은 다윈에 대한 해석에서도 예외가 아니다. 어떤 이들은 다윈주의자들이 유용성과 자연선택을 강조함으로써 세계로부터 아름다움을 제거하였으며, 다윈주의자들이 아름다움을 유용성으로 환원시켰다고 주장한다. 그래서 다윈이 아름다운 것들과 숭고한 것들을 죽였다는 결론을 내도록 사람들이 유혹을 받지만, 또한 다윈이 만년에 자신에게 미학적 감수성이 퇴화되어 있었음을 불평하였다고 알려져 있다. 그렇지만 브룩과 칸토어에 따르면 더 세밀한 연구에 의하면 다윈이 실제로는 숭고에 무감각하지 않았다고 주장한다.[41]

　　위에서 논의한 내용들을 정리하면, 첫째, 바버에 따르면, 과학시대에 과학이 종교에게 던져주는 도전들에 중 하나는 '자연'에 대한 새로운 시각이다. 근대의 고전적 실재론 하에서 형성된 자연에 대한 실재론적 인식론, 결정론적 시각, 환원론적 전망에 관하여 의문이 제기되었기에 기존의 자연에 대한 이해로부터의 탈개념화와 새로운 이해로의 재구성을 추구하도록 한다. 바버는 그에 대한 새로운 작업을 활발하게 수행하지는 않았음에도 불구하고 새로운 구성적 작업을 할 수 있도록 하는 이론적 토대를 탄탄하게 제시하였다. 바로 비판적 실재론의 입장에서 과학의 영역에서 및 종교의 영역에서 모두 모형과 패러다임이 실제로 작동하고 있음을 적극적으로 인정하고 수용한 점이다. 바버에게는 자연조차도 모형 또는 패러다임을 통한 것이기에 자연 자체와 자연에 대한 이해는 구별될 수 있고, 더 나아가 우리가 현재 지니고 있는 자연에 대한 이해는 그 자체로 영원불변한 것이 아니라 특정 시대에서 생성된 하나의 개념일 뿐이다. 또한, 우리가 현재 지니고 있는 자연에 대한 이해는 자연 자체에 대한 완전하거나 충분한 이해를 제시하지 못하며 단지 어떤 측면들에서의 이해를 드러낼 뿐이다. 그러기에 시대의 변화와 과학의 발달에 따라 자연에 대한 기존의 개념은 탈개념화되어야 하며, 또한 동시에 새롭게 재구성되어야 한다.

둘째, 미즐리에 따르면, 과학의 발달로 인해 사람들이 과학 자체가 삶의 의미를 제시해줄 수 있다는 과도한 확신을 가지게 되었다. 이러한 과정에서 과학의 객관성에 대한 오해와 맹신이 생겨났고, 더 근본적으로는 자연에 대한 기계주의적 이해가 초래되었다. 17세기부터 20세기까지 자연을 물질 그 자체로, 더 나아가서 자연을 기계로 여기며 비인격화를 시도하였다. 이러한 과정에서 자연에 대한 놀라움wonder 을 제거하였고, 자연-숭배처럼 보였던 것에 대해 반대하는 운동을 벌였으며, 자연 세계에 대한 기술에서 매력/끌림과 같은 용어의 사용을 무시하였다. 이렇게 비판적인 분석을 하는 미즐리는 기포드강연을 통해 과학 안에서조차 동기부여, 종합적인 세계-그림, 신화, 드라마, 판타지 등과 같은 심리적 요소들이 작동하고 있음을 강조하였다. 그러기에 미즐리는 과학을 포함한 인간의 모든 지적 활동에는 심리적 요소들에 의해 형성되는 상상이 매우 본질적이고 중요한 핵심이라고 주장하며, 그러기에 그는 자연과 우주에 대한 경외, 경탄, 존경이 전적으로 적합한 감정인데, 과학자들이 그것들을 회복해야 한다고 주장하였다.

셋째, 브룩과 칸토어에 따르면, 자연이 다루어지거나 연구되는 과정에서 자연 그 자체가 재구성되고 있다. 다시 말해, 과학자들과 모든 인간들은 객관적으로 있다고 여겨지는 자연을 만나는 것이 아니라 각자 나름대로 이상화 또는 관념화의 과정을 거쳐서 상상 속에서 재구성되고 있는 자연을 만나는 것임을 이들은 명확하게 드러내었다. 이러한 점에서 자연에 대한 연구에서 상상의 역할이 매우 중요하고, 그래서 더 많은 상상이 자극될 수 있도록 할 필요가 있다고 이들은 주장한다. 캠벨의 논의에 근거하여 상상을 충족시켜주는 네 가지 주요 특질들로 생기, 아름다움, 숭고, 참신함을 언급한다. 아름다움은 설계, 질서, 정합성, 조화, 일치, 대칭과 같은 과 개념들과 밀접하게 연결되어 있고, 숭고는 공포에 근거하며 정신을 긴장의 상태에 놓이게 하기에 자연에 대한 경탄, 경외, 존경을 불러일으킨다. 이런 점에서 브룩과 칸토어는 자연이 이상화 또는 관념화를 통해 재구성되는 과정에서 미학이 중요한 역할을 하고 있음을 강조한다.

이와 같이 바버의 비판적 실재론에 근거한 '자연'에 대한 모형 model/패러다임 paradigm, 미즐리의 '자연'에 대한 객관적 기계주의적 이해 비판 및 경외, 경탄, 존경의 회복, 그리고 브룩과 칸토어의 '자연'의 재구성에서의 미학적 요소의 중요성은 오늘날 우리가 자연에 대해 새로운 상상력을 펼쳐가야 함을 함의한다. 그러기에 알리스터 맥그라스는 자연에 관한 그의 방대한 논의의 결론으로 '자연을 재-상상하는 것' Re-imaging Nature 을 우리에게 우선적으로 요청하고 있다.[42]

1   백충현, "기포드강좌에서의 '자연'의 재구성을 위한 시도들 - 바버, 미즐리, 브룩 & 칸토어를 중심으로," 『대학과 선교』 49집 (2021. 9), 7-29. 본래 이 논문은 2019년 7월 1일부터 2022년 6월 30일까지 진행되는 대한민국 교육부와 한국연구재단의 지원을 받아 수행된 연구임(NRF 2019S1A5A2A03034618). 이 논문은 일부 수정되어 다음의 책에 실려 있다. 윤철호, 김효석 책임편집, 『신학과 과학의 만남 2 - 빅 히스토리 관점에서 본 기포드 강연』(서울: 새물결플러스, 2022), 73-94.

2   백충현, "종교/신학과 과학과의 풍성한 만남에 기여하는 기포드강좌의 시도들 - 바버, 미즐리, 브룩 & 칸토어를 중심으로," 『대학과 선교』 45권 (2020. 9), 293-316.

3   윤철호, 김효석 책임편집, 『기포드 강연을 중심으로 신학과 과학의 만남』(서울: 새물결플러스, 2021). 이 책의 113-128쪽에 1년차 연구논문 내용이 대중화를 위한 출판사 편집 목적에 맞춰 수정된 후 출판되었다.

4   David Christian and Bob Bain, *Big History*, 조지형 역, 『빅 히스토리』(서울: 해나무, 2013).

5   위의 책, 28-29.

6   위의 책, 7-9.

7   "The Gifford Lectures," https://www.giffordlectures.org, [2020. 8. 8. 접속].

8   Ian G. Barbour, *Religion in an Age of Science* (New York: HarperCollins, 1990); *Ethics in an Age of Technology* (New York: HarperCollins, 1993). 이외에도 다음과 같이 후속 연구들이 많이 나와 있다. Ian G. Barbour, *Issues in Science and Religion* (London: SCM, 1966); Myths, *Models and Paradigms: The Nature of Scientific and Religious Language* (London: SCM, 1974); *Nature, Human Nature, and God* (Minneapolis: Fortress Press, 2002); *Religion and Science: Historical and Contemporary Issues* (San Francisco: HarperSanFrancisco, 1997); ed., *Science and Religion: New Perspectives on the Dialogue* (London: SCM, 1968); *Technology, Environment, and Human Values* (New York: Praeger, 1980); *When Science Meets Religion* (New York: HarperCollins, 2000).

9   Ian G. Barbour, *Religion in an Age of Science*, xiiv-xv. 여기에서 바버는 다섯 가지 특징들을 ① 과학적 방법들의 성공, ② 자연에 대한 새로운 시각, ③ 신학을 위한 새로운 상황(특히, 인간론과 창조론), ④ 국제 시대에서의 종교 다원주의, ⑤ 기술이 지닌 애매한 힘(권력)이라고 정리한다.

10 위의 책, xiv.

11 위의 책, xiv.

12 위의 책, 95-96.

13 위의 책, 121-22.

14 위의 책, 123.

15 위의 책, 123.

16 위의 책, 123-24.

17 Thomas S. Kuhn, *The Structure of Scientific Revolutions*, 김명자 역, 『과학혁명의 구조』(서울: 까치, 2013).

18 Ian G. Barbour, *Religion in an Age of Science*, 51-54.

19 Sallie McFague, *Metaphorical Theology: Models of God in Religious Language*, 정애성 역, 『은유 신학 - 종교 언어와 하느님 모델』(서울: 다산글방, 2001).

20 Ian G. Barbour, *Religion in an Age of Science*, 41-45.

21 Mary Midgley, *Science and Salvation: A Modern Myth and Its Meaning* (London: Routledge, 1992). 이외에도 다음과 같은 연구들이 있다. Mary Midgley, *Evolution as a Religion: Strange Hopes and Stranger Fears* (London: Methuen, 1985); *Heart and Mind: The Varieties of Moral Experience* (London: Methuen, 1985); *Science and Poetry* (London: Routledge, 2002).

22 위의 책, 51-57.

23 위의 책, 47-50.

24 위의 책, 75.

25 위의 책, 77.

26 위의 책, 79.

27 위의 책, 82-83.

28 위의 책, 15, 96-97.

29 위의 책, 100-101.

30 Mary Midgley, *Evolution as a Religion: Strange Hopes and Stranger Fears* (London: Methuen, 1985), 128.

31 Mary Midgley, *Science and Poetry* (London: Routledge, 2002), 254.

32 John Hedley Brooke and Jeffrey Cantor, *Reconstructing Nature: The Engagement of Science and Religion* (Oxford: Oxford University Press, 1998). 이외에도 이들의 연구는 각각 다음과 같다. John Hedley Brooke, *Science & Religion: Some Historical Perspectives* (Cambridge: Cambridge University Press, 1991); *Heterodoxy in Early Modern Science and Religion* (New York: Oxford University Press, 2005); Geoffrey Cantor, *Michael Faraday Sandemanian and Scientist: A Study of Science and Religion in the Nineteenth Century* (London: Macmillan, 1991); *Quakers, Jews, and Science: Religious Responses to Modernity and the Sciences in Britain, 1650-1900* (Oxford: Oxford University Press, 2005); Geoffrey Cantor & Marc Swetlitz, eds. *Jewish Tradition and the Challenge of Darwinism* (Chicago: University of Chicago Press, 2006).

33 John Hedley Brooke and Jeffrey Cantor, *Reconstructing Nature: The Engagement of Science and Religion*, 22-34. 여기에서 브룩과 칸토어는 다음과 같이 5가지 접근들을 소개한다. "① 상황적 접근(Contextual Approach), ② 기능적 접근(Functional Approach), ③ 언어적 접근(Linguistic Approach), ④ 전기적 접근(Biographical Approach), ⑤ 실천적 접근(Practical Approach)."

34 위의 책, 34-37.

35 위의 책, 2.

36 위의 책, 5-6.

37 위의 책, 183-84.

38 위의 책, 184-87.

39 위의 책, 207-13.

40 백충현, "종교/신학과 과학과의 풍성한 만남에 기여하는 기포드강좌의 시도들 - 바버, 미즐리, 브룩 & 칸토어를 중심으로," 『대학과 선교』 제45집 (2020. 9), 310.

41 John Hedley Brooke and Jeffrey Cantor, *Reconstructing Nature: The Engagement of Science and Religion*, 226.

42 Alister E. McGrath, *Re-Imagining Nature: The Promise of a Christian Natural Theology* (Oxford: Wiley Blackwell, 2017), 181-83.

11장

새로운 자연관이 신학에 미치는 함의

이 글은[1] 2019년 7월 1일부터 2022년 6월 30일까지 3년간 진행된 한국연구재단 일반공동연구 '기포드 강연 연구를 통한 21세기 자연신학의 모색: 신학-철학-과학의 학제 간 연구'의 일환으로 전체 네 분과들, 즉 신학분과, 철학분과, 자연과학분과, 과학신학/과학철학분과 중의 과학신학/과학철학분과 3년차 결과물로 작성된 것이다. 1년차 연구의 결과물과[2] 2년차 연구의 결과물은[3] 각각 논문으로 출판되었다. 그리고 공동연구원의 1년차 및 2년차 연구의 결과물이 합쳐져 각각 대중적인 목적을 지닌 책으로 출판되었다.[4]

이 글에서는 먼저 기포드 강좌에서의 자연에 관한 새로운 이해들을 시도하였던 이안 바버Ian G. Barbour, 1923-2013, 메리 미즐리Mary Midgley, 1919-2018, 존 헤들리 브룩John Hedley Brooke, 1944- 및 제프리 칸토어Jeffrey Cantor, 1943-에 관한 기존의 연구들을 본 논문의 취지에 맞게 정리하면서 이들의 자연관의 두드러진 공통점에 주목할 것이다. 그런 다음에 이 글은 자연에 관한 새로운 이해들이 신학에 미치는 함의를 탐색하면서 오늘날 자연과학과 대화하는 신학적인 자연관이 어떻게 되어야 하는지를 개괄적으로 제시할 것이다. 이를 통해 이 글은 신학과 자연과학의 대화와 만남에서 오늘날 한국 사회와 한국 교회에 많은 도움과 통찰을 제공하여 줄 것이다.

I.
기포드 강좌에서의 새로운 자연관

영국 스코틀랜드에서 1888년부터 시작되어 오늘날까지 거의 매년 개최되는 기포드 강좌The Gifford Lectures의 주제는 자연신학natural theology이다. 다만, 여기에서의 자연신학의 개념은 자연계시 또는 일반계시를 통한 구원의 가능성을 다루는 기존의 자연신학의 개념보다 훨씬 더 폭넓다. 기포드 강좌에서 자연신학의 개념은 자연과학에서의 새로운 발견들과 성과들과 대화하면서 이를 바탕으로 하나님에 관한 이해를 새롭게 하는 것이다.[5] 이런 점에서 기포드 강좌는 자연에 대한 새로운 이해들을 파악하면서 동시에 이를 바탕으로 하나님에 관한 새로운 이해들을 탐색한다.

본 논문의 연구는 공동연구의 전체 네 분과들 중 과학신학/과학철학분과에 속하기에 이 분과와 연관된 학자들로 바버,[6] 미즐리,[7] 브룩 및 칸토어를[8] 선정하였다. 그동안 기포드 강좌에서 강연하였던 학자들이 250명 이상이므로, 이 연구에서 선정한 학자들이 이 분야의 유일한 대표자라고 규정할수는 없지만, 근래에 강연을 하였던 학자들 중에서 자연에 관한 새롭고 보다 직접적인 이해를 시도하였던 이들을 선정하였다. 바버는 물리학자이면서 신학을 공부한 학자로 1989-1990년과 1990-1991년 두 번에 걸쳐 강연을 하였다. 미즐리는 철학자로서 자연과학을 비평하는 학자로서 1990년 봄에 강연을 하였다. 그리고 브룩 및 칸토어는 자연과학의 역사를 연구하는 과학사가로서 1995-1996년에 공동으로 강연을 하였다.[9]

이러한 점을 고려하면서 본 논문의 연구는 지난 3년 동안의 연구주제를 연차별로 다음과 같이 설정하였다. 첫째, 1년차 연구주제는 '종교/신학과 과학의 풍성한 만남에 기여하는 기포드 강좌의 시도들'이며 연구내용은 다음과 같다.

> 이안 바버1989-1991/애버딘, 메리 미즐리1989-1990/에딘버러, 지오프리 칸토어 및 존 브룩1995~1996/글래스고의 기포드 강연을 분석한다. 바버가 과학신학 자로서 자신의 강연에서 자연의 전체 영역을 하나님의 지속적인 창조 creatio continua로 이해할 것을 제안한다면, 영국 철학자인 매리 미즐리는 영미 철학의 언어·분석철학의 협소성과 과학적 환원주의의 폐쇄성을 극복하면서 실재세계를 보다 통전적으로 반영하는 과학철학적 관점과 그 대중화를 제안한다. 칸토어와 브룩은 과학사가이자 과학철학자의 입장에서 자연이라는 개념이 관념화의 과정을 통해 '구성' 혹은 '재구성' 된다는 점을 제시하면서 자연의 개념화 과정에서 과학, 종교, 미학이 상호 협력하는 방안을 보인다. 이들의 기포드 강연에 대한 개별/비교 연구를 통해 '자연' 개념에 대한 과학신학적, 과학철학적 이해가 상호 보완적일 수 있음을 제시한다.[10]

둘째, 2년차 연구주제는 '빅 히스토리의 관점에서 '자연'의 재구성을 위한 시도'이며 연구내용은 다음과 같다.

이안 바버, 메리 미즐리, 지오프리 칸토어 및 존 브룩에 대한 연구에서 얻은 통찰들을 바탕으로 그동안 개념화 되어온 '자연'을 탈개념화하면서 동시에 오늘날 빅 히스토리의 관점에서 '자연'에 대한 이해를 어떻게 새롭게 하고 풍성하게 할 수 있는지를 연구한다. 예를 들어, 신과 자연과의 관계에 대한 이원론적인 이해와 인간중심적인 자연이해를 벗어나서 신과 자연과의 관계에 대한 통합적인 이해와 자연우주중심적인 인간이해를 추구하며 그 특성들을 규명하고자 한다. 특히, '자연'의 탈개념화와 재구성화의 과정에서 '자연'의 미학적 요소, 예술적 요소, 종교적 요소를 온전하게 드러내고 포괄할 수 있는 통합적인 방식을 탐구한다.[11]

마지막으로, 3년차 연구주제는 '21세기 자연신학의 모색을 위한 시도로서 '자연'에 대한 삼위일체적 이해 및 재구성을 위한 탐구'이며 연구내용은 다음과 같다.

1년차와 2년차에서 축적된 연구 결과를 바탕으로 21세기 자연신학을 모색하기 위한 시도로서, '자연'의 재구성에 관한 논의를 더욱 심화 및 확장시키기 위하여 현대 삼위일체신학에서의 '세계'에 대한 이해와의 대화를 추구한다. 20세기 초중반부터 시작되고 오늘날 르네상스를 맞이하고 있는 현대 삼위일체신학에서는 신, 인간, 세계에 관하여 기존의 신학보다 더 통합적인 이해, 특히, 세계와 신과의 밀접한 관계에 관하여, 그리고 인간/인간사회와 신과의 밀접한 관계에 관하여 기존의 신학보다 더 통합적인 이해를 제시하고 있다. 그래서 양자 간의 대화를 통하여 공통점과 차이점을 분석하면서 상호적인 비판과 영향을 받도록 한다. 그러면서 '자연'에 대한 삼위일체적 이해 및 재구성을 위한 탐구를 시도한다. 이러한 과정에서 '자연'에 대한 삼위일체적 이해와 재구성이 '자연'에 대한 과학적 이해, 철학적 이해, 신학적 이해, 종교적 이해, 예술적 이해, 미학적 이해 등과 더욱 유기적으로 연관될 수 있도록 탐구함으로써 21세기 새로운 자연신학의 모색에 기여하고자 한다.[12]

그러면 그동안의 연구를 통해 파악된 바버, 미즐리, 브룩 및 칸토어가 제시하는 자연에 대한 새로운 이해들은 어떤 공통점들을 지니는가? 이들이 하나의 획일적인 입장인 것은 아니더라도, 자연에 관한 이들의 논의들에서 공통적으로 수렴되는 점들은 무엇인가? 앞에서 언급한 기존의 연구논문들의 내용을 본 논문의 의도에 맞춰 다시 정리한다면 다음과 같이 네 가지 점들이 두드러지게 나타난다.[13]

첫째, 바버, 미즐리, 브룩 및 칸토어에게서 가장 두드러진 공통점은 자연이 있는 그대로의 자연이 아니라는 점이다. 달리 표현하면, 자연은 항상 인식되어진 자연이라는 점이다. 즉, 자연은 늘 자연에 대한 이해이며 자연에 관한 관념이고 이론에 준거한 자연상이다. 자연이 인식되고 이해되고 관념화되는 과정에서 자연에 관한 모델, 모형, 패러다임이 작동한다. 이러한 입장은 고전적 실재론이라기보다는 비판적 실재론의 자연관이며 또한 관념적 비판적 실재론의 자연관이라고 규정할 수 있다. 그러므로 있는 그대로의 자연, 즉 순수하게 객관화된 자연이나 자연의 순수객관성이란 실존하지 않는 허상의 개념이다.

그러므로 근대과학에서 객관적이라고 주장되는 자연관, 즉 자연을 하나의 객관적 물질로 여기는 물질주의적 또는 유물론적 자연관이, 또한 여기에서 더 나아가 자연을 하나의 기계로 여기는 기계주의적 자연관이 대중에게는 객관적, 과학적, 학문적이라고 여겨져왔다고 하더라도, 이는 엄밀하게 따져보자면 잘못된 자연관이라고 할 수 있다. 그러기에 기존의 이러한 자연관에 대한 과감한 비판적 작업이 자연에 대한 새로운 이해를 위해서 오늘날 필수적으로 요청된다.

둘째, 위의 공통점과 함께 더 자세히 주목할 점은 자연에 대한 이해 및 관념화의 과정에서 주관적인 측면이 작동하는 것을 인정하는 자연관이다. 주관적인 측면은 개인의 심리적, 공상적, 상상적, 미학적인 것과 연관되기도 하지만, 또한 더 근본적으로 사회적이고 문화적이고 역사적이며 때로는 종교적인 것과도 연관된다. 그렇게 작동하는 주관적인 측면은 하나의 모형이나 모델로 기능하기도 하고 또는 패러다임으로 기능하기도 한다.

셋째, 앞의 점들을 고려하자면, 자연에 대한 이해는 개인의 삶의 통전성이나 세계의 총체성과 따로 떨어져서는 온전하지 못하다고 할 수 있다. 그러기에 온전한 자연관을 추구하고자 한다면 세계의 전체성과 더욱 밀접하게 추구하여야 한다. 여기에서 통전성이나 총체성이나 전체성은 세계의 모든 것들이 서로 연결되어 있으며 관계를 맺고 있다는 점을 알려준다. 즉, 관계적 존재로서의 자연관이다. 자연의 모든 것들이 상호 연결되어 있으며 상호 관계되어 있다는 점을 인정하여야 온전한 자연관이 가능해진다고 할 수 있다.

넷째, 더 나아가서 20세기 후반 이후 오늘날 우리에게 요청되는 자연관은 단순히 유물론적 또는 기계주의적 자연관이 아니라 자연에 대한 경외와 경탄과 존경이 결부되는 자연관이다. 자연에 대한 생기와 아름다움과 숭고가 회복된 자연관이다. 기존의 자연관이 한편으로는 자연에 대한 학문을 발전시키고 최첨단의 기술문명사회를 이룩하는 데에 크게 기여한 것은 사실이지만, 역설적이게도 그 대가로 자연은 그동안 심각하게 훼손되거나 파괴되어 왔다. 그 결과로 오늘날 수많은 환경문제, 생태파괴, 기후위기 등이 초래되었다. 그러기에 오늘날 자연을 바라보는 새롭고도 온전한 이해가 더욱 절실하게 요청된다.

II.
기포드 강좌에서의 새로운 자연관이 신학에 미치는 함의

신神을 다루는 학문으로서의 신학神學은 하나님에 관한 학문이다. 더 근본적으로 보자면, 하나님은 자신을 계시하시는 분이시기에 그 자기계시 안에서 인간이 하나님을 알아갈 수 있다는 의미에서 신학은 하나님에 관한 학문이다. 그러나 신학이라고 해서 하나님만을 다루는 것은 아니다. 오히려 신학은 하나님을 다루기에 하나님이 만드신 세계 또는 자연을 다룰 수 있고 또한 다루어야 한다. 그러기에 신학은 하나님을 다루는 학문이면서 동시에 세계를 다루는 학문이며 또한 자연을 다루는 학문이다. 하나님과 세계 및 하나님과 자연은 긴밀하게 연결되어 있고, 마찬가지로 신학과 자연에 관한 연구 역시 서로 긴밀하게 연결되어 있다.

그동안 신학이 자연에 대한 이해와 연구에 많은 기여를 하였던 때가 있었다. 성서를 바탕으로 신학은 자연이 그 자체로 영원히 존재하는 신적인 어떤 것이라고 여기지 않았다. 그 대신에 자연은 하나님에 의해 창조되어진 피조물로 여겨졌다. 자연을 피조물이라고 여기는 자연관은 자연이 하나님에 의해 창조되었음을 전제한다. 그렇기 때문에 자연 자체를 신적인 것으로 여기지 않는 탈신화화 또는 탈신성화의 작업이 가능하게 되었고, 그래서 자연을 더 면밀하게 연구할 수 있는 토대가 마련되었다. 또한, 자연을 아름답다고 여기는 심미적 또는 미학적 자연관이 생겨났고, 이것이 또한 자연의 아름다움을 연구하도록 추동하는 강력한 동기를 제공하였다.

신학이 자연에 대한 이해와 연구에 많은 기여를 하였음에도 불구하고, 정반대로 신학이 자연에 대한 이해와 연구를 가로막거나 억제한 때도 있었다. 더 정확하게 말하자면, 신학이라기보다는 당대의 교회권력이 그렇게 한 것이지만, 사실 자연에 관한 온전한 이해를 제시하는 신학의 부재가 더 근본적인 문제였다. 이러한 과정에서 자연에 관한 연구는 신학으로부터 분리되었고, 더 나아가서 자연에 관한 연구가 역으로 신학을 압도하거나 억제하는 현상까지 초래되었다. 그리하여 자연에 관한 연구로 설명이 되지 않거나 이해가 되지 않으면 신학은 적실성이 결여되거나 무의미한 것으로 간주되었다. 그렇지만 이러한 현상의 결과로 자연 자체가 파괴되고 인간의 삶이 더 황폐해지는 일들이 생겨나게 되었다.

그러기에 이제 신학은 자연에 관한 연구와의 관계를 새롭게 설정하여야 하며, 신학은 자연에 대한 온전한 이해를 제공해야 한다.[14] 그러나 이 과정에서 자연에 관한 연구가 신학에게 새로운 이해의 통찰을 제공해야 하고, 또한 신학은 이러한 점들을 적절하게 받아들이고 반영할 수 있어야 한다. 그럴 때에 더 적실성 있는 신학이 가능하게 된다. 자연에 관한 연구와 신학 사이의 해석학적 순환관계를 통해 양자가 서로 더 온전해져야 한다.

위에서의 논의를 고려하면, 바버, 미즐리, 브룩 및 칸토어의 작업은 신학과 자연에 관한 연구와의 관계를 새롭게 설정하는 데에 매우 중요한 통찰과 관점을 제공하여 준다. 그렇다면 오늘날의 상황에서 바버, 미즐리, 브룩 및 칸토어가 제시하는 새로운 자연관이 신학에 미치는 함의들은 구체적으로 무엇인가?

첫째, 자연이 있는 그대로의 순수객관적인 자연이 아니라고 한다면 오히려 신학은 신학적인 자연관을 분명히 제시할 수 있어야 한다. 위에서 언급하였듯이, 성서를 바탕으로 신학은 자연이 그 자체로 영원히 존재하는 신적인 어떤 것이라고 여기지 않고 하나님에 의해 창조되어진 피조물이라고 여긴다. 이것이 신학적인 자연관의 근본적인 출발점이다.

그런데 신학적인 자연관이 창조주 하나님과 피조물 자연을 구분한다는 사실은 자칫 하나님과 자연을 완전히 분리하는 이원론적 분리에 이르는 위험성이 농후하다. 특히 고전적 유신론classical theism은 하나님의 존재를 강조하기에 하나님과 자연과의 밀접한 관계를 간과하거나 자연을 단순히 수동적인 존재로 여기기 쉽다. 이렇게 되면 자연을 제대로 보지 못하게 된다. 그래서 현대에는 만유재신론 또는 범재신론panentheism이 등장하여 하나님과 자연과의 관계를 아주 긴밀하게 연결하려는 시도를 한다.

이러한 작업의 대표적인 예로 과정철학에 기반한 과정신학이 있다. 과정신학은 하나님과 자연과의 관계를 아주 긴밀하게 연결하고자 한다. 이러한 점에서 바버는 과정신학을 어느 정도 받아들인다. 다만, 과정철학이나 과정사상이 신학에 과도하게 영향을 미치는 것에 대해서 바버도 조심스러워한다. 그렇지만 기본적으로 바버는 과정신학에서 제시하는 하나님-자연과의 관계성을 선호한다. 바버는 과정신학을 어느 정도 받아들이기는 하지만 과정신학이 신학적인 자연관을 온전히 드러낸다고 하기에는 몇몇 한계점들이 있다고 본다.[15]

그러기에 과정신학의 통찰을 받아들이면서도 과정신학보다는 다른 관점의 만유재신론적 또는 범재신론적인 신학적 자연관이 필요하다고 할 수 있다. 존 폴킹혼John Polkinghorne, 1930-2021이 하나의 예가 될 수 있는데, 그는 "나는 창조자와 피조세계 사이의 현재 관계를 범재신론으로 설명하는 것에 동의하지 않으며, 새로운 창조에 의한 종말론적 운명에 이르러서야 범재신론이 실현된다고 믿는다."라고 자신의 입장을 한정한다.[16] 그러므로 신학은 자연이 있는 그대로의 순수객관적인 자연이 아니라는 전제하에 하나님과 자연과의 질적인 구별을 분명히 하면서도 하나님과 자연과의 긴밀한 관계를 유지하는 신학적인 자연관을 제시하여야 한다.

둘째, 자연에 대한 이해 및 관념화의 과정에서 개인적이든 사회적이든 주관적인 측면이 작동한다면, 신학은 이것을 폭넓은 의미로서의 신앙 또는 믿음의 차원과 연결된다고 여길 수 있다. 이런 점에서 신학적인 자연관은 또한 신앙적인 자연관이라고 할 수 있다. 그리고 믿음과 신앙의 원천이 하나님의 은혜이라고 한다면 신학적인 자연관은 은혜의 자연관이라고도 할 수 있다. 창조를 하나님의 은혜로 여긴다면 하나님-자연 관계는 은혜-자연 관계로 표현될 수 있는데, 이것은 교회의 역사에서 오랫동안 논의되었던 중요한 주제이다. 은혜-자연을 어떠한 관계로 보느냐에 따라 신학적인 자연관의 다양한 스펙트럼이 드러난다. 한쪽의 극단은 은혜와 자연이 서로 대립하는 관계이고 다른 한쪽의 극단은 은혜와 자연이 일치하는 관계이며 그 사이에 다양한 관계들이 존재한다. 다만 이 논문에서는 은혜-자연 관계가 핵심적인 쟁점은 아니기에 차후에 다른 논문에서 이러한 점을 집중적으로 다루고 여기에서는 하나님-자연 관계 자체에 더 집중하고자 한다.

신학적인 자연관이 되려면 신앙, 믿음, 은혜에 관한 전체적이고 통전적인 논의가 제시되어야 한다. 신앙, 믿음, 은혜에 대한 이해가 한쪽으로 치우치거나 협소해져서 신앙주의fideism로 빠져서는 안 된다.[17] 그리고 이러한 주관적인 차원을 강조한다고 하여 객관적인 차원을 상실해서도 안 된다. 신학적인 자연관을 위해서 신앙, 믿음, 은혜를 어떻게 이해할 수 있을 것인가에 관한 논의가 더욱 필요하다고 할 수 있다.

근대에는 주체와 객체 사이의 이원론적 분리가 강한 흐름을 형성함으로써 한편으로는 개인 주체의 고양과 함께 민주주의의 발전에 기여하였지만, 또한 이러한 이원론적 주객도식은 근대성의 가장 큰 해악으로 오늘날 비판의 대상이 되고 있다. 따라서 이제는 주체와 객체를 뚜렷하게 분리할 수 없는 주체와 객체 사이의 상호연관성을 강조한다. 그렇다면 신앙, 믿음, 은혜에 관한 논의도 또한 그러한 방향으로 전개될 필요가 있다. 그렇게 할 때 비로소 자연에 대한 이해 및 관념화의 과정에서 작동하는 주관적인 측면을 신학적인 작업과 잘 연결할 수 있을 것이다.

셋째, 자연에 대한 새로운 이해에서 또한 중요한 점은 바로 모든 것들이 서로 연결되어 관계성 안에 있다는 점인데 이러한 점을 신학이 중요하게 반영할 필요가 있다. 하나님과 인간 사이의 관계성뿐만 아니라 하나님과 자연 사이의 관계성도 충분히 인정하여야 하며, 더 나아가 인간과 자연 사이의 관계성도 충분히 인정하여야 한다. 인간중심적인 신학의 패러다임만을 고수하다가는 오늘날의 상황에서 적실성 있는 신학적인 자연관을 제시하지 못할 것이다.[18]

그러나 그 가운데 하나님, 인간, 자연 사이의 관계성이 가장 근원적으로는 하나님 자신 안에서의 관계성에 근거하고 있다고 보아야만 우리는 하나님과 인간 사이의 관계성과 하나님과 자연 사이의 관계성을 더 분명하게 포착할 수 있을 것이다. 그렇다면 기포드 강좌에서의 새로운 자연관이 신학에 미치는 함의를 연구함에 있어서 우리는 필연적으로 삼위일체 하나님을 다루지 않을 수 없다. 성부 하나님과 성자 하나님과 성령 하나님 사이의 근원적인 관계성이 바탕이 되어야 창조세계 전체와 하나님과의 관계가 더 분명한 실재로서 여겨지고 이해될 수 있기 때문이다. 이러한 점과 관련하여 폴킹혼은 다음과 같이 진술한다.

> '실재는 관계적'이라는 이 과학적 발견은 기독교신학의 맥락에서는 전혀 놀라울 것이 못 된다. 기독교 신학은 오래 전부터 '사귐으로서의 존재' Being as Communion 라는 진리를 알고 있었던 삼위일체의 사유를 구사해 왔기 때문이다. 신성의 연합 속에는 신의 세 인격들 사이에 영원한 사

랑의 교류, 즉 신학자들이 페리코레시스*perichoresis*라고 부르는, 사랑의 상호 관통이라는 상호적 관계성이 있다. 과학의 관계적 맥락은 이러한 신학적 신비에 저절로 새로운 빛을 던지지는 못한다. 이 신비가 필연적 진리라는 것을 입증할 수 있는 것도 아니다. 그러나 물리 세계에 대한 과학의 묘사는 이 세계가 삼위일체 신의 창조물이라는 믿음과 눈에 띄게 공명한다.[19]

그렇다면, 자연 또는 세계의 관계성을 제대로 다루고자 한다면 삼위일체 하나님을 다루는 삼위일체신학과 만나고 대화하지 않을 수 없다. 그리고 이러한 과정에서 내재적 삼위일체the immanent Trinity와 경륜적 삼위일체the economic Trinity 사이의 관계성이 또한 면밀히 탐구될 필요가 있다.[20]

넷째, 오늘날 자연에 대한 경외와 경탄과 존경이 회복되고 생기와 아름다움과 숭고가 회복되는 자연관이 요청되는데, 신학적인 자연관은 이에 대해서 어떻게 얘기를 할 수 있을 것인가? 자연을 단지 물질이나 기계로 여기는 것이 아니라 자연에 대해 경탄과 아름다움을 느낄 수 있으려면 기존의 자연관이 철저히 바뀌어야 한다.[21] 물론, 이 변화는 예전의 신화적 사고의 단계로 복귀하는 것을 뜻하지 않는다. 신학이 자연을 피조물로 이해하면서 자연의 탈신화화 또는 탈신성화를 이루어 자연에 대한 자유로운 탐구가 가능하도록 하였다는 점은 그대로 유지되어야 한다.

그러기에 현대에 들어와서 자연을 새롭게 이해한다고 하면서 자연 자체를 신적인 것으로 여기는 것은, 특히 환경문제와 생태위기 속에서 자연 자체를 하나의 유기적인 살아있는 생명체로 보는 것에서 멈추지 않고 더 나아가서 하나의 신적인 존재로 여기는 것은 도리어 많은 문제를 초래할 수 있다. 하나의 대표적인 예로 가이아 이론Gaia Hypothesis이 있다. 지구를 하나의 살아있는 유기적 생명체로 여기는 것은 적실한 방향이지만, 조금 더 과도해

지면 지구 자체를 하나의 신적인 존재로 여기는 데로까지 나아갈 수 있기 때문이다.[22]

따라서 자연을 하나의 살아있는 유기적 생명체로 여기면서도 자연 자체가 독립적인 신적 존재나 신적 원리가 되지 않도록 하는 한계설정이 있어야 더 온전한 신학적 자연관이 될 수 있을 것이다. 이러한 전제 하에서 자연에 대한 경외와 경탄과 존경은 성서적으로 및 신학적으로 하나님의 영광과 하나님의 아름다움과 연관되어야 한다. 그러기에 오늘날 자연에 대한 새로운 이해들을 적극적으로 고려하는 신학적 자연관은 신학적 미학을 충분히 발전시킬 필요가 있다.

이 글은 기포드 강좌와 관련하여 3년 동안 진행된 한국연구재단 일반공동연구의 일환으로 작성된 것이다. 1년차 연구의 내용과 2년차 연구의 내용을 이 글의 의도에 맞게 정리하면서 바버, 미즐리, 브룩 및 칸토어가 새롭게 시도하는 자연관에서 두드러지게 나타나는 네 가지 공통점들에 주목하였다.

첫째는 자연은 있는 그대로의 순수객관적인 자연이 아니라 자연에 대한 일종의 개념이라는 점이다. 둘째는 이러한 개념화의 과정에 심리적, 공상적, 상상적, 미학적, 사회적, 문화적, 종교적인 주관적 측면들이 작동한다는 점이다. 셋째는 자연에 대한 온전한 이해를 위해서는 모든 것들이 관계적으로 연결되어 있는 삶의 통전성이나 세계의 총체성이 확보되어야 한다는 점이다. 넷째는 자연에 대한 온전한 이해를 위해서는 자연에 대한 경탄과 존경이 다시 회복되어야 한다는 점이다.

그런 다음에 이 글은 기포드 강좌에서의 새로운 자연관이 신학에 미치는 함의들을 구체적으로 탐구하면서 오늘날 자연과학과 대화하는 신학적인 자연관이 어떻게 되어야 하는지를 개괄적으로 제안하였다. 첫째는 자연은 있는 그대로의 순수객관적 자연이 아니기에 오히려 신학은 신학적인 자연관을 분명하게 제시하여야 하며 하나님과 자연 사이의 관계를 충분히 밀접하게 고려하여야 한다. 둘째, 자연에 대한 이해 및 관념화의 과정에서 주체와 객체 사이의 상호연관성이 신앙, 믿음, 은혜에 관한 논의에서 충분히 확보되어야 한다. 셋째, 세계의 모든 것들이 서로 연결되어 관계성 안에 있다는 점이 온전히 인정되어야 하며 이를 위해서는 삼위일체의 관계성에까지의 깊은 연구가 진행되어야 한다. 넷째, 자연에 대한 경외와 경탄이 온전히 확보되려면 하나님의 영광과 아름다움에 근거한 신학적 미학이 충분히 고려되어야 한다.

다만, 이 글에서의 이러한 함의들에 대한 심층적인 연구는 여러 가지 한계점들로 인해 이후의 또 다른 논문으로 진행될 수 있을 것이다. 그럼에도 불구하고 이러한 작업을 통해 이 글은 신학과 자연과학의 대화와 만남에서 오늘날 한국 사회와 한국 교회에 많은 도움과 통찰을 제공하여 줄 것이다.

1   백충현, "기포드강좌에서의 새로운 자연관이 신학에 미치는 함의 연구 - 바버, 미즐리, 브룩 & 칸토어를 중심으로,"『신학과 사회』 36권 3호 (2022. 8), 97-120. 본 논문은 본래 2019년 대한민국 교육부와 한국연구재단의 지원을 받아 수행된 연구임(NRF 2019S1A5A2A03034618). 이 논문은 일부 수정되어 다음의 책에 실려 있다. 윤철호, 김효석 책임편집,『신학과 과학의 만남 3 - 21세기 기독교 자연신학』(서울: 새물결플러스, 2023), 43-63.

2   백충현, "종교/신학과 과학과의 풍성한 만남에 기여하는 기포드강좌의 시도들 - 바버, 미즐리, 브룩 & 칸토어를 중심으로,"『대학과 선교』 45권 (2020. 9), 293-316.

3   백충현, "기포드강좌에서의 '자연'의 재구성을 위한 시도들 - 바버, 미즐리, 브룩 & 칸토어를 중심으로,"『대학과 선교』 49권 (2021. 9), 7-29.

4   윤철호, 김효석 책임편집,『기포드 강연을 중심으로 신학과 과학의 만남』(서울: 새물결플러스, 2021); 윤철호, 김효석 책임편집,『빅 히스토리 관점에서 본 기포드 강연 - 신학과 과학의 만남2』(서울: 새물결플러스, 2022).

5   백충현, "종교/신학과 과학과의 풍성한 만남에 기여하는 기포드강좌의 시도들 - 바버, 미즐리, 브룩 & 칸토어를 중심으로," 295. 기포드강좌 홈페이지에서는 강좌의 목적을 "to promote and diffuse the study of Natural Theology in the widest sense of the term - in other words, the knowledge of God" 이라고 기술한다. https://www.giffordlectures.org, [2022. 4. 20.접속].

6   바버의 대표적인 저서들은 다음과 같다. Ian G. Barbour, *Religion in an Age of Science* (New York: HarperCollins, 1990); *Ethics in an Age of Technology* (New York: HarperCollins, 1993); *Issues in Science and Religion* (London: SCM, 1966); *Myths, Models and Paradigms: The Nature of Scientific and Religious Language* (London: SCM, 1974); *Nature, Human Nature, and God* (Minneapolis: Fortress Press, 2002); *Religion and Science: Historical and Contemporary Issues* (San Francisco: HarperSanFrancisco, 1997); *Technology, Environment, and Human Values* (New York: Praeger, 1980); *When Science Meets Religion: Enemies, Strangers, or Partners?*, 이철우 역,『과학이 종교를 만날 때』(서울: 김영사, 2002).

7   미즐리의 대표적인 저서들은 다음과 같다. Mary Midgley, *Science as Salvation: A Modern Myth and its Meaning* (London: Routledge, 1992); *Evolution as a Religion: Strange Hopes and Stranger Fears* (London: Methuen, 1985); *Heart and Mind: The Varieties of Moral Experience* (London: Methuen, 1985); *Science and Poetry* (London: Routledge, 2002); *The Solitary Self: Darwin and the Selfish Gene* (London: Routledge, 2010).

8   브룩 및 칸토어의 대표적인 저서들은 다음과 같다. John Hedley Brooke, *Science & Religion: Some Historical Perspectives* (Cambridge: Cambridge University Press, 1991); *Heterodoxy in Early Modern Science and Religion* (New York: Oxford University Press, 2005); *Geoffrey Cantor. Michael Faraday Sandemanian and Scientist: A Study of Science and Religion in the Nineteenth Century* (London: Macmillan, 1991); *Jewish Tradition and the Challenge of Darwinism* (Chicago: University of Chicago Press, 2006).

9   여기에서 다루는 학자들 외에도 기포드강좌에서 자연의 개념을 직접적으로 다루는 이들이 있는데 공동연구의 다른 분과에서 함께 연구한다. 다음의 책을 참고하라. John Habgood, *The Concept of Nature* (London: Darton, Longman and Todd, 2002).

10 윤철호 외,「2019년 한국연구재단 일반공동연구 연구계획서」, 15.

11 위의 글, 16.

12 위의 글, 17.

13 바버, 미즐리, 브룩 및 칸토어 각각이 자연에 관하여 어떤 이해를 하고 있는지에 관해서는 기존의 연구논문들을 참조하라. 백충현, "종교/신학과 과학과의 풍성한 만남에 기여하는 기포드강좌의 시도들 - 바버, 미즐리, 브룩 & 칸토어를 중심으로," 293-316; "기포드강좌에서의 '자연'의 재구성을 위한 시도들 - 바버, 미즐리, 브룩 & 칸토어를 중심으로," 7-29.

14 이와 관련된 좋은 예로 다음을 참조하라. 이정배,『종교와 과학의 대화에 근거한 기독교 자연신학』(서울: 대한기독교서회, 2005). 여기에서 이정배는 종교와 과학 사이의 공명론적 대화의 예로 크리스티안 링크, 위르겐 몰트만, 볼프하르트 판넨베르크, 존 폴킹혼을 소개하고, 종교와 과학 사이의

동화/통합에 근거한 예로 알베르트 슈바이처, 제랄드 슈뢰드를 소개하고 또한 카프라, 쉘드레이크, 윌버의 이론들과의 대화를 추구한다.

15 Ian G. Barbour, *Religion in an Age of Science* (New York: HarperCollins, 1990).

16 John C. Polkinghorne, *Theology in the Context of Science*, 신익상 역, 『과학으로 신학하기』(서울: 모시는사람들, 2015), 241.

17 Daniel L. Migliore, *Faith Seeking Understanding: An Introduction to Christian Theology*, 신옥수, 백충현 역, 『기독교조직신학개론 - 이해를 추구하는 신앙』, 개정 3판 (서울: 새물결플러스, 2016), 29.

18 위의 책. 179-80.

19 John C. Polkinghorne, 『과학으로 신학하기』, 189-190. 다음의 책을 참조하라. John Polkinghorne, *Science and the Trinity: The Christian Encounter with Reality* (New Haven: Yale University Press, 2004).

20 여기에 관해서는 다음을 참조하라. 백충현, 『내재적 삼위일체와 경륜적 삼위일체 - 현대 삼위일체신학에 대한 신학·철학의 융합적 분석』(서울: 새물결플러스, 2015).

21 이러한 작업의 예로 다음을 참조하라. Alister E. McGrath, *Re-imagining Nature: The Promise of a Christian Natural Theology* (Oxford: Wiley Blackwell, 2017).

22 James E. Lovelock, *Gaia: A New Look at Life on Earth*, 홍욱희 역, 『가이아 - 살아있는 생명체로서의 지구』(서울: 갈라파고스, 2004).

12장

존 폴킹혼의 과학신학에서의
하나님 및 세계 이해

이 글은[1] 존 폴킹혼의 과학신학을 다룬다. 20세기 중후반 이후로 오늘날까지 종교와 과학 사이의 대화 또는 신학과 과학 사이의 대화가 활발하게 진행되어 오고 있다. 이러한 대화는 하나의 독립된 분야를 형성하고 있지만, 또한 신학 자체에도 많은 영향을 끼쳐오고 있다. 그리고 이러한 대화는 신앙과 여러 학문들과의 대화가 활발하게 진행되도록 촉진하고 있다.

이러한 발전에 기여하였던 중요한 요인들 중 하나는 19세기 말부터 시작되었고 오늘날까지 매년 개최되고 있는 기포드 강좌The Gifford Lectures 이다.[2] 20세기 중후반 이후로 보자면 이러한 발전에 기여하였던 대표적인 학자들로는 이안 바버Ian G. Barbour, 1923-2013, 아서 피콕Arthur R. Peacocke, 1924-2006, 존 폴킹혼John C. Polkinghorne, 1930-2021 등이 있다. 이들은 모두 과학자이면서 신학자로서 각자의 과학신학을 전개하였고, 세계적으로 권위를 지니는 기포드강좌에서 강연을 하였을 뿐만 아니라,[3] 종교와 과학 사이의 대화에서의 공로

를 인정받아 템플턴상을 수상하였다.[4]

바버, 피콕, 폴킹혼 모두 과학과 관련하여 하나님 이해를 다루었지만 기독교 신학의 신 이해의 핵심인 삼위일체를 다루었던 이는 폴킹혼이다. 폴킹혼에 관한 국내의 관심은 2000년 전후로부터 현재까지 계속 이어져 오고 있는데, 그가 저술하거나 편집한 책들이 여러 권 한국어로 번역되었다.[5] 그리고 폴킹혼에 관한 연구논문들이 열 편 정도 출판되었다.[6]

이 글은 신학과 과학 사이의 활발한 대화에 기여하였던 폴킹혼의 과학신학을 다루되, 폴킹혼이 이러한 대화를 통해 하나님에 대한 이해를 어떻게 하였는지를, 특히 기독교 신이해의 핵심인 삼위일체에 대한 이해를 어떻게 하였는지를 중점적으로 살펴보고자 한다. 그러면서 삼위일체와 세계와의 관계를 어떻게 이해하였는지를 함께 살펴보고자 한다. 이를 위하여 이 글은 폴킹혼이 하나님 이해 또는 삼위일체와 관련하여 논의하였던 책들, 즉 『과학시대의 신론』Belief in God in an Age of Science[7], 『과학과 삼위일체 – 실재와의 기독교적 만남』Science and Trinity: The Christian Encounter with Reality[8], 『삼위일체와 복잡세계 – 자연과학과 신학에서의 관계성』The Trinity and an Entangled World: Relationality in Physical Science and Theology 을 중심으로 살펴보고자 한다.[9]

이를 통해 이 글은 폴킹혼의 주장이 가진 네 가지 요소를 살펴볼 것이다. 첫째는 삼위일체 신앙에 대한 접근으로서의 아래로부터 위로의 접근/사유bottom-up approach/thinking 이며, 둘째는 페리코레시스의 관계적 존재perichoretic relational being 로서의 삼위일체 하나님에 대한 이해이고, 셋째는 삼위일체 하나님과 세계 사이의 관계로서의 케노시스적 범재신론kenotic panentheism 이며, 넷째는 세계와 관련한 삼위일체적 자연신학a trinitarian theology of nature 이다. 아울러 각각에 대해 비판적인 분석과 평가를 제시할 것이다.

이 글의 작업은 신앙과 여러 학문들과의 관계를 고민하는 이들에게 많은 도움을 줄 수 있으리라 기대하며, 한국 신학계에 신학과 과학의 관계를 다루는 연구자들에게 통찰과 유익을 줄 수 있으리라 기대한다. 더 나아가서 이러한 작업은 신학 자체의 폭을 넓히고 깊이를 심화해줄 수 있으리라 기대한다.

I.

삼위일체 신앙에 대한 폴킹혼의 접근
― 아래로부터 위로의 접근/사유 bottom-up approach/thinking

오늘날까지 활발하게 진행되고 있는 신학과 과학 사이의 대화에 많은 영향을 끼쳤던 폴킹혼에 대한 국내의 관심은 2000년 전후로부터 시작되어 지금까지 이어져 오고 있다. 폴킹혼이 저술하거나 편집한 여러 책들이 한국어로 번역되었다. 주로 과학에서의 새로운 발견들과 신학과의 관계를 다룬 책들로서 『과학시대의 신론』[10], 『양자물리학 그리고 기독교신학』[11], 『쿼크, 카오스 그리고 기독교 ― 과학과 종교에 관한 질문들』[12], 『과학으로 신학하기』[13] 등이 있다. 이러한 논의들과 연관되어 창조론에 관해 폴킹혼이 편집한 『케노시스 창조이론 ― 신은 어떻게 사랑으로 세상을 만드셨는가?』[14]가 번역되었고, 또한 종말론에 관해 폴킹혼이 편집한 『종말론에 관한 과학과 신학의 대화』[15]가 번역되었다.

그리고 폴킹혼에 관한 연구논문들이 여러 편 출판되었는데, 주로 폴킹혼의 새로운 자연신학, 즉 자연의 신학 a theology of nature 을 소개하거나,[16] 그의 입장의 특징인 비판적 실재론 critical realism 을 중점적으로 다루었다.[17] 그리고 폴킹혼의 창조론[18], 신과 세계와의 관계,[19] 종말론[20], 심신이론[21], 문화에 대한 함의[22]를 다루었다.

위와 같은 연구논문들의 내용을 참고하면서 이제 폴킹혼이 신학과 과학과의 대화를 통해 기독교의 신 이해의 핵심인 삼위일체, 또한 삼위일체와 세계와의 관계를 어떻게 이해하였는지를 함께 살펴보고자 한다.

기독교의 삼위일체 신앙에 관한 폴킹혼의 진술을 살펴보면 그는 기독교인으로서 삼위일체 신앙을 분명하게 지니고 있다.

> 하나님에 관한 나 자신의 신앙의 중심적인 근원은 … 성경과 교회와 성례에서 만나는 예수 그리스도라는 인물과의 만남 안에서 발견될 수 있다. 나에게 삼위일체 신앙은 참으로 설득력이 있는 신앙이다. … 삼위일체 신앙은 복합적이다. 즉, 성경에 기록되고 교회의 현재 삶에서 지속되는 깊은 경험과 통찰에 어울리기 위해 내게 필수적으로 보이는 방식들에서 복합적이다. … 나는 기독교인이기에 내가 채택하는 관점들은 삼위일체적이다. 나는 이론물리학자이기 때문에 내가 채택하는 사유형태는 '아래로부터 위로의' 접근 'bottom-up' approach 인데, 이러한 접근은 경험으로부터 이해에로 나아가는 것을 추구한다.[23]

위의 진술에서 알 수 있듯이, 폴킹혼은 이론물리학자로서 '아래로부터 위로의' 접근 'bottom-up' approach [24] 또는 '아래로부터 위로의 사유' bottom-up thinking [25]를 취하는데, 이것은 경험으로부터 시작해서 이해로 나아가고자 하는 것이다.

이러한 사유형태는 신학자로서 폴킹혼의 신앙에도 적용되어 성경과 교회와 성례에서 예수 그리스도와의 만남이라는 경험을 통해 신앙과 신학에로 나아간다. 성경에는 그러한 경험들이 기록되어 있고 담겨 있다. 이런 점에서 성경은 신학의 작업에서 필수불가결한 역할을 담당한다.[26] 성경에는

하나님과의 만남의 경험들이 기록되어 있으며 하나님이 주신 경험의 통찰이 기록되어 있다.[27]

물론 폴킹혼은 성경 안에 삼위일체론을 충분히 분명하게 드러내는 표현들이 있지 않음을 인정한다. 그렇지만 폴킹혼은 성경 안에 "하나님, 그리스도, 성령의 실재와의 만남의 원자료들이 있음을 발견할 수 있고, 그것들은 결국 교회로 하여금 삼위일체적 결론으로 나아가도록 하였다."[28]고 말한다. 폴킹혼은 삼위일체적 결론에로 나아가도록 하였던 중요한 요소들을 다음과 같이 정리하여 말한다.

> 처음 기독교인들은 다른 무엇보다 이스라엘의 하나님이 한 분 주님이심을 알았던 단일신론적 입장을 지닌 유대인들이었다. 그러나 그들은 부활하고 존귀하신 그리스도에 대한 경험에 관한 기록과 설교에서 그리스도에 관한 신적인 언어를 사용할 수 밖에 없어 그리스도에게 이스라엘의 하나님에게 독특하게 특권적으로 사용된 '주님'이라는 칭호를 부여할 정도였다. 또한 그들은 신적인 영이 자신들의 마음과 삶에 활동하고 계심을 알았다. 그래서 때로는 하나님의 영, 때로는 그리스도의 영, 때로는 (거룩한) 영이라고 칭하였다.[29]

폴킹혼에 따르면, 성경 자체 안에는 이와 같은 중요한 요소들이 '긴장들과 역설들이 해결되지 않은' 상태로, 즉 '이렇게 지적으로 불안정한 상태로' 남아 있었다. 그러나 325년 니케아 공의회에서 "3세기 이상의 기간 동안 강렬한 신학적 성찰과 투쟁을 거친 후에 교회가 삼위일체 교리를 공식화하였고 받아들였다."[30]

이렇게 폴킹혼은 4세기 공의회에서 형성된 삼위일체 교리가 단지 추상적이거나 사변적인 작업의 결과가 아니라 하나님의 실재에 대한 경험의 결과임을 주장한다. 어떤 의미에서 폴킹혼에게 삼위일체 교리는 '데이터의 요약'a summary of data[31]이다. 그러기에 폴킹혼은 "니케아공의회 신조는 우리에게 합리적으로 방어할 수 있는 신학의 개요를 제공하며, 이것은 4세기에 처음 공식화되었던 때처럼 오늘날에도 진정성 있게 받아들일 수 있다."고 말한다.[32]

바로 이러한 방식으로 삼위일체를 이해하는 것이 과학자로서 폴킹혼 자신의 아래로부터 위로의 접근과 사유에 적합하다고 말한다.

> 나에게 중요한 점은 삼위일체적 사유가 교회의 성장하는 삶 안에서 경험되는 하나님의 실재와의 만남이라는 일관된 복합성에 대한 반응으로서 일차적으로 발생하였다는 점이다. 무제한적이거나 아무 근거가 없는 형이상학적 사변의 행동으로서가 아니라는 점이다. 삼위일체 교리에 대해 '아래로부터'from below 접근하는 것이 과학자의 사유습관들에 적합하다. 그리고 삼위일체 교리가 구원의 경험으로부터 파생되는 것이라고 이해하는 것이 과학자의 사유습관들에 적절하다.[33]

그러기에 폴킹혼에게 삼위일체론은 기본적으로 경험적이며 경륜적이다. 여기에서 '경륜'economy, oikonomia 이라고 함은 '창조주와 피조물 사이의 상호작용으로부터 발생하는 하나님 지식'이라는 의미이다. 그리고 교회의 이러한 경험은 구원의 경험이기에 '구원론적이며'soteriological, 또한 동시에 하나님에 대한 찬양의 경험이기에 '송영론적'doxological 이다.[34]

위에서 살펴보았듯, 폴킹혼은 아래로부터 위로의 접근과 사유를 통해 삼위일체 신앙을 이해한다. 물리학자인 폴킹혼을 비롯한 과학자들, 또한 경험을 중시하는 현대인들에게도 이해될 수 있는 방식으로 보인다. 그러나 이러한 방식에서는 신학적으로 중대한 문제점이 제기될 수 있는데, 그것은 삼위일체 하나님에 대한 경험적이고 경륜적이며 구원론적이며 송영론적인 이해, 간단히 표현하면, 경륜적 삼위일체the economic Trinity에 대한 이해가 하나님 자신의 모습, 즉 내재적 삼위일체the immanent Trinity와 얼마나 일치하는지에 관한 문제점이다.[35]

이러한 문제점에 대해 폴킹혼은 아주 간단히 '라너의 규칙'Rahner's Rule에 의존하면서 하나님의 계시의 본성과 계시된 하나님의 신실성에 호소한다.

> 내가 가장 유용하고 설득적이라고 여기는 삼위일체적 사고에 대한 접근은 '라너의 규칙'이라고 명명되는 유명한 신학적 경구에서 표현되는 전략을 따르는 접근이다. 라너의 규칙은 내재적 삼위일체신성 자체 안에서의 하나님와 경륜적 삼위일체창조와 구원을 통해 알려진 하나님와의 동일성을 확증한다. 달리 표현하면, 나는 하나님의 본성이 하나님의 계시적 행동들을 통해 진실로 알려진다는 신앙에 신뢰한다. 라너의 규칙은 나에게 신학적 실재론theological realism의 진술로 보인다. 즉, 우리가 아는 내용은 세계가 존재하는 그대로의 모습으로 나아가게 하는 신뢰할만한 지침이라는 주장으로 보인다. 신학의 경우에 이러한 신뢰는 계시된 하나님의 신실성에 의해 직접적으로 보증된다. 계시된 하나님은 속이는 자가 아닐 것이다.[36]

그러나 폴킹혼의 이러한 진술에는 신학적으로 검토될 부분이 여전히 많이 있음에도 불구하고 폴킹혼은 더 이상 이 내용에 대해 깊게 다루지 않는다. 이런 점에서 삼위일체 신앙에 대한 폴킹혼의 접근은 아주 견고하지 못한 것처럼 보이며, 그의 하나님에 대한 이해는 삼위일체 하나님의 모습을 있는 그대로 드러내기에는 여러 한계가 있다고 보인다.

II.

삼위일체 하나님에 대한 폴킹혼의 이해
─ 페리코레시스의 관계적 존재 Perichoretic Relational Being

그러나 폴킹혼은 아래로부터 위로의 접근과 사유를 통해 경험적으로 이해하는 삼위일체 하나님을 구체적으로 다음과 같이 진술한다.

삼위일체 교리는 한 분 참된 하나님이 세 신적 위격들인 성부, 성자, 성령 사이의 사랑의 영원한 교환 안에 존재하심에 대한 신앙을 표현한다.[37]

신적 위격들의 상호적인 개방성의 연합이 신적 존재를 구성하는데, 이러한 신적 위격들 사이의 사랑의 영원한 교환에 관한 삼위일체적 그림은 훨씬 더 분명하게 밝혀주는 신학적 통찰이다.[38]

삼위일체 신학은 성부와 성자와 성령이 페리코레시스의 독특한 관계, 즉 신적 위격들 사이의 사랑의 상호적 침투 및 교환에 의해 하나의 신성 안에서 연합되어 있다고 말한다.[39]

기독교신학은 하나님의 영원한 존재가 세 신적 위격들 사이의 사랑의 페리코레시스적 교환에 의해 구성되는 분으로서의 하나님에 관해 말한다.[40]

폴킹혼의 진술에 따르면, 삼위일체 하나님은 성부와 성자와 성령으로서 상호적인 개방성의 연합과 사랑의 영원한 교환이 있는 신적 존재이다. 이러한 하나님은 단일신론monotheism도 아니고 삼신론tritheism도 아니다. 유대인들이 가졌던 이스라엘의 하나님에 대한 신앙은 '단일신론적'monotheistic[41]이었지만, 기독교 신앙은 예수 그리스도를 신적 존재인 주님으로, 그리고 성령을 신적인 존재로 믿고 고백하기에 단일신론이 아니다.

단일신론이 강하게 반영되어 드러난 것이 양태론modalism이다. 폴킹혼에 따르면, 양태론은 '성부와 성자와 성령을 단 하나의 신적 실재와의 만남의 세 다른 형태들이라고 명명하는 것'이다.[42] 또한, 기독교 신앙은 성부와 성자와 성령을 고백하지만 세 위격들의 연합이 신적 존재를 구성하기에 삼신론이나 '삼신론적 만신전'a tritheistic pantheon[43]이 전혀 아니다. 삼신론은 위격들을 서로 다르다고 여기는 입장이기에 폴킹혼이 거부한다.[44]

그렇다면 단일신론과 삼신론이 되지 않도록 하는 핵심은 무엇인가? 바로 성부와 성자와 성령이 서로 개방적이면서 함께 이루는 '연합'communion이며 성부와 성자와 성령 사이에 일어나는 '사랑의 영원한 교환'the eternal exchange of love이다. 이러한 모습을 가리켜 폴킹혼은 현대 삼위일체신학에서의 주요한 용어를 받아들여 '페리코레시스'perichoresis라고 명명한다. 상호내주 또는 상호통재로 번역되는 이러한 용어의 핵심은 세 위격들 사이에 존재하는 관계성relationship/relationality이다. 즉, 성부와 성자와 성령은 상호적으로 관계적인 존재이다. 폴킹혼은 이러한 내용을 다음의 말로 정리한다. "가장 심오한 실재는 관계적이다."[45]

지금까지의 논의에 따르면, 폴킹혼에게 삼위일체 하나님은 성부와 성자와 성령 사이에 사랑의 영원한 교환과 연합이 이루어지는 페리코레시스의 관계적 존재이다. 다만 여기에서 관계성과 관련하여 폴킹혼은 "사회적"social이라는 용어는 삼신론적 이미지를 주기 때문에 피하고자 한다.[46] 그 대신에 존 지지울라스가 『친교로서의 존재』에서 말하는 친교와 연합이 관계적 실재를 잘 표현하는 것으로 이해한다.[47] 한편 폴킹혼은 이러한 관계성이 과연 구체적으로 어떤 것인지에 대해서는 더이상 논의하지는 않고, 삼위일체 하나님의 관계성이 우주와 세계 속에 병행적으로 발견될 수 있다는 정도에 만족한다.[48]

Ⅲ.

삼위일체 하나님과 세계에 대한 폴킹혼의 이해
— 케노시스적 범재신론 Kenotic Panentheism

페리코레시스의 관계적 존재로서의 삼위일체 하나님은 세계와 관계를 맺으신다. 이러한 관계는 신적 초월성 divine transcendence 과 신적 내재성 divine immanence 을 모두 포함하는 관계성이다.[49] 이것은 신적 초월성을 아주 많이 강조하는 고전적 유신론 classical theism 과는 다르며, 또한 신적 내재성을 아주 많이 강조하는 과정신학 process theology 과도 다르다. 이런 점에서 폴킹혼은 고전적 유신론과 과정신학 모두에 대해 비판적인 입장을 견지한다. 폴킹혼은 신적 초월성과 신적 내재성 사이에 균형을 갖는 것이 필요하다고 주장한다.[50]

폴킹혼에 따르면, 삼위일체 하나님과 세계와의 관계에 관한 논의에서 필수적인 것은 '세계가 신적 현존 안에 살고 있음과 살아계신 하나님의 활동의 상황 안에 살고 있음을 재확증하는 것'[51]이다. 폴킹혼은 이러한 점을 잘 표현하여 주는 입장이 범재신론 panentheism 이라고 말한다. 그에 따르면, 범재신론은 "하나님의 존재가 온 우주를 포함하며 온 우주에 스며들어 온 우주의 모든 부분이 하나님 안에 존재하지만 하나님의 존재는 우주보다 더 크며 우주에 의해 소진되지 않는다."[52]는 입장이다.

폴킹혼은 범재신론에서 삼위일체 하나님의 활동을 케노시스*kenosis*로, 즉 자기-제한의 활동으로 이해한다. 케노시스는 '피조세계의 존재를 위한 신적인 양보'이며, 또한 '창조세계에 대한 창조주의 사랑의 표현이기 때문에 하나님의 권능의 성취이지 축소가 아니다.'[53]

세계와의 관계를 맺는 삼위일체 하나님에 대한 이러한 이해는 신적인 시간성divine temporality, 신적인 고통가능성divine passibility, 신적인 변동성divine mutability을 포함한다. 신적인 시간성은 삼위일체 하나님이 세계와의 관계를 시간적으로 변화하는 세계의 현실적인 특성에 맞추심을 의미한다.[54] 신적인 고통가능성은 삼위일체 하나님이 세계의 고통에 공감하는 연대 속에서 함께 고통을 느끼심을 의미한다. 그리고 신적인 변동성은 삼위일체 하나님이 세계와의 관계에서 세계로부터 영향을 받고 변화되고 움직이심을 의미한다.[55]

위와 같은 논의에서 폴킹혼은 과정신학의 범재신론이 신적 존재 안에 양극성, 즉 '무시간적 영원한 극'신의 원초적 본성과 '시간적 극'신의 결과적 본성을 긍정하는 것에 대해서는 동의한다. 그렇지만 폴킹혼은 과정신학보다는 '신적 무시간적 극'의 본질적인 중요성을 훨씬 더 강조하고자 한다. 왜냐하면 "하나님의 본성인 변함없는 사랑의 기초가 있도록 하기 위하여 신적 실재의 영원하고 불변적인 차원이 있어야 한다."고 폴킹혼이 말하기 때문이다.[56] 이러한 입장은 바버가 과정신학에 대해 더 수용적인 입장을 보이는 것과는 차이가 있다.[57] 그러므로 폴킹혼은 신적인 시간성을 강조하면서도 동시에 영원성을 강조하여 하나님의 존재 안에 시간성-영원성의 신적인 양극성과 복합성이 있음을 주장한다.[58] 또한, 폴킹혼은 신적인 케노시스, 즉 비움에 관한 논의에서도 과정신학과는 달리 하나님의 사랑과 하나님의 능력을 모두 강조하고자 한다.

능력 없는 사랑은 세계 역사를 동정하지만 무능한 방관자인 하나님에 해당할지도 모른다. 사랑 없는 능력은 무자비한 착취를 통해 역사 전체를 손에 쥔 폭군으로서 우주를 통치하는 하나님에 해당할지도 모른다. 둘 중 어떤 개념도 우리 주 예수 그리스도의 아버지이신 하나님이실 수는 없다. 왜냐하면 기독교의 하나님은 당신이 주도하는 인형극의 창조주도 아닐뿐더러, 역사 과정에 아무런 영향도 끼치지 않은 채 역사 놀이를 구경하는 이신론적 방관자도 아니기 때문이다. 하나님의 능력과 사랑은 모두 적절한 중요성을 지닌다.[59]

이와 같이 폴킹혼이 하나님의 영원성과 하나님의 능력을 과정신학이나 바버보다 더 강조하고 있음에도 불구하고, 박형국은 "폴킹혼의 과학신학 역시 하나님의 주권과 자유에 대해 충분히 깊이 있고 만족할 만한 설명을 제시하는지에 대해서는 더 논의가 필요하다."고 지적한다.[60]

IV.
세계/자연에 대한 폴킹혼의 이해
— 삼위일체적 자연신학 A Trinitarian Theology of Nature

폴킹혼에 따르면, 삼위일체 하나님에게서 드러나는 "가장 심오한 실재가 관계적인데, 이것은 신적 근원으로부터 나오는 모든 것들의 특징임이 확실하다."[61] 그기에 삼위일체 하나님이 만드신 창조세계 자체가 관계적 존재이다. 이런 관점에서 폴킹혼은 아우구스티누스가 추구하였던 "삼위일체의 흔적들"the vestiges of the Trinity이 세계에 있음을 인정한다. 그렇지만 폴킹혼은 이러한 인정이 "세계가 '성 삼위일체에 의해 제조됨'이라는 도장이 찍힌 존재들로 가득함"을 의미하는 것은 아니며, "자연으로부터 삼위일체를 추론할 수 있음을 주장하는 것"도 의미하는 것도 아니라 "우주에 관한 우리의 과학적 이해의 측면들이 있는데, 이것들을 삼위일체적 관점으로 본다면 이것들이 우리에게 더 깊이 이해될 수 있음을 주장하는 것"이라고 말한다.[62]

여기에서 폴킹혼은 자신의 입장의 특징이 전통적인 의미의 자연신학natural theology이 아니라 "자연의 신학"a theology of nature이라고 주장한다. 그에 따르면 전자는 "우주의 질서와 풍요에 대한 최선의 설명으로서 신적 창조주의 존재를 추론하는 것을 목표"로 삼지만, "이성적 존재와 풍성한 과정의 근거로써의 신에 대한 단지 제한적인 신학적 통찰만을 제시할 수 있다." 반면에 후자는 "훨씬 더 큰 신학적 풍성함"이 있다고 말한다. 그래서 폴킹혼은 "우주에 대한 현재 우리의 이해가 지니는 두드러진 특징들을 수용할 수 있는 더 넓은 맥락을 제공하기 위하여 삼위일체 신학을 활용"하고자 한다.[63] 이런 점에서 폴킹혼의 입장을 삼위일체적 자연신학이라고 여길 수 있다.

폴킹혼의 삼위일체적 자연신학은 현재 우리의 우주에 관해 과학적으로 밝혀진 일곱 가지 특징들에 주목하는데, 그것들은 다음과 같다. ① 깊이 이해될 수 있는 우주A deeply intelligible universe, ② 풍성한 역사를 지닌 우주A universe with a fruitful history, ③ 관계적 우주A relational universe, ④ 감추어진 실재의 우주A universal of veiled reality, ⑤ 열린 과정의 우주A universe of open process, ⑥ 정보를 생성하는 우주An information-generating univese, ⑦ 최종적 허무의 우주A universe of eventual futility.[64] 이러한 특징들을 나열하면서 폴킹혼은 현대 과학의 발견들을 그 근거로 제시한다. 뉴턴의 물리학보다는 아인슈타인의 상대성이론, 양자역학에서의 하이젠베르크의 불확정성의 원리, 카오스이론에서의 비예측성 등을

근거로 제시한다.[65]

　이렇게 폴킹혼은 현대 과학의 발견들을 근거로 제시하면서 세계가 지닌 존재론적 관계성과 통전성과 개방성과 상호연결성에 주목하며, 또한 인식론적 불확정성과 비결정성과 비예측성에 주목한다. 이런 점에서 폴킹혼은 기존의 과학이 견지하여 왔던 원자주의, 기계론, 환원주의를 비판한다. 그러기에 폴킹혼은 "존재론과 인식론 사이에 필연적인 연결은 없다."고 말하며 오히려 "인식론이 존재론의 모형이 된다."Epistemology models Ontology고 주장한다.[66] 이러한 자신의 입장을 폴킹혼은 비판적 실재론critical realism이라고 간주한다. 바버도 자신의 입장을 비판적 실재론이라고 명시적으로 밝히는 점에서 둘 사이에 공통점도 존재한다.[67]

　그렇다면 폴킹혼에게서 삼위일체 신학과 삼위일체적 자연신학과의 관계는 어떤 것인가? 여기에 관해 그는 다음과 같이 진술한다.

　　과학의 영역 안에서 일어나고 있는 관계적 및 통전적 사유에서의 이와 같이 두드러진 발전들은 삼위일체적 사유방식들에 깊이 적합하다. 그러한 발전들은 삼위일체를 결코 '증명하지' 않지만, 자연의 신학에 심대하게 공명적consonant이다. 즉, 신적 위격들 사이의 페리코레시스적 관계가 모든 피조적 실재의 근원의 중심에 놓여 있다고 여기는 자연의 신학에 심대하게 공명적consonant이다.[68]

　이러한 관계를 폴킹혼은 '공명'resonance, consonance, '유비'analogy, '상호영향'mutual influence과 같은 단어들로 표현한다.[69]

　이러한 점을 고려하면 폴킹혼의 삼위일체적 자연신학은 삼위일체 신학의 관점에서 자연과 세계와 우주를 바라보고자 하며, 그러면서 삼위일체 하나님의 관계성의 실재와 자연과 세계와 우주의 관계성의 실재 사이에 상응하고 공명하는 부분들을 탐구하는 입장이라고 할 수 있다. 즉, 폴킹혼의 삼위일체적 자연신학은 자연과 세계와 우주의 관계성이 삼위일체 하나님의 관계성을 입증하거나 해명하지는 않는다는 한계점을 분명하게 인정한다.

> '실재는 관계적'이라는 이 과학적 발견은 기독교신학의 맥락에서는 전혀 놀라울 것이 못 된다. 기독교신학은 오래 전부터 '사귐으로서의 존재' Being as Communion 라는 진리를 알고 있었던 삼위일체의 사유를 구사해 왔기 때문이다. 신성의 연합 속에는 신의 세 인격들 사이에 영원한 사랑의 교류, 즉 신학자들이 페리코레시스 perichoresis 라고 부르는, 사랑의 상호 관통이라는 상호적 관계성이 있다. 과학의 관계적 맥락은 이러한 신학적 신비에 저절로 새로운 빛을 던지지는 못한다. 이 신비가 필연적 진리라는 것을 입증할 수 있는 것도 아니다. 그러나 물리 세계에 대한 과학의 묘사는 이 세계가 삼위일체 신의 창조물이라는 믿음과 눈에 띄게 공명한다.[70]

위에서 살펴보았듯이, 이 글은 신학과 과학 사이의 활발한 대화에 기여하였던 폴킹혼의 과학신학을 다루면서 그가 기독교 신이해의 핵심인 삼위일체를 어떻게 이해하였는지를 살펴보았고, 또한 삼위일체와 세계와의 관계를 어떻게 이해하였는지를 함께 살펴보았다. 그러면서 이 글에서는 삼위일체 신앙에 대한 접근으로서의 아래로부터 위로의 접근/사유, 페리코레시스의 관계적 존재로서의 삼위일체 하나님에 대한 이해, 삼위일체 하나님과 세계 사이의 관계로서의 케노시스적 범재신론, 세계와 관련한 삼위일체적 자연신학을 살펴보았다. 아울러 각각에 대해 비판적인 분석과 평가를 제시하였다.

폴킹혼의 과학신학에 관해 여전히 연구할 점들이 많이 남아 있지만, 이 글의 작업은 신앙과 여러 학문들과의 관계를 고민하는 이들, 한국신학계에 신학과 과학의 관계를 다루는 연구자들에게 많은 통찰과 유익을 줄 수 있으리라 기대한다. 더 나아가서 이러한 작업은 신학 자체의 폭을 넓히고 깊이를 심화해줄 수 있을 것이다.

1   백충현, "삼위일체와 과학 - 존 폴킹혼의 과학신학에서의 하나님 및 세계 이해,"『신학과 사회』37-2
      (2023. 5), 111-36.

2   기포드강좌에 관한 최근의 연구서로는 다음의 책들이 있다. 윤철호, 김효석 책임편집,『기포드 강연
      을 중심으로 신학과 과학의 만남』(서울: 새물결플러스, 2021); 윤철호, 김효석 책임편집,『빅 히스토
      리 관점에서 본 기포드 강연 - 신학과 과학의 만남 2』(서울: 새물결플러스, 2022).

3   "The Gifford Lectures," http://giffordlectures.org/, [2023. 1. 20. 접속]. 바버는 1989-1990년에 〈Re-
      ligion in an Age of Science (과학 시대의 종교)〉라는 제목으로, 그리고 1990-1991년에 〈Ethics in
      an Age of Technology (기술 시대의 윤리)〉라는 제목으로 두 번 강연하였다. 피콕은 1992-1993년에
      〈Nature, God and Humanity (자연, 하나님, 그리고 인간)〉이라는 제목으로 강연을 하였다. 그리고
      폴킹혼은 1993-1994년에 〈The Faith of a Physicist: Reflection of a Bottom-Up Thinker (어느 물리학
      자의 신앙 - 아래로부터 위로의 사상가의 성찰들)〉이라는 제목으로 강연하였다.

4   템플턴상, https://www.templetonprize.org/, [2023. 1. 20. 접속]. 바버는 1999년에, 피콕은 2001년
      에, 그리고 폴킹혼은 2002년에 템플턴상을 수상하였다.

5   한국어로 번역된 폴킹혼의 책들은 다음과 같다. John C. Polkinghorne, Belief in God in an Age of
      Science, 이정배 역,『과학 시대의 신론』(서울: 동명사, 1998). 이 책은 다음의 번역본도 있다. 신준
      호 역,『과학시대의 하나님신앙 - 존 폴킹혼의 예일 대학 테리 강연 해설서』(용인: 뉴미션21, 2008);
      Searching for Truth: Lenten Meditations on Science & Faith, 이정배 역,『진리를 찾아서 - 과학과 기독
      교신앙을 토대로 한 사순절 명상들』(서울: KMC, 2003); John C. Polkinghorne, Quantum Physics
      and Theology: An Unexpected Kinship, 현우식 역,『양자물리학 그리고 기독교신학』(서울: 연세대학교
      출판부, 2007); Quarks, Chaos & Christianity: Questions to Science & Religion, 우종학 역,『쿼크, 카오
      스 그리고 기독교 - 과학과 종교에 관한 질문들』(서울: SFC, 2009); Theology in the Context of Science,
      신익상 역,『과학으로 신학하기』(서울: 모시는사람들, 2015); John C. Polkinghorne, ed., The Work
      of Love: Creation as Kenosis, 박동식 역,『케노시스 창조이론 - 신은 어떻게 사랑으로 세상을 만드셨는
      가?』(서울: 새물결플러스, 2015); John C. Polkinghorne, Michael Welker, eds., The End of the World
      and the Ends of God: Science and Theology on Eschatology, 신준호 역,『종말론에 관한 과학과 신학의
      대화』(서울: 대한기독교서회, 2002).

6   폴킹혼에 관한 국내 연구들로는 다음과 같다. 강윤구, "과학시대의 기독교 변증 - 존 폴킹혼의 새로운
      자연신학에 대한 이해를 중심으로,"『세계의 신학』39 (2000. 3), 226-50; 기독교사상 편집부, "세계 신
      학자와의 대화(9) - 과학과 신학, 진리를 향해 가는 벗 - 존 폴킹혼,"『기독교사상』655 (2013. 7), 190-
      207; 김기석, "존 폴킹혼의 비판적 실재주의에 대한 고찰,"『종교연구』39 (2005년 여름), 81-106; 김주
      한, "퓨리터니즘과 유신론적 자연신학 - 비판적 실재론과의 대화,"『신학연구』70 (2017. 6), 75-100;
      박찬호, "과학 신학자 존 폴킹혼의 종말론,"『창조론 오픈 포럼』12-1 (2018. 3), 52-60; 박찬호, "케노
      시스 창조론에 대한 존 폴킹혼의 견해,"『창조론 오픈 포럼』12-2 (2018. 7), 60-69; 박형국, "아서 피
      콕, 존 폴킹혼, 앨리스터 맥그래스," 윤철호, 김효석 책임편집,『기포드 강연을 중심으로 신학과 과학
      의 만남』(서울: 새물결플러스, 2021), 91-112; 이용주, "자연과학과 신학의 대화에 대한 신학적·비
      판적 접근 - 폴킹혼의 비판적 실재론을 중심으로,"『한국기독교신학논총』70 (2017. 7), 157-85. 전철,
      "존 폴킹혼의 심신이론 연구,"『철학연구』112 (2009. 12), 297-317; 전철, "존 폴킹혼의 Active Infor-
      mation 연구 - 신은 물리적 세계에 어떻게 개입하는가?,"『한국기독교신학논총』62-1 (2009. 4), 269-
      90; 정대경, "Quantum Physics, Indeterminism, and Divine Action: Focusing on the Arguments of
      Russell and Polkinghorne,"『한국기독교신학논총』84 (2012. 12), 241-59; 정일권, "빅뱅 우주론, 양자
      물리학, 그리고 문화의 기원 - 존 폴킹혼과 르네 지라르 이론의 빛으로,"『한국개혁신학』44 (2014년
      여름), 178-201.

7   John C. Polkinghorne, Belief in God in an Age of Science (New Haven: Yale University Press, 1998).
      이 책은 1996년 예일대학교에서 했던 테리(Terry)재단 강연을 바탕으로 하는데, 다음과 같이 번역되
      었다. 이정배 역,『과학시대의 신론』(서울: 동명사, 1998). 이후에 신준호에 의해 다음과 같이 번역되
      었다. 신준호 역,『과학시대의 하나님신앙 - 존 폴킹혼의 예일대학 테리 강연 해설서』(용인: 뉴미션
      21, 2008).

8   John C. Polkinghorne, Science and Trinity: The Christian Encounter with Reality (New Haven: Yale
      University, 2004). 이 책은 2003년 프린스턴신학교에서 했던 워필드강연(the Warfield Lectures)을 바
      탕으로 한다. 이후로 Science and Trinity로 표기함.

9   John C. Polkinghorne, ed., *The Trinity and an Entangled World: Relationality in Physical Science and Theology* (Grand Rapids: William B. Eerdmans Publishing Company, 2010). 이후로 *The Trinity and an Entangled World*로 표기함.

10 John C. Polkinghorne, *Belief in God in an Age of Science*, 이정배 역, 『과학 시대의 신론』(서울: 동명사, 1998).

11 John C. Polkinghorne, *Quantum Physics and Theology: An Unexpected Kinship*, 현우식 역, 『양자물리학 그리고 기독교신학』(서울: 연세대학교출판부, 2007).

12 John C. Polkinghorne, *Quarks, Chaos & Christianity: Questions to Science & Religion*, 우종학 역, 『쿼크, 카오스 그리고 기독교 - 과학과 종교에 관한 질문들』(서울: SFC, 2009).

13 John C. Polkinghorne, *Theology in the Context of Science*, 신익상 역, 『과학으로 신학하기』(서울: 모시는사람들, 2015).

14 John C. Polkinghorne, *The Work of Love: Creation as Kenosis*, ed., 박동식 역, 『케노시스 창조이론 - 신은 어떻게 사랑으로 세상을 만드셨는가?』(서울: 새물결플러스, 2015).

15 John C. Polkinghorne and Michael Welker, eds., *The End of the World and the Ends of God: Science and Theology on Eschatology*, 신준호 역, 『종말론에 관한 과학과 신학의 대화』(서울: 대한기독교서회, 2002).

16 강윤구, "과학시대의 기독교 변증 - 존 폴킹혼의 새로운 자연신학에 대한 이해를 중심으로," 『세계의 신학』 39 (2000. 3), 226-50.

17 김기석, "존 폴킹혼의 비판적 실재주의에 대한 고찰," 『종교연구』 39 (2005년 여름), 81-106; 김주한, "퓨리터니즘과 유신론적 자연신학 - 비판적 실재론과의 대화," 『신학연구』 70 (2017. 6), 75-100; 이용주, "자연과학과 신학의 대화에 대한 신학적 · 비판적 접근 - 폴킹혼의 비판적 실재론을 중심으로," 『한국기독교신학논총』 70 (2017. 7), 157-85.

18 박찬호, "케노시스 창조론에 대한 존 폴킹혼의 견해," 『창조론 오픈 포럼』 12-2 (2018. 7), 60-69.

19 전철, "존 폴킹혼의 Active Information 연구 - 신은 물리적 세계에 어떻게 개입하는가?," 『한국기독교신학논총』 62-1 (2009. 4), 269-90; 정대경, "Quantum Physics, Indeterminism, and Divine Action: Focusing on the Arguments of Russell and Polkinghorne," 『한국기독교신학논총』 84 (2012. 12), 241-59.

20 박찬호, "과학 신학자 존 폴킹혼의 종말론," 『창조론 오픈 포럼』 12-1 (2018. 3), 52-60.

21 전철, "존 폴킹혼의 심신이론 연구," 『철학연구』 112 (2009. 12), 297-317.

22 정일권, "빅뱅 우주론, 양자물리학, 그리고 문화의 기원- 존 폴킹혼과 르네 지라르 이론의 빛으로," 『한국개혁신학』 44 (2014년 여름), 178-201.

23 John C. Polkinghorne, *Science and Trinity*, xiii-xiv.

24 위의 책, xiv.

25 위의 책, 28.

26 위의 책, 37.

27 위의 책, 55.

28 위의 책, 39.

29 위의 책, 99.

30 위의 책, 99.

31 위의 책, 101.

32 위의 책, 29.

33 위의 책, 99-100.

34 위의 책, 100.

35 이것은 현대 삼위일체 신학에서 다루어지는 가장 핵심적인 주제들 중의 하나이다. 여기에 관한 다양

한 입장들에 관해서는 다음의 책을 참고하라. 백충현,『내재적 삼위일체와 경륜적 삼위일체 - 현대 삼위일체신학에 대한 신학 철학의 융합적 분석』(서울: 새물결플러스, 2015).

36 John C. Polkinghorne, *Science and Trinity*, 101.

37 위의 책, 99.

38 위의 책, 103.

39 John C. Polkinghorne, *The Trinity and an Entangled World*, 1.

40 위의 책, 12.

41 John C. Polkinghorne, *Science and Trinity*, 99.

42 John C. Polkinghorne, *The Trinity and an Entangled World*, 13.

43 John C. Polkinghorne, *Science and Trinity*, 101.

44 John C. Polkinghorne, *The Trinity and an Entangled World*, 13.

45 위의 책, 12.

46 John C. Polkinghorne, *Science and Trinity*, 103.

47 위의 책, 75. 또한 다음을 참고하라. John Zizioulas, *Being as Communion: Studies in Personhood and the Church*, 이세형, 정애성 역,『친교로서의 존재』(춘천: 삼원서원, 2012).

48 John C. Polkinghorne, *The Trinity and an Entangled World*, 12-13.

49 John C. Polkinghorne, *Science and Trinity*, 94.

50 위의 책, 98.

51 위의 책, 98.

52 위의 책, 95.

53 위의 책, 96-97. 케노시스에 관해서는 다음의 책을 참고하라. John C. Polkinghorne, ed., 박동식 역,『케노시스 창조이론 - 신은 어떻게 사랑으로 세상을 만드셨는가?』(서울: 새물결플러스, 2015).

54 John C. Polkinghorne, *Science and Trinity*, 106-107.

55 위의 책, 109.

56 위의 책, 105-106.

57 백충현, "종교/신학과 과학과의 풍성한 만남에 기여하는 기포드강좌의 시도들 - 바버, 미즐리, 브룩 & 칸토어를 중심으로,"『대학과 선교』45 (2020. 9), 302-303.

58 John C. Polkinghorne, *Science and Trinity*, 111.

59 John C. Polkinghorne, "5장. 비움을 통한 창조와 하나님의 행동," in『케노시스 창조이론 - 신은 어떻게 사랑으로 세상을 만드셨는가?』, John C. Polkinghorne, ed., 박동식 역 (서울: 새물결플러스, 2015), 166.

60 박형국, "아서 피콕, 존 폴킹혼, 앨리스터 맥그래스," 윤철호, 김효석 책임편집,『기포드 강연을 중심으로 신학과 과학의 만남』(서울: 새물결플러스, 2021), 104.

61 John C. Polkinghorne, *The Trinity and an Entangled World*, 12.

62 John C. Polkinghorne, *Science and Trinity*, 61.

63 위의 책, 61-62.

64 위의 책, 62-87.

65 이에 대한 더 상세한 설명들은 폴킹혼의 다음의 책들을 참고하라. John C. Polkinghorne,『과학 시대의 신론』;『양자물리학 그리고 기독교신학』;『쿼크, 카오스 그리고 기독교 - 과학과 종교에 관한 질문들』.

66 John C. Polkinghorne, *Science and Trinity*, 77.

67 백충현, "기포드강좌에서의 '자연'의 재구성을 위한 시도들 - 바버, 미즐리, 브룩 & 칸토어를 중심으

로," 『대학과 선교』 49 (2021. 9), 11-16.

68   John C. Polkinghorne, *Science and Trinity*, 75.

69   John C. Polkinghorne, *The Trinity and an Entangled World*, 8.

70   John C. Polkinghorne, 『과학으로 신학하기』, 189-90. 여기에 관한 논의로 다음을 참고하라. 백충현, "기포드강좌에서의 새로운 자연관이 신학에 미치는 함의 연구 - 바버, 미즐리, 브룩 & 칸토어를 중심으로," 『신학과 사회』 36-3 (2022. 8), 111.